台灣的迷惘

——理想與現實

張保民 著

臺灣商務印書館 發行

序

　　台灣自一九八七年解嚴之後，在政治民主化的進程方面，屢創新績。從一九九一年和一九九二年國民大會和立法院先後完成全面換血，到一九九四年年底台灣省和北、高兩市首長之全民直選，到一九九六年三月總統、副總統的首度直接民選，無一不是劃時代的新里程碑。而且選舉的層次不斷提升，參與的幅面則不斷擴大，誠為中國歷史兩千多年以來所僅見。這也是台灣繼一九八〇年代之初締造了舉世矚目的經濟奇蹟之後，再次震撼世人的「政治奇蹟」，值得所有台灣住民慶幸和自傲。

　　然而，在這一快速民主化浪潮的衝擊下，加上近十年以來向所未有的自由開放空氣，台灣社會自九〇年代起，也出現了四十多年來所未有的新亂象。一方面政府的公權力和公信力持續且大幅下降，另一方面中國人固有的自私自利心態和無法無天傾向，則迅速泛濫成災。結果反映到現實生活的便是日益混亂的交通秩序，日趨惡化的環境污染，接連不斷的金融風暴，無所不在的官商勾結，日愈猖獗的賭黃毒罪等種種脫序現象。更嚴重的是，政治民主化所激發的台灣百姓空前強烈的本土意識，又重新挑起了本省籍和外省籍族羣之間早已消失的緊張關係。台灣朝野要求獨立自主且響徹雲霄的呼聲，則不僅已直接導致台灣政壇及社會的兩極化分裂，並且造成台灣海峽再度戰雲密佈的新危機。

　　事實上，就整體的生活品質而言，台灣從來沒有像九〇年代一樣惡劣。就整個社會的心理言，台灣的百姓也從來沒有像今天那麼徬惶和不安。我們似乎不只是生存在一個道德淪亡、法紀敗壞、正義喪盡的動盪社會之中，而且是活在一個彼此相

I

互猜忌、乖戾之氣充斥、毫無人身安全感和人性尊嚴的野蠻國度。但我們似乎又全然無力改變我們所處在的客觀環境。我們的前途則更似乎充滿了不可預測的變數和危機。值此內憂頻頻、外患新起的時刻，我們不禁要問：經濟繁榮到底為台灣帶來了多少好處？是人人安居樂業、崇禮重節，還是個個唯利是圖、無法無天？我們更要問：政治的民主化又為台灣帶來了什麼好處？是真正「當家作主」、相互包容的多數百姓？還是譁眾取寵、破壞團結、甚至鼓勵衝突的少數政客？是真有睿智、膽識、和遠見的領袖人物？還是投機取巧、自私自利、唯我獨尊的野心家？更重要的是，台灣朝野日益高漲的獨立自主訴求，是否能為兩千一百萬生命的前途，開拓出一條康莊大道？還是將把大家都推向戰爭和動亂的邊緣？

　　最根本的問題是，台灣既然已經先後締造了經濟奇蹟和政治奇蹟，為何社會的亂象反而有增無減？為何生活的品質反而日益下降？如果這便是台灣現代化的成果，則現代化這一目標，豈非並不值得我們追求？更有甚者，海峽兩岸關係在已經解凍了十餘年之後，並且已在逐漸穩定、改善之時，為何反而突又再陷險境？如果這便是台灣民主化和本土化的代價，這一代價豈不也非我們所應償付？但是，當今世上卻還是有不少真正進步、文明而且令台灣百姓嚮往和稱道的國度，海峽兩岸的關係更非沒有妥協、週轉或和平解決的空間。那麼，台灣的問題究竟出在那裏？我們未來的道路到底又應如何走法？

　　以上所有這些困惑，也造成了今天台灣兩千一百萬住民的迷惘和失落。顯然的是，民主的激情、自由的喜悅、乃至於獨立建國的榮耀、或民族統一的夢想，都是充滿情緒化、甚至不容妥協的心態和原則。但也許這些正是今天台灣百姓心存焦慮、社會彌漫不安的根本原因。由此看來，我們又不禁要問：也許在崇高誘人的理想和殘酷可憎的現實之間，原有一段不可

縮減但又難以令人接受的距離？具體地說，也許我們是過份沉迷於「人民當家作主」這一理想的真實性及可信度，而忽略了權力的醜惡和民主政治的固有侷限，並因此大幅分散了我們對社會各種嚴重問題的注意？也許我們對台灣既有成就和富裕現狀的驕傲和自滿，已多少矇蔽了我們自我反省、自我批評的能力，以及繼續努力、再爭上游的意志？也許我們對台灣前途的憧憬失於浪漫、或對本身的潛力妄自尊大，因而也淹沒了我們原有、應有的冷靜和理性，甚至令我們無視國際政治的險惡，把自己推向萬劫不復的深淵？

　　對於上述所有問題，本書自然無法、也不試圖提供明確的答案。現代化的方向和應有歷程，原本便具相當的爭議性。中國式社會(也即是所有使用中文、因而必然受到傳統中國文化主宰的社會)走向現代化的障礙，也非一兩本小書便能釐清或掃除。海峽兩岸關係之改善和穩定，則更非台灣或中國大陸一廂情願便可達成的目標。因此，本書只希望從社會科學的角度，用最淺顯易明的語言，針對台灣現階段的政治經濟發展情勢，就理論、現實和前景三個層面，探索台灣在九〇年代所面臨的一些問題和困境。若能藉此至少理出一些可能減小台灣社會現有迷惘的正確思路，並多少有助於消彌台灣朝野新生的各種裂痕，目的便已達矣。

　　　　　　　　　　　　　　　　張保民　誌於
　　　　　　　　　　　　　　國立成功大學研究室
　　　　　　　　　　　　　　一九九六年五月

目　次

1

第一篇

理想與現實

第一章

「民族自決」的理想與現實
——兼論中國的民族問題

蘇聯自一九八○年代末期突然放鬆對東歐各附庸國的控制後，不僅迅速導致整個共產集團的瓦解，而且掀起二次大戰結束以來最為洶湧澎湃的「民族主義」及「民族自決」新浪潮。蘇聯鉅變終於造成蘇聯本身的解體，演變成基本上以單一民族為主要內涵的十五個新共和國，而此一新浪潮迄今仍在這些共和國及東歐各國內部繼續激盪，甚至釀成進一步的分裂和內戰。鄰近各國彼此之間，由於民族界線之模糊，也有爆發武裝衝突的情形或趨勢，直接危及國際秩序的穩定及和平。到底「民族主義」重新膨脹的現象，尤其是「民族自決」的新呼聲，是否有利於國家之發展及世界之安定？其理論基礎及以往實踐的紀錄如何？民族自決的原則對中國民族問題，又有多大的適用性？此三問題實在值得我們重新回顧與探討。

一 「民族自決」的理論和「民族國家」的涵義

「民族自決」(national self-determination)的口號，源自第一次世界大戰中美國最富理想主義色彩的一位總統威爾遜(Woodrow Wilson)的著名演講。其基本內涵即世界各民族一律平等，因此所有的民族皆應有權決定自己的命運，組成國家。而且也惟有如此，才能長久維持世界的和平與穩定。顯而易見的是，威爾遜總統提倡「民族自決」的目的，係在改造當時以殖民帝國為主要結構的世界政治，為重建戰後的新秩序，提供一重要的理論基礎。(註1)

3

　　事實上，「民族自決」所追求的目標「民族國家」（nation-state），也即是由單一民族組成一個國家的現象，還是近代的產物。它是在人類實驗過其他各種不同的政治團體──諸如部落、城邦、帝國──之後所出現的政治組織形式。它在整個人類的文明史中，只佔了一個很短的篇幅。其重要的主觀條件乃是一個民族的覺醒及團結。客觀上則有資源比較豐富、人口成分比較單純、領土則大小適中，因而比較容易自力更生、也易有效治理的優勢。但由於人類未來發展的方向無人能夠確定或掌握，因此「民族國家」很可能只代表了人類發展史中的一個階段而已，未必是個值得永恆追求的目標。即使是在今天，就絕大多數國家而言，「民族國家」仍然還是個有待實現的理想，而非已經存在的事實。另一方面，整個世界卻又有超越民族國家界線、朝向區域性整合的新趨勢。因此，對「民族國家」的追求，本身便是一個值得爭議的根本論題。

　　然而，以上的說明，並不妨礙我們探討「民族國家」的來龍去脈，以及「民族自決」這一原則的實踐經驗。民族國家的出現，最早可以溯自十五世紀的歐洲。由於東羅馬帝國的崩潰，乃自然產生以民族為主要核心的政治組織（例如英、法、俄、西等國）。但由於這些國家仍舊是君主政體，社會則屬宗法封建結構，因此事實上僅具備了民族國家的主要客觀條件而已。換言之，各國百姓並無表達本身意願的習慣及管道，彼此之間的認同感，也有高度的區域性侷限。它們必須再經十六世紀的政教衝突和商業革命對宗法封建制度的衝擊，以及十七世紀開始的工業革命和教會勢力之逐漸式微，加上各國之間長達數百年的相互征戰和疆域之不斷修改及調整，才逐建培養出比較顯著的內在凝聚力，也即是現代所謂的「民族意識」。但整個過程還算是一種自然大於強制性質、而且為期甚久的漸變過程，在形式上也無所謂「自決」的程序可言。

　　真正以「民族主義」（nationalism）為具體號召、並刻意鼓動各國百姓通過革命手段、推翻君主政體及消滅貴族階級、進而組成全民

團結的真正民族國家之最大動力，來自十八世紀末葉的法國大革命。法國也是歐洲第一個成功改造階級社會、建立共和政體、團結全國人民的現代民族國家。以往民族國家所欠缺的「民意」，也在法國大革命中得到了空前未有的宣洩。「現代法國」所塑造的範例，以及法國大革命所揭發的「自由、平等、博愛」三大信念，對十九世紀的歐洲，產生了極大的衝擊，且不斷激發各民族的獨立及團結意識。他們或推翻貴族政體、或擺脫異族統治、或追求內部統一，結果不僅為現代的歐洲民族國家，樹立了歷史的楷模，也為二十世紀響徹雲霄的「民族自決」口號，奠定了堅實的基礎。

值得注意的是，法國大革命乃是一個離經叛道、驚天動地的運動。它的影響固然深遠而且燦爛，但卻首先為法國本身帶來了十餘年的政治大動盪，又在整個歐洲掀起了十多年的慘烈戰爭，更在整個十九世紀引發了連綿不斷的革命運動和流血衝突。因此，「民族主義」這一理想之實現，實際上是付出了十分昂貴的代價。但即使如此，綜觀十六世紀至十九世紀末葉歐洲民族誕生的過程中，弱小民族被強勢民族所吞併（如俄羅斯吞併白俄羅斯和烏克蘭）、或瓜分（如波蘭三次遭列強瓜分）、或多個民族因列強追求勢力均衡而被迫合為一個國家（如比利時、瑞士、南斯拉夫）、或一個民族被迫分裂成兩個國家（如普魯士、奧地利皆為日耳曼族）等現象仍然不勝枚舉。而由一專制政權強力整合不同民族（或不同種族及語言羣）而形成獨立國家的情形（如德國、義大利、土耳其），也是毫不足奇。由此可見，即使是在歐洲大陸，民族國家的形成，不僅歷經艱辛及血淚，而且也有許多不幸的例外及無辜的犧牲者。但就歐洲近四百年的發展經驗與國際關係而言，「民族國家」確實證明了是最能維持各國內部團結及國際秩序穩定的政治單位。因此，不論是由民族演化而成國家（nation-building→state building），或由國家統合民族（state-building→nation-building）的現象，如今皆被社會科學家公認為一國現代化過程中的重要及必經階段，更是一國成功推動經濟發展和民主政治的先

決條件。(註2)

但「民族國家」之理想以及其所必然引發出的「民族自決」原則，卻從開始起便隱含了兩個根本的、理論上的問題。一是一個民族是否必須或只應組成一個國家？換言之，同一民族中的任一羣人，是否無權脫離原有的民族，獨立形成另一個國家？二是一個國家若是由多個民族所組成，是否必須或應該容許境內少數民族各自決定其命運？就理論而言，第一個問題的答案應是肯定的，即一個民族只能組成一個國家，不多也不少。否則「民族國家」和「民族自決」中的「民族」兩字，便無存在的意義了。但若有一民族十分龐大或無法團結，是否仍應容許其中部分成員自決獨立？歷史的經驗似乎又肯定了這一現象。果真如是，則有「自決」權的族羣是否仍應屬於某種可以客觀辨認的團體，如種族、地區、語言羣、宗教羣等？而認定這種羣體的底線又何在？第二個問題看來似乎比較簡單，即依照「民族自決」的原則，答案應該是肯定的。但若統治一個國家的強勢民族，基於國家的整體利益，拒絕少數民族的獨立或自治訴求時，少數民族的利益是否應該服從多數民族及國家整體的利益？民主的理論在這方面似乎又是偏向多數取勝的原則。進一步言，一國若由多個民族的組成，其中某一民族是否有權使用強制手段，竭力促成各民族之融合及統一？按照「民族自決」的原則，答案又是否定的。但是依據現代化的理論以及一些歐洲民族國家演進的經驗，答案卻又是肯定的。

要比較全面地探討這些問題，我們不得不也充分考慮到當今國際社會的實況。首先，一個民族組成兩個以上獨立國家的情形相當普遍。除了英、美、澳、紐四國是最突出的特例之外，還有阿拉伯世界的十九個國家、拉丁美洲的十八國、葡萄牙和巴西、以前的東西德和現在的德國和奧地利、以及南北兩韓等，總共約五十國上下。若再加上近二十年才成立的「迷你」小國家(許多皆彼此或與其它國家同文同種同文化)，則可能多達全球國家總數的三分之一。因此，就事實而言，一個民族應該是可以分成兩個國家以上。換言之，「民族自

決」的原則不一定要適用於「民族」這一層次。但值得注意的是，幾乎所有這些國家的出現，皆不外乎通過以下兩種方式：一是反殖民戰爭勝利或殖民帝國瓦解的產物。二是列強干預或妥協的結果。換言之，一個民族分成多個國家，往往也須經過流血鬥爭，否則便是國際強權政治的犧牲品。在後一情況，所涉及的民族本身，甚至根本沒有表達意見的機會及力量。事實上，若非列強霸佔在先，干預在後，阿拉伯民族根本不會分裂成這麼多個國家。若非美國積極策動分裂，拉丁美洲的西班牙殖民地，也不可能形成今日多國分治的局面。

我們若再仔細觀察，則又可發現上述這些所謂單一民族組成的國家中，除了中東各國是純粹的單一民族(猶太或阿拉伯)國家以外，英、美、澳、紐、加等英語國家以及整個拉丁美洲二十國，皆有為數可觀的少數民族存在(如英、美的黑人，加拿大的法裔居民，澳、紐的土著及亞裔移民，以及拉丁美洲的印地安人及黑人)。事實上，這些國家不僅開始時皆是歐洲列強以「外族」的身分，強佔的殖民地，而且在殖民的過程中，對於各地的原住民族，曾經進行大規模的迫害甚至是殘殺。即使是獨立之後，佔絕對優勢地位的歐洲民族，對境內的少數民族，還是採取長期的歧視政策。就此而言，我們甚至可以說，這些國家根本是列強踐踏「民族自決」原則的產物。

更進一步看，當一個民族因客觀環境所迫而分裂成兩個以上的國家時，每一個國家雖然皆是單一民族國家，具備了現代民族國家的理想客觀條件，但它們除非是地理上相互隔絕(如英、美、澳、紐四國)，否則便不易在主觀上培養獨特的國家意識。拉美諸國和中東各國便是由於相互毗連，在塑造各自國家意識的過程中，往往必須一反民族國家原來強調民族傳統及特色的做法，僅以有限的地理、政治或經濟上之特色或區別，促進本國國民之團結。換言之，它們都面臨了一個兩難的困境：即一方面不能不以民族為建立主觀共識的基礎，但另一方面又不能太強調民族的傳統及感情，以免造成國家界線不易維護、國民效忠意識難以掌握的後果。為了確保自身的安全及強化國民

的認同感，這些國家有時甚至必須壓抑民族主義的傾向。如此一來，它們不僅又違反了成立「民族國家」的原有宗旨及基本精神，甚至還可能進而背叛「民族自決」的原則，對部分國民加入鄰國陣營、甚至要求獨立自主的分裂傾向或運動，加以鎮壓。各國之間則可能有因民族主義思想膨脹而出現的領土擴張及武裝侵略行徑。因此，從某一角度來看，這類「民族國家」的存在，又不啻是對「民族國家」原有理想的一大諷刺。

除了上述這些國家以外，世界上絕大多數的國家情況卻正好相反，即都是多民族組成的國家。據估計，如果徹底實現民族自決的理想，則原來的蘇聯及東歐，至少可以分成一百個以上不同的國家，而非今天的二十餘國，全世界則可分成至少一千個以上的國家，而非目前的一百八十餘國。如果低於「民族」層次的種族、宗教、語言等羣體，也都擁有自決的權利，則全世界更可分成數千個國家。換言之，今日世界的絕大多數國家，皆非理想的單一民族國家，也因此都有「民族自決」的內部問題存在。一個值得爭議的問題因此便出現了：即我們到底應否認定現有的國家為國際社會的基本單位，並尊重各國既定的疆界？還是應該繼續鼓吹「民族自決」的理想？如果我們肯定前者，無疑便是違背了「民族自決」的理想，承認所有多民族的國家，皆有權對其境內的少數民族，推行強制性的同化、融合或隔離、歧視的政策。反之，如果我們繼續致力推動「民族自決」的原則，便是否定了現有的國際政治地圖及國家主權獨立原則，甚至鼓動及支持各國的內亂及革命。果真如此，則我們豈非將陷世界秩序於一片混亂？

從另一角度來看，即使是單一民族的國家，內部也都有黨派、信仰、地域，乃至語言、宗教之分別，更有不同利益團體之競爭及對立。「民族自決」的理論原是為少數或弱勢民族而設計的保護傘，但在原本便不理想的世界，國家大小永遠不可能劃一，國家內部資源分配更永遠無法做到完全公平的客觀限制之下，如果少數民族的利益可

以超越國家的利益，則所有其他居弱勢或佔少數的獨特語言、宗教、信仰團體——也即是所謂的「族羣」(ethnic group)——甚至政治團體，豈非也有權要求凌駕於多數團體之上？果真如是，則民主的原則又豈非蕩然無存？民主的精義原是少數服從多數，多數尊重少數。如果一個國家中的少數民族或種族、宗教、語言羣體不僅未受迫害，而且享受多少完全的平等及權利，則他們是否還有權要求脫離多數民族而獨立、甚至加入另一同族的國家？如果答案是肯定的，則某一少數民族或族羣之內，若又有更小的族羣也嚮往分治甚至獨立，則該小族羣豈非也有權要求自治及獨立？換言之，如果「民族自決」中的「民族」是包括了所有可以客觀辨認的羣體，則所有的政黨及利益團體甚至地域性團體，豈非也有資格進行「自決」？如此一來，天下豈不陷入分崩離析的大亂特亂局面！

此處我們或許應該澄清一個關鍵性的問題，即「民族自決」中的「民族」一詞，是否應有客觀、嚴格的界定標準；若是，則只有具備民族(nationality)條件的一羣人，才有從事「自決」的資格及權利。根據社會學家公認的定義，民族是由一羣種族、語言、文化、歷史背景相同的人所組成，而且其成員彼此之間，具有一定程度的認同感及政治意識。而「種族」(race)則只是具有相同的外形特徵(如髮色、頭型、骨架、身材、膚色)，未必具有相同的語言、文化、生活經驗，更無相互認同感的人。因此，「種族」的範圍可能大於「民族」(如印歐族包括許多西方民族)，也可能小於「民族」(如印尼便有二百餘種族，非洲更多達六百種)。但實際的情況又非如此單純，因為許多種族的規模雖然不大，卻不僅各有其獨特的語言、宗教信仰及風俗習慣，而且也有其本身的社會組織及政治意識，因此與「民族」無異。

更有甚者，有許多種族之間的差異只在於語言或宗教信仰二種標準，甚至連這種區別也是有限(例如菲律賓的八十多種族，及中國西南邊境已被名為「少數民族」的各種族)。換言之，社會學家所新

創的「族羣」一詞，並未能解決民族和種族兩個觀念之間的混淆。如
果這些種族或族羣也都具有「自決」的權利，則「民族自決」的底線
便更難決定了。何況如果原屬同一民族的人，在世上都已經組成數十
個不同的國家，則屬於不同語言、宗教、地域甚至政治信仰或意識型
態的人，豈非更有權要求自治或獨立？就此看來，所有關於「民族國
家」或「民族自決」的討論及爭辯，似乎已全無意義，因為我們所剩
下的答案看來只有一個：即一個民族、種族，或小於種族的語言羣、
信仰羣、意識型態羣甚至地理區域，其是否有權進行「自決」，主要
取決於其本身有無此種意願及能力，以及客觀上是否可能獲得國際上
的支持及承認了。

二　「民族自決」的實踐和「民族國家」的塑造

　　為了進一步探討這一問題，我們必須回頭仔細審查一下「民族
自決」原則的實踐情況，以及塑造現代「民族國家」的歷史經驗。衆
所週知，美國是世上第一個擺脫英國殖民統治、主動決定爭取獨立、
建立新國家的成功例子。它因此也是「民族自決」理想付諸實現的範
例。從某一個角度看，美國是從大英帝國分裂出來，因此也是由單一
民族變成兩個國家。但實際上美國在一七七六年宣佈獨立時，已不再
僅僅是英國移民的天堂，也包含了大量來自歐陸各地的許多民族，因
此早已是個多民族的國家。只不過後來民族皆逐漸融入以英國人及愛
爾蘭人為主流的文化之中罷了。但即使如此，美國這一嶄新的共和
國，也必須首先經歷一場長達五年的獨立戰爭，再經過一場為期四年
的南北內戰，才贏取了國家的獨立，進而穩固了內部統一的社會基
礎。事實上，美國自建國以來兩百餘年之中，幾乎是不斷吸收外來移
民，為數多達五千萬人以上，因此其多民族的內涵一直未曾改變，其
無所不包的事實，也是歷史上絕無僅有的創例。所幸美國地大物博，
又是幾乎全新的大陸，有充足的資源及空間包容來自天南地北的移

民，並將外來民族的特性逐漸融入美國文化的主流。因此美國又是一個國家與民族兩者相互刺激而成的「民族國家」。「美國人」的塑造過程之中，除了早期的西部開拓時期以外，幾乎沒有暴力流血的成分，也未通過中央集權的強制手段。就此而言，美國在塑造「民族國家」方面的成功經驗，也是舉世無雙。

美國本身破天荒的爭取獨立史實，不僅直接刺激了法國大革命的爆發，也帶給了美國人在處理國際事務上極為濃烈的理想主義色彩。美國總統在第一次世界大戰之間所倡導的「民族自決」原則，便是這種理想主義的具體表現。結果，在美國的強大壓力之下，一次大戰的戰敗國(德、奧、土等)乃被迫交出它們所攫獲的殖民地及他國領土，遂有芬蘭、波蘭、捷克、匈牙利、奧地利、南斯拉夫、立陶宛、愛沙尼亞、拉脫維亞等新民族國家之誕生。這也是「民族自決」原則首次在歐陸付諸實現、組成「民族國家」的例子。

但值得注意的是，這第一波龐大的民族自決運動，並未影響到戰勝國中美國的盟邦，尤其是英法兩國在亞、非、美三大洲的殖民地，仍皆屬於「民族自決」原則適用範圍之外。而中東原屬土耳其所控制的阿拉伯世界，雖分成敘利亞、伊拉克等五個所謂「自治邦」，但卻是由英法兩國「暫行治理」，更不啻是兩國的戰利品。這反映出美國的理想主義，無法為現實的英法等國所接納，結果事實上只能以戰敗國作為實驗品，大慷他人之慨。這也是美國在「民族自決」問題上首次向殘酷的國際現實低頭，採取了雙重標準的態度。其實，一九一九年的巴黎和會，本質上仍是一個瓜分戰敗國領土及屬地的強者之會。而新興的獨立國家有些根本不能算是單一民族國家(如捷克、南斯拉夫)。因此，不僅民族自決的理想大打折扣，而且其實踐也是完全依照戰勝國的利益，更在戰勝國的監督之下而完成。

但「民族自決」的口號既已喊出而且付出行動之後，便在兩次大戰之間，激發了英法等國所屬殖民地之中日益壯大的獨立運動。而且這一口號到了二次大戰末期，更是響徹雲霄。美國也再度承諾支持

戰後各民族的自決和獨立。在面對美國的勸導以及如火如荼的獨立運動的雙重壓力之下，國力本已大幅衰弱的英法等戰勝國，終於不得不面對事實做出最大的讓步。尤其是英國，幾乎是容許所有的殖民地，通過自治、自決的漸進過程，走向獨立。法國也放棄了中東及大部分非洲的殖民地。但在少數殖民地，諸如阿爾及利亞、中南半島及印尼等，法、荷兩國還是負隅頑抗，企圖維護其最後的幾個殖民地，但經過長短不一的武裝衝突，最後還是不敵龐大的民族獨立運動力量，黯然而退。又值得注意的是，美國在兩次大戰後，再度顯示出雙重標準的態度，一方面強迫戰敗國德、義、日等國放棄它們所建立的所有殖民地，甚至將這些殖民地交由聯合國託管。但另一方面又容許英、法、荷等戰勝國重回其在亞、非洲原有的殖民地。只不過這一次，英法等國已無力抗拒各地獨立運動的政治及軍事壓力，被迫逐一退出罷了。

但在第二次大戰後所興起的第二波民族自決運動高潮中，全民普選甚至公民投票開始成了達成建立民族國家目標的主要形式及程序。這在英屬地區尤然，其中主要包括了印度和巴基斯坦的獨立，馬來西亞和新加坡的先分又合及合後再分，以及非洲的奈及利亞、肯尼亞、賴比瑞亞等。然而，二次大戰後所出現的一大問題是，亞非地區的歐洲殖民地，絕大多數的疆界，係代表列強勢力範圍之分野，或是彼此妥協或交戰的結果，並不符合自然的民族界線。更糟的是，許多殖民地的本身皆屬十分落後地區，其所包含的種族、宗教及語言羣體動輒數十成百，社會內在的親和力極低，根本不成其為「民族」，更沒有共同的溝通語言。因此，「民族自決」的結果及獨立運動的勝利，並未造成單一「民族國家」的出現，反而立刻陷這些國家於分崩離析的危境，甚至長期內戰的混亂局面。從現實的角度看，絕大多數新興的亞非國家，根本都還缺乏成為民族國家的共識。而所謂「民族自決」的過程，其實是在一極端散漫及錯綜複雜的社會條件之下草草進行，其層次則更是遠遠超越了「民族」兩字應有的內涵。

　　面對這種國家不等於民族、人為界線又不容更改的客觀現實，亞非新興國家的政府，往往是由一個種族所主宰，並採取高度中央集權的統治方式，通過政治上的強制手段，壓抑內部各種族、宗教、語言等羣體的分離傾向或獨立意識，硬性貫徹一種官方語文、宗教或教育政策，以利達成國家團結、各族和平共存——也即是重新塑造民族——的目標。從某一角度看，這些國家是利用現代化的科技及通訊設備，期望在西歐及東亞古老國家耗費數百年自然演化而成（固然間或也有使用暴力）的單一民族社會，能在它們自己的國家中，以數十年甚至更短的時間實現，以完成國家現代化過程的首要任務。嚴格而論，這一強制性融合不同種族（甚至民族）、宗教、語言羣體，並建立共識的過程，本身顯然已十足違反了「民族自決」的本義與精神。但多少能夠達成這一目標的國家，已經算是現代化初步成功的例子，雖然其結果每每是專制獨裁政體之出現及持續，且不易走向經濟開發及民主政治的道路。等而下之者，則是數大種族或民族長期相互傾軋鬥爭，甚至接連不斷的武裝內戰及軍事政變，使得國家的穩定及發展，至今仍然受到極大的威脅。

　　二次大戰以後，通過政府的經濟力量，從事塑造國家共識、達成民族團結最成功的例子，也許應非新加坡莫屬了。新加坡一九五九年脫離馬來西亞而自治，一九六五年正式獨立。當時雖然有中國人血統的新加坡居民（即所謂的「華族」）多達百分之七十五，但內部卻是四分五裂，包括了至少十三個方言羣。除了華族以外，馬來族也有百分之十五之多。印度、巴基斯坦等其他種族及語言羣又佔了全人口百分之十，因此是一個社會情況十分複雜、極不團結、更無共識的國家。但既然作為一個國家，新加坡政府又沒有其他的選擇，只有竭力設法將這一盤散沙結合為一共同生命體，培養獨立的國家意識。結果，在李光耀總理二十多年的鐵腕政策之下，逐步實行了以英語（對所有種族皆是中立語言）團結四大民族、以華語（普通話）團結所有華族各方言羣的語文及教育政策，其具體內容則包括淘汰馬、印、華等

各族的中小學，統一教材，關閉以中文為主要媒介的南洋大學，禁止
電視及電台中的方言節目，強化新加坡國家意識之培養，打擊各
族——尤其是華族——之自我文化中心思想。此外，在國民住宅方面
之分配，則儘量做到各族聚合一處之原則。在宗教方面，則嚴禁挑撥
離間或自我吹捧之活動。在外交上則與各族的母國——中、印、
馬——等皆保持一定距離。在經濟上則全力發展新加坡成為一先進的
國家，並竭力塑造各族在政治上的平等形象。結果經過近三十年的努
力，一種嶄新的新加坡國家意識終告出現，使新加坡成為歷史上最短
期中成功融合多民族的新民族國家。(註3)

　　相反的，蘇聯則是通過類似的政策以期融合多個民族成為一個
民族國家的顯著失敗例子。固然，新加坡只是彈丸之地，而蘇聯卻是
洲級大國，兩種極端環境不應相提並論。但蘇聯自一九一七年共產革
命到一九九一年之分崩離析，前後亦有三分之二世紀之久。在此一不
算短暫的時期中，蘇聯雖有最為先進的科技力量，以及最為專權的中
央政府，卻仍無法融合國內十五大民族成為一個共同生命體，更不能
消化佔領達半個世紀之久的東歐七國，可見融合不同種族、宗教及語
言羣之工程，是何等地艱巨及困難。蘇聯之解體及東歐共產國家之解
放，也激發了「民族自決」原則在二十世紀中的第三波高潮。由於蘇
聯原有十五共和國原來便代表了至少十五個不同的大民族、宗教及語
言羣體，而東歐各國更是各自成一文化體系，有其種族、語文及歷史
之獨特背景。因此，莫斯科政權一旦放棄對它們的政治控制，各共和
國及各民族自然而然地立刻要求自治，而且多以公民投票的方式，擺
脫蘇聯而宣佈獨立。結果不到一年的時間，原來的蘇聯共產集團，便
告土崩瓦解。原有的超級大國——蘇聯本身，也迅速分裂成為十五個
新國家。這也是有史以來，民族自決的原則及運動，在一幅員廣大、
民族複雜的地區，和平而且又迅速獲得實現的最成功例子。

　　但世界並不因此而宣告太平無事。問題出在蘇聯並不只包括十
五共和國所代表的十五種民族、宗教或語言羣，東歐有些國家也不是

單一民族、語文或宗教的國家。即使是蘇聯瓦解後的俄羅斯，今日也仍舊包含多達八十八個民族的自治區。其他新獨立的共和國，也都仍舊是多民族、多宗教及多語文的國家。在此情況下，便出現了類似戰後亞非新興國家所必經歷的一個重要問題：即各新生獨立國家是否應根據民族自決的原則，繼續容許國內少數民族或宗教、語言團體，通過公民投票的形式，加入鄰近同樣國家或走向自治及獨立？還是應採取專制極權的手段，維護國家疆界，進而促進各族之統一，培養對國家也是對歷史的、既有的共識？顯然地，絕大多數新獨立的國家及東歐國家，包括俄羅斯在內，皆不願變更現有的疆界，也不願容許境內的少數民族或宗教、語言羣體繼續分裂下去。結果便出現了亞塞拜然和亞美尼亞之間的武裝衝突、格魯齊亞境內的種族戰爭，以及至今仍未了結的南斯拉夫慘烈的宗教內戰。

　　所幸蘇聯及東歐都是由古老而且文化相當先進的民族所組成，且在數量及種類上皆尚屬有限，不像非洲至少有六百種不同的種族、語言及宗教羣，或東南亞各國也有數以百計的不同種族、宗教及語言。後兩地區的問題便難解決了。絕大多數的亞非新興國家，只有獨立國家之名，而無民族統一之實。從現代化過程的角度看，它們至今還處於「民族塑造」(nation-building)的階段。由此觀之，這些國家對其內部各種族的分離意識及分裂傾向加以無情鎮壓及試圖改造，似乎是應該可以容忍或至少值得諒解的情況了。但從這些國家中有許多是內戰連年、政變不斷(皆係種族或宗教之爭)的事實來看，乾脆容許各族自決自治，又似乎是較合乎人道主義的做法。但事實是，除了索馬利亞的內戰(以及不屬亞非洲的南斯拉夫內戰)以外，列強對於這種內戰，多半是採取凍結現狀、大事化小、小事化無、甚至相應不理的態度。而發生內亂的國家，則更不願見到國際性之武裝干預。由此又可見，國家主權至上、現有國界神聖的原則，仍舊受到國際社會的普遍承認。如此一來，各國的弱小民族似乎也只有自求多福一途了。

三 戰後「民族自決」的血淋淋史例

事實上，從整個二次世界大戰以後的歷史經驗來看，以美蘇為首的西方列強，處處表現出抗拒或漠視「民族自決」原則的態度。德國之分裂、德波及波蘇等疆界之重劃、蘇聯併吞波羅的海三小國並揮軍佔領東歐七國等事實，固然是對「民族自決」原則之公然踐踏，但老牌殖民帝國英法等處心積慮地長期鎮壓各殖民地的民族解放運動，更導致由北非到南非，由印度到東南亞一連串的暴力流血衝突。尤其是法、荷兩國，為了繼續其在某些主要殖民地之統治地位，不惜發動大規模的戰爭，企圖遏止民族要解放、國家要獨立的世界性潮流。美國雖然早在一九四六年容許菲律賓獨立建國，但卻對英法等盟國的新殖民主義行徑，視若無睹。「民族自決」的理想，事實上主要還是經過各殖民地人民的血淚奮鬥，才逐一獲得實現。

但即使如此，仍有許多大國中的少數民族(如美國、南非、西南非的黑人，馬來西亞、印尼的華人)，繼續受到歧視或迫害。尤其是夾在兩個國家之間的一些弱小民族，雖有長期要求自治或獨立的意願和行動，但卻始終受到強國或強勢民族的鎮壓而無法如願以償。法國與西班牙之間的巴斯克族(Basques)，土耳其與伊拉克之間的庫德族(Kurds)，甚至英國統治下北愛爾蘭的愛爾蘭人，以及美國受聯合國委託管理達四十餘年的麥克羅尼西亞羣島(Micronesia)，皆是較突出的例子。前三地數十年來因而不斷暴發流血衝突，傷亡慘重。而麥克羅尼西亞則由於所佔海域面積龐大，相當於三個美國，而且海中資源豐富，戰略地位尤其重要，美國顯然不希望完成聯合國所託之任務，因而僅讓其中部分島嶼完成獨立建國的目標，而將最重要的一大片海域及其所屬島嶼據為己有，於一九八六年擅自宣佈結束該地區的託管地位，並立即成立「麥克羅尼西亞聯合邦」，以美國領土視之。此後美國即不斷暗中鼓勵其「自決」加入美國，成為第五十一州。看來這

一羣島成為獨立國家的希望，已十分渺茫。(註4)

　　戰後弱小民族受到列強扶持，成功達成建國目的的空前特例，則非猶太人莫屬了。但是猶太人的歡樂，卻是建立在阿拉伯人的痛苦上，因為他們所擁有的國土全境──即現在的以色列國，是由英法美等列強自阿拉伯人的手中強迫奪取而得，並導致一百萬阿拉伯人(即巴勒斯坦居民)流離失所。這種帝國主義式的掠奪行徑，終致引發長達半世紀的以阿仇恨以及三次中東戰火，幾乎危及整個世界的和平，代價不可謂不大。事實上，四十餘年來，以色列幾乎全賴英美等強國的大力相助，才能維持其獨立及安全。更有甚者，列強根據猶太民族長期嚮往獨立建國的意願，全力協助他們完成「民族自決」的目標之後，卻長期罔顧其犧牲者──被放逐的巴勒斯坦難民──後來在約旦河西岸想組成獨立國家的同樣意願，不僅再度證明了西方國家在此問題上的雙重標準，而且更造成了中東局面長期緊張、流血衝突迄今未斷的不幸後果。

　　這還不算，列強處理越南和朝鮮半島局勢的態度才是對「民族自決」原則的最大諷刺。一九五四年，法國在中南半島被代表民族解放運動的越共勢力所擊潰後，簽訂日內瓦條約，同意暫以北緯十七度為界，並訂於一九五六年由南北越共同舉行全民普選，完成越南的統一。但結果北越雖然進行了全民投票，但南越在美國的慫恿之下卻決定違約，拒絕舉行大選，並逕行成立越南共和國政府。因為南越人口當時較北越為少，而且傾共(也即是贊成民族獨立統一)的人數龐大，普選的結果可想而知。結果終於爆發了第二次越戰，雖經美國大舉介入，甚至投入軍隊一度多達五十萬衆，但經過長達十七年的慘烈戰爭，南越仍舊在民族主義的強烈號召之下，被北越的武力所統一。這也是首創「民族自決」原則的美國，再次基於本身利益的考慮，強力否決「民族自決」原則的例子。其對越南整個生態環境之破壞，堪稱空前，而本身所付出之代價，也極高昂，更遠非以色列之例所能相提並論。

　　朝鮮半島的情形也十分類似。一九四五年二次大戰已到尾聲，蘇聯對日宣戰後便立即揮軍進入北韓。美國也倉促派兵登陸南韓，並與蘇聯協議以北緯三十八度為兩國軍事控制之分界線。大戰結束後，聯合國大會決議在南北韓同時舉行普選，以成全朝鮮人民夢寐以求的民族獨立、國家統一目標。詎料蘇軍進入北韓後，立即扶植蘇聯一手栽培的金日成取得政權，並且悍然拒絕聯合國人員進入北韓籌備大選事宜。這一立場顯然是因為當年北韓人口少過南韓數百萬，倘若實行全韓普選，莫斯科恐難維護其在朝鮮半島的既得利益，因此和美國在越南的考慮，如出一轍。結果，一九四八年大選，只得在南韓舉行。美國所支持的留美政客李承晚獲選為總統，成立「大韓民國」。隨後北韓在蘇軍的支持下，同年也成立「朝鮮人民共和國」，並推今日成為總統，形成南北分治又對立之現象。一九五〇年六月，北韓挾其在軍工業之強大優勢，決定趁南韓政局不穩之際，大舉南侵，企圖通過武力方式，一舉完成民族統一的大業，且數月之間，幾乎佔領南韓全部。所幸美國在十分偶然(蘇聯缺席)的情況下，獲得聯合國安理會之授權，火速出兵援韓，始得化解南韓被赤化的危機。但此一行動又遭中共反彈，派遣「志願軍」百萬入朝，打了三年戰爭。結果各國軍民死傷達數百萬，而朝鮮人民免於外力干預、「民族自決」的長期夢想，也因此再次破滅。

　　這還不算，韓戰結束後，美國基於戰略上的考慮，不僅派兵駐紮南韓，而且長期控制了南韓的軍隊，並在南北韓之邊界附近，佈置了污染性極高的核子地雷，在南韓各美軍基地則儲存了可觀的核子武器。而南韓長期由軍人通過政變方式取得政權之事實，更和美國的支持或干預有難以擺脫的因果關係。一九八五年，當南北韓之和談有所突破時，美國又與南韓開始舉行每年一度的大規模軍事演習。凡此種種，皆有凍結現狀、阻撓統一之嫌疑。這也是何以南韓學界反美及反政府情緒長期高漲、而且經常引發流血運動的根本原因。

　　以上的討論，顯示了「民族自決」的理想，不論是理論或實踐

方面，也不論是過去或現在，皆有其重大的缺失及模稜之處，而強權便是公理的現實，在國際政治或國內局勢方面，更往往構成決定的要素。以色列、越南和韓國都已是民族單純的國家，其爭取民族獨立的運動更是歷史悠久，舉世公認。但即使如此，它們走向民族統一的道路，還是命運多蹇、代價慘重，更遑論其它許多多民族的國家了。到底世界各國的疆界已經劃定，不容輕易改變。因此，絕大多數國家（尤其是亞非新興國家）的政府，皆會基於國家利益至上的原則，不惜武裝鎮壓少數民族爭取自治或獨立的傾向及運動，以免造成內部的分裂或動亂。同樣的，絕大多數多民族的國家，對他國這種分裂運動，也不願苟同，以免在國際上形成連鎖反應，導致天下大亂。由此觀之，蘇聯解體所造成的「民族自決」新浪潮，很可能只是一種暫時的現象，也只有在莫斯科主動放棄對各民族共和國之控制的情況下，才有可能出現。蘇聯解體後的俄羅斯以及其他共和國，事實上已經對它們境內仍存的少數民族，加強控制及融合，以求達成單一民族的現代化目標。從某一角度看，南斯拉夫的內戰，正顯示了交戰各族企圖以武力強制整合各族、統一國家的期望與努力。因此，通過「民族自決」方式組成新國家的現象，今後恐將不再是世界的主要潮流，而只是國際政治的例外。

　　事實上，在蘇聯解體並分裂為新興國家之同時，另一相反的趨勢卻也在歐洲大陸蔓延，即歐洲共同體的政經整合。一九九一年在荷蘭馬斯垂克通過的條約，要求歐洲共同體十二成員國打破現有國界之限制，容許各成員國在人民、貨物及金融方面自由流通，形成一個單一的經濟有機體，進而在政治、外交、軍事上有所整合。結果這一條約在半數以上成員國是以「全民公決」的程序獲得批准。換言之，這些西歐國家乃是通過「民族自決」的方式，決定放棄「民族國家」的界線，加入一更大的多民族團體。亞、非、拉美各洲也早有區域性經濟合作組織之出現，而且其角色及功用皆日益重要。由此觀之，「民族國家」似乎又已不合世界潮流，或至少已不能滿足實際的需要。

「民族自決」的原則固然未變，但其目標卻是否定單一民族自治自立的理想，對於現有國家疆界及主權獨立的神聖性，更是一大挑戰。此一趨勢之性質不僅值得深思，其影響更是未可逆料。

四 「民族自決」與中國問題

從某一角度來看，中國的八年抗日戰爭，也是一百多年來中國人民爭取民族解放及國家統一運動的高潮。一九四六至一九四九年間的國共內戰，則多少是這一運動的延續，只是雙方都有外國的支援罷了。由此觀之，中國的分裂，也類似朝鮮半島的分裂，乃是列強干預的結果。事實上，若非韓戰的爆發，美國便不致於派遣第七艦隊駐防台灣海峽，美國若不協防台灣，便難以阻止中共渡海攻台之計劃。而這半世紀以來的兩岸分治狀況，也不致成為事實。所不同的是，台灣雖也和朝鮮一樣，受過日本殖民統治五十年，但卻先由國民政府派兵接收，因此早在一九四五年十月已算回歸中國，當時根本無所謂民族自決的問題存在。但由於國共長期的對峙，台灣和大陸卻形成類似朝鮮半島分屬兩個政權的局面，而且長達四十八年之久。除了台灣之外，香港和澳門也是長期與中國大陸分治的地區，而且為時更久。因此，若將「民族自決」的理論運用到中國問題──也即是中國大陸與港、澳、台的關係上，難免衍生一系列值得探討、思考、甚至爭議的問題。

（一）首先，必須強調的是，中國是一多民族國家，除了漢族以外，至少還有五十五個少數民族。但近百年來，除了外蒙古是在中國衰弱、國際壓力龐大的客觀形勢下，由其通過公民投票的方式，成為獨立國家之外，國共兩個政權皆堅決維護既有的版圖，不容其它少數民族步上外蒙古的後塵。一九四九年之後，中共在這方面更是一向採取十分強硬的立場，尤其是對西藏的獨立運動及傾向，嚴加防患，隨時鎮壓。另一方面則將大批漢人移民邊疆地區和少數民族地區，推行

漢化政策，以求達成真正「多族共和」的目標。事實上，中國大陸的少數民族，雖然只佔全人口的百分之七，但其居住的土地面積則多達大陸現有版圖的三分之二強。這和俄羅斯族的只佔原蘇聯人口的百分之五十，但所居土地則多達百分之七十的事實，不可同日而語。因此，中國大陸若和蘇聯一樣，容許少數民族獨立，則中國不僅將四分五裂成至少五十六國，而且其中漢族將被侷限在東北、東部及東南沿海半壁的土地上。這是任何一個中國政府皆難以容忍的變化。中國倘若容許任何一個少數民族以公民投票的方式走向獨立，勢必造成連鎖反應，後果不堪設想。而目前世界上絕大多數的國家(包括美、俄等強國)，也都繼續承認中國大陸的版圖，乃是包含了五十五個少數民族所聚集的所有邊疆地區。因此，「民族自決」的原則，在可以預見的將來，便沒有可能在中國大陸實現了。

　　(二)中國大陸既然不能容忍少數民族自決獨立之傾向或訴求，自然更難容忍全屬漢族的香港、澳門和台灣脫離大陸而獨立了。而中共對香港與澳門的政策及立場，又直接影響台灣未來的命運，因此更是從未鬆懈。可以想像到的是，如果中共對毗連大陸的港澳兩地，皆願作出重大的讓步，則自然更沒有理由反對隔海對立的台灣，通過「全民公決」的程序，決定自己的前途。這便是中共對港、澳、台三地區一向立場強硬的根本原因。

　　事實上，早在七○年代末期至八○年代初期之間，香港前途尚未塵埃落定之時，英國政府一度強調，香港本島和九龍半島係依國際條約永久割與英國，因此中共根本無權追討。英國並竭力鼓吹香港的獨特性，甚至也有意通過「全民公決」的程序，促成香港走上獨立之路。但這一計謀立即受到中共的強烈反對。北京政府所提出的理由主要有三：一是香港割予英國，乃是不平等條約所迫，中國並不承認。但香港之殖民地地位，當初既由中英兩國政府所決定，則其未來的命運，自應仍由中英雙方協議，無需香港人的參與。二是香港居民百分之九十八是漢族，因此根本無所謂「民族自決」的問題存在。中國大

陸有權完全代表香港人的利益,因為香港人的利益便是中國人全體的利益。倘若香港人可以通過「全民自決」的方式決定其前途,則十億中國人更有權以公民投票方式,決定香港的歸屬。三是英國統治香港一百四十年間,一向是大權獨攬,從來不談民主或自治,如今在面臨撤退之時,突然大談民主,要求港人自治,可見居心叵測,中共萬難同意。結果,在形勢比人強的局面之下,英國政府終於決定讓步,撤銷原定的如意算盤。到底香港太小、經濟上又幾乎完全無法脫離中國大陸的支援而生存。而香港居民果真有權舉行「全民公決」,顯然也只是區域性的「分離」行動,而非「民族自決」。因此對中國大陸而言,自然不具任何效應,否則台灣及大陸東南沿海各省,豈不也可相繼仿效?而其後果則更難以控制了。以香港經貿地位之重要及英美等大國的全力撐腰,尚且不敵中共基於國家統一的強力要求,澳門的殖民主葡萄牙,自然更是無力抗拒。因此,港澳問題皆在強權勝過一切的情勢下,順從北京的意願,獲得解決。

(三)再看台灣的情況。根據中共對香港的政策及對台灣的一貫強硬立場,相信台灣若也有全民自決的方案提出,中共必將採取同樣的因應策略,即首先強調中國的分裂,乃是美帝國主義一九五〇年干預中國內戰的產物,而非大陸主動放棄對台行使主權的結果。其次是以台灣百分之九十八點五的居民皆係漢族、也是大陸移民後裔為由,堅持台灣根本也無所謂「民族自決」的問題存在。此外,中共還可指出,北京早已一再強調台灣為中國不可分割的一部分,並且這一主張受到世界絕大多數國家的承認(明文列入建交公報之中也)。因此,台灣若有全民公決的行動,大陸更可以十二億人口進行公決,壓倒台灣任何主張獨立的決定。

不論如何,台灣若舉行全民投票,走向獨立,將和香港當初的情況類似,即仍有效力是否能被承認的問題。到底這種公民投票,不等於「民族自決」,而只是一種區域性的分離行動,基於前述同樣的理由,不易為中共的容忍。嚴格而論,在台灣真正有「民族自決」權

利的人，應是三十五萬我們稱之為「原住民」的山地民族。如果只是基於語言及意識型態之異，而主張台灣人民自決，也仍有本省人與外省人之兩大區別(尤其是省籍情結所造成的統獨之爭，已變成一種意識型態之爭)，以及至少閩南語、國語、客家語三大語系之分野。由此看來，處於強勢的本省人及閩南語系，在主張「自決」之餘，是否也應容許台灣的外省人及客語系，同時分別進行「全民自決」?!更讓所有的原住民進行真正的「民族自決」?!根據民族自決的原則，原住民應是有此權利。根據語言羣也有權自決的論點，則台灣的外省人(其中又可再行細分)及客家人，也應和本省人一樣，有自決的權利。但正如許多其他國家的情形一樣，基於國家整體的利益，這些弱勢族羣顯然皆不可能被容許行使這一權利。如此一來，則台灣人民「全民自決」的做法，豈不徒然授予中共橫加否決的更多口實?!它很可能一方面是壓抑了少數民族的不同聲音，另一方面又無法和台海對岸更大的不同聲音對抗。其結果恐怕只會強化台灣內部日益擴大的不安情緒，同時惡化台灣與大陸之間又現緊張的關係，豈非一舉而數失?!

由此觀之，「民族自決」的原則或「區域自決」的構想，皆必須考慮到一國內外特有的政治情勢，不可冒然付諸實行，否則必將導致難以預料的反效果。歷史的經驗已經證明，民族自決原則在落實的過程中，不斷導致戰爭與流血，更始終受到國際政治局勢之牽制及扭曲。台灣不論是基於何種理論以及通過何種程序走向獨立，顯然皆必須掌握另一大國的強力支持及武裝援助，否則便須持續改善與中國大陸之間的關係，獲得中共的諒解及默許，始有和平成功的希望。但西方列強目前對內戰方酣的南斯拉夫、格魯及亞、安哥拉等小國，皆已無強力干預的意願或能力，是否還有可能為了台灣而與中共直接武裝對抗，誠屬可疑。另一方面，中共對台政策則又全無放鬆或軟化之跡象。因此，在上述兩種條件皆仍缺乏的今天，台灣若以「全民公決」的方式走向獨立，實不啻將台灣兩千一百萬居民的命運孤注一擲。其結果縱然不致立即為台灣帶來歷史性的大災難，也必將陷整個社會於

動盪不安的新危境。

從另一角度來看，台灣的自決及獨立浪潮雖然日益高漲，但卻是和台灣與中國大陸間的經濟關係及民間往來日趨密切現象，同步出現。一些經濟學家甚至指出，台灣在經濟上對大陸的依賴程度日愈增加，甚至已不可能完全自絕於大陸的資源及市場，而仍然維持其在國際貿易上之現有競爭力。許多中外學者甚至更提出以中國大陸、香港、澳門、台灣、乃至新加坡為成員的「大中華經濟圈」之說法。且不論這些主張或構想有多少成分符合事實，台灣與大陸日趨密切的關係，顯然又開始大幅削弱台灣應行全民自決、走向獨立這一論調的合理性及必要性，從而降低了其原有的說服力及可行性。由此觀之，台灣的未來，恐怕又非單靠「民族自決」或「地區自決」這些理論所可解決的問題了。

註　釋

(1) 參閱Hans Kohn, *Nationalism : Its Meaning and History* (London: Van Nost. Reinhold, 1965); Rupert Emerson, *Self Determination Revisited in the Era of Decolonization* (New York: University Press of America, 1984).

(2) 詳見Leonard E. Binder (ed.), *Crises and Sequences of Political Development* (Princeton, New Jersey: Princeton University Press, 1971).

(3) 詳見 Harold E. Wilson, *Social Engineering in Singapore* (Singapore: Singapore University Press, 1978).

(4) *1995 Britannica Book of the Year* (London: Encyclopaedia, Inc., 1995), p. 671.

民主政治的理論和實踐
——兼論台灣民主政治的困境

　　台灣自一九八七年廢除戒嚴法起，在政治上採取了一連串的自由化措施，並在一九九二年完成全面改選國會議士及最高行政首長，打開了民主政治的新紀元，誠為一九四九年以來政治上的最大突破。然而，六年以來，台灣的民主實驗，也帶來了四十年來空前未有的亂象。不僅肢體衝突之不斷出現，已使國會經常陷入癱瘓之困局，而且金權公然干預政治、乃至主宰決策之程度，幾乎已到了無官不貪，無商不奸，無工不偷的地步。而黑道與暴力介入選舉的普遍現象，則更造成官兵怕強盜、警察怕流氓、令人心寒的曠古奇觀。所有這些亂象也使得整個台灣社會出現經濟成長停滯、資金大量外流、治安每況愈下、乖戾之氣彌漫的不安形勢。到底民主政治在理論或實踐方面，有何根本的問題或弊病？台灣本身的民主實驗又何以如此多災多難？值此多事之秋，我們對民主政治的本質、發展及其運作之條件，實有重新剖析、反覆檢驗之必要。

一　民主政治理論的批判

　　法國文豪羅曼羅蘭曾經寫過：「自由！自由！多少的罪行是假你的名而犯！」若把這句名言中的「自由」換成「民主」，相信也同樣流傳千古。到底世界上沒有一個國家承認自己是不民主的國家，也沒有一個國家的人民不要求民主。但事實上，今天真正民主的國家，不過三十個左右，僅佔全球一百九十國的六分之一弱。而爭取民主的

運動，最後往往變成鎮壓民主的政權。高喊民主口號的「人民領袖」式人物，更往往成為專制獨裁的暴君！這正是因為民主的理想原非盡善盡美，更難完全付諸實現。因而人民當家作主的原則及願望，便不斷地受到扭曲、利用和踐踏了。

就此而言，世上本來便無放諸四海皆準、流傳萬世皆真的完美政治制度。首先，任何一種政治制度都是基於對人性及社會本質的某些特定假設或信念之上，而這些假設或信念，本身又都是一種價值判斷，不能通過科學的方法加以證實。只有相信某些假設或奉行某些信念的人，才會肯定某一種政治制度之價值。民主政治自非例外。民主政治的基本假設或信念有三：第一，人類生而平等，而且人人都明白自己真正的利益所在，也最懂得如何保障自己的權益。因此，在政治上，所有的人皆應享受同等的影響力，也就是一人一票的制度。第二，正因為人人平等，所以人數之多寡便是決定事物的關鍵因素。因此，多數人的意願必然是最正確的意願。多數人的決策也必然是最佳的決策。所以又有多數票取勝的表決方式，以及少數服從多數的議事原則。第三，現實利益的重要性，超過了空洞的理想。與其追求完美但卻遙不可及的烏托邦，不如維持有缺陷但卻真實的現狀和既得的利益。

但以上三大基本信念都可以輕易加以反駁：第一，人有智愚明鈍之分，不僅對事務之認識差距極大，而且更不一定都能看到自己的長遠利益。一人一票制因此是種齊頭式的平等(也就是不平等)，它剝奪了少數優秀人才應該為廣大群眾謀福利的機會，更否定了他們應該享有較大影響力及政治權力的權利。第二，數量上的多寡，並不能反映出質量上的優劣。著名的英國首相邱吉爾便說過：「大多數人未必是對的。其實，大多數人的意見，往往是錯誤的意見。」第三，安於現狀只是一般庸碌之人短視及惰性的產物。在一個貧富不均、充滿競爭、優勝劣敗的國際社會，一個較為落後的國家，尤其不可安於現狀，而應為理想作出暫時的犧牲，個人則更應為集體而奉獻。也惟有

如此，才符合全體人民的真正及長遠利益。

　　即使我們對以上的反駁論調，完全不敢苟同，民主政治還是有一個實際層面上的可行性問題——即人民的權利，永遠不可能完全及長久地由人民來行使，不論一個國家多麼狹小。這是因為人民不僅數量龐大，散漫無章，難以組織，而且任何一種臨時聚集的羣眾團體，本質上皆有高度的情緒化傾向，難以根據理性而議事。由人民全體行使權力，必然導致紛爭不斷、甚至天下大亂的局面。再者，也沒有一個社會的全體成年居民，皆同時擁有經常不斷參與決策的意願、興趣及時間。因此，完全或真正的民主，也即是所謂的「直接民主」（direct democracy），自古以來皆是一種理想，從未成為事實。即使是在古希臘的城邦時代，「直接民主」的參與者，也只限於無需從事生產勞動的男性公民，而將較公民數目更大的女性及奴隸，完全排除在外，實際上是種「有限民主」（limited democracy）。即使是這些有資格參政的公民，也只有一部分人是經常地參與政策之討論及決定。據估計，在古雅典國，這種人只佔所有公民的六分之一左右。可以想像到的是，在一個沒有奴隸的現代國家，全民經常參與國家決策的結果，必然造成所有非政治性活動的停滯不前，甚至導致社會秩序的全面解體。其實，這也是古雅典國必然走向滅亡的根本原因之一。（註1）

　　「直接民主」既然無法實現，因此，所有的民主國家，若非是實施古雅典式的「有限民主」，便必然是採取所謂的「間接民主」（indirect democracy），也就是人民通過選出的代表代為行使權力的「代議民主」（representative demorcracy）。尤其是現代國家，不僅領土及人口皆甚可觀，而且政府所管理之事務更是錯綜複雜，根本不可能由全體百姓負責行使權力。雖然「直接民主」的理想，在許多國家仍然通過公民投票法之制訂，多少象徵性地保留下來，但這種全民公決的程序，往往只適用於十分重大且具有爭議性的政策、法案或問題，絕不輕易動用，以免勞民傷財，徒然增加社會成本及百姓負

擔。

但從人民全體擁有權力，到由人民選出一小羣人——行政首長及國會議士——代為行使權力，其實是一極大的轉變。而且在十分可觀的程度上，已經違反了民主的原則。因為擁有權若非包括了使用權，則人民原有的權力，難保不被錯用或濫用，因而造成人民並不真正擁有最高權力(也即是所謂「主權」)之實質後果。難怪法國大思想家盧騷有「主權無法由他人代表行使」之洞見。這也是所有民主國家面臨之一大困境。試想選舉行為不可能年年或月月行之。人民的代表——也即是代議士或行政首長，皆只是在選舉的當時，獲得選民的肯定，而且即使是這種肯定的現象，也富有極大的投機或幸運色彩。因為沒有一個選民膽敢保證，其所屬意並已成功當選的代表或行政首長，在下一次選舉到來之前的這段漫長歲月(二至七年)，會不辜負選民的期望，甚至不會作出完全違背選民意願的背叛行為。不幸的是，每一次選舉對選民而言，皆是一場賭注。他們雖然可以吸取過去錯誤選擇的教訓，否定自己上次選出的代表，卻還是無法擔保或確定自己新挑的人選，不會仍舊令人失望。到底選舉之行為只是一時一日之決定，而當選之人民代表卻可以在所有其他的漫長歲月中任所欲為。果真大部分的人民代表皆多少如此，則人民擁有主權之原則，豈非永遠只是一種天真的幻想或幻象？難怪盧騷批評英國的人民十分愚蠢，因為他們不明白自己只有在選舉到來之日是自由的，選舉過後就被貶成了代表們的奴隸。

在二十世紀的今天，這一問題尤其嚴重，因為政府所要解決的問題往往具有高難度的專業性，並非一般人所能有效處理甚至瞭解。而百姓屬意的代議士，往往只需取得百姓的信任即可順利當選，而不需要、也無機會真正證明自己的才能出眾。到底百姓自己也不瞭解或確定：何種人才才是他們應該挑選的代表或領導人。我們甚至可以說，科技愈是發達、社會愈是進步的社會，一般百姓愈是缺乏判斷國家大政方針之能力，也因此愈無挑選領導人或代議士之資格。由此推

論下去，民主政治豈非成了現代社會最不應該有的制度?!因為它很可能阻礙國家之進步或發展，甚至為國家社會帶來不可逆料的大災難。

　　此處涉及一個關鍵性的問題，即選民與代表之間的關係，到底應為何？根據民主政治主權在民的原則，若說選民選出的代表，應唯選民之旨意為其旨意，則這種旨意顯然是十分平庸甚至危險的。因為絕大多數的人民，都是只顧本身及眼前的利益，不可能是深思熟慮、高瞻遠矚之人。因此，選民的代表若是完全聽命選民的旨意，很可能也會陷他們於不義，陷國家於大難。事實上，代議士在當選為人民的代表後，也不可能事事再回頭徵詢選民的旨意(沒有充分的時間及始終流暢的溝通管道也)。因此又有另一說法，即選民之選舉行為，只是一種授權或委託行為，當選之領導人及(或)代議士擁有全權根據自己的智慧、能力及判斷，決定什麼才是符合選民或全體百姓之真正及長遠的利益。但如此一來，人民所選出的代議士其實已擁有主權在身，而不再是人民的「代表」，因而顯然又是背棄了民主的原則。更有甚者，若是人民的代表不必聽從人民的旨意，則選舉之行為又有何意義？人民的代表若是可以獨斷獨行，豈非證明他們遠較人民優秀？果真如是，他們又豈可由平庸無知的百姓所識別及挑選？若人民既無挑選領導人或代議士的資格，而選舉之行為又無意義，則豈非民主政治之本身，便是一個十分惡劣的制度？倒不如將所有權力全部交由少數精英分子甚至某一個人去行使，以便有效領導國家，創造全體百姓的幸福。但這樣推論，卻又是為專制集權制度，提供理論支持的根據了！

　　現代官僚體制之龐大及專業性，更證明了現代國家必須由大批學有專精的技術人才，長期及全職地投入各種行政及決策工作，國家始可維持一定的秩序及進步。而這個官僚體系的所有成員，卻並未通過人民的選舉而產生，而是經過各種各類的專業考試或資格審查，成為龐大行政系統之一分子。此外，官僚組織的成員皆享有長期之聘約，因而任期不受人民之左右。凡此種種皆使得現代官僚體系在實際

行使權力方面，處於遠較民選首長及代議士為優的有利地位。它不僅熟悉行政上之各種問題，掌握決策所需的各種數據及技能，而且甚至經常左右民選首長及代議士們的思想及觀點，甚至可能對所有這些人的新政或創見，採取杯葛或敷衍之態度。官僚體系之必要性及對國家決策之龐大影響力，豈非又證明了現代國家必須或應該由一羣專家長期統治？而民主程序終究只不過是滿足百姓妄自尊大心態、卻無實質意義的政治遊戲罷了？

二　民主政治的實踐經驗

　　由於以上這些問題，皆不易有明確肯定的答案，難怪民主政治在人類發展史上，還是一個十分短暫的經驗，在今日世界上也還是極少數國家的專利，其前途更是滿佈荊棘、命運未卜。此處我們便要再問，民主是否人類所必須或最理想的制度？或除了民主之外，還有什麼可以確保社會國家之安全及繁榮？若以人類有限的經歷來看，民主的確並非人類所必須。今日世界不乏治理良好的非民主國家，歷史上更不乏世人嚮往的太平盛世。事實上，今日西方民主國家中人民生活之品質，是否真較過去所有時代為佳，已令人高度懷疑(西方民主國家已成了高離婚率、高犯罪率、高吸毒率、及高失業率之代名詞)。諸如印度、菲律賓等民主國家長期落後之事實，更顯示出民主政治完全沒有改變貧困國家面貌之力量。

　　相反的，一些長期高度集權的國家，例如前蘇俄、中共、南韓、台灣、新加坡及香港，反而創造出了經濟發達、社會進步的驚人成績。其中尤其是前蘇俄與中共兩國，所施行的是與民主制度極端對立的共產集權制度。儘管此一制度在人權與自由方面，毫無建樹可言，但卻有能力集中運用全國的人力及物力資源，在發展國家科技、維護主權獨立、促進民族團結、推動社會平等、平均分配財富等方面，表現出極為可觀的效能，不容輕易否認。質言之，前蘇俄若非實

施一反民主的高度中央集權制度，絕不可能在二次大戰之後短短數十
年之間，一躍而成為世界兩大超級強國之一。若說蘇俄解體後之混亂
不安現象，正是由於高度中央集權體制之瓦解所致，絕不為過。中共
之經驗多少亦復如此，而中共自一九七八年以後，雖然在經濟政策上
模仿西方資本主義，走向改革及開放，但卻未捨棄原有之高度中央集
權政體，結果仍舊可以創造出建國三十年以來最驚人的經濟發展速率
及成效。凡此種種皆可證明，民主政治似乎確非人類追求進步與繁榮
之惟一或最佳選擇。

　　再看亞洲「四小龍」──南韓、台灣、香港及新加坡──之「經
濟奇蹟」，全部都是在一高度中央集權體制之下的產物。南韓自一九
六一年至一九九二年整整三十年期間，根本是在軍事政府統治之下，
並無真正民主可言。台灣則因「戒嚴法」及「動員勘亂時期臨時條
款」之訂定，原本十分民主的憲法形同虛設，而且長達三十年之久。
香港則更是英國的殖民地，一百多年來從來不講什麼民主，只有到了
一九八〇年代之初，英國明白香港必須交還中國大陸之後，才開始在
香港大搞民主教育及運動，並大事改革既有的殖民體制，以便將香港
轉化成為親英或至少制衡中共影響力的前哨基地。新加坡雖然早自一
九五九年自治之後，便擁有一民主制度之架構，但在實際運作方面，
則始終係一黨專政、甚至一人專政的強人政治，而且逾四十年之久。
但卻正因為有民主之名而行專制獨裁之實，新加坡才能從一個經濟貧
困落後、種族騷亂不斷、政局動盪不安的無名小國，在短短三十年之
間，一躍而成舉世稱羨、穩定、繁榮、進步的花園大國。總而言之，
亞洲四小龍的成功經驗，皆不是拜民主政治之福，而是反民主之道而
行的結果。由此觀之，民主政治是否應是開發中國家模仿或採行之制
度，便更令人可疑了。

　　即使是亞洲經濟之「大龍」──日本──的經驗，也令人反省及
深思。根據日本東京大學教授中根千枝(Nakane Chie)的膾世名著
《日本社會》，以及無數西方「日本通」的看法，日本之所以能在十九

世紀下半葉，由一落後封建的弱國，在短短三十年之間，迅速崛起成為世界一流強國，又在二次大戰戰火徹底洗禮之後，由一殘破不堪的窮國，經過另一個短短三十年時間，一躍而成舉世震驚之經濟巨富，其根本原因皆與民主政治無關（十九世紀的日本，根本不是民主國家），而是由於日本社會係由無數上下尊卑分際嚴明、階級色彩濃厚、服從觀念強烈的金字塔形團體，層層相疊組合而成，使得日本政府能夠在天皇的精神感召下，十分有效地動員全國的人力及物力資源，團結一致及上下同心地解決日本所面對的各種內政或外交難題。換言之，日本之成功經驗，乃是社會結構重階層、百姓心態重威權的結果。而這種階層現象及威權色彩，顯然皆非民主政治所應有。(註2)

事實上，日本雖然在二次世界大戰之後，被迫接受了一部由美國所研擬的憲法，開始走上西方民主政治的道路。但多數的西方學者皆一致同意，日本人的傳統行為模式及心態，半世紀以來並無甚大改變。不少學者更公開指稱，日本根本不是一個民主國家，因為民主政治所奉為圭臬的過半數取勝原則(majority rule)，在日本各級政府的決策過程中，常是備而不用。而日本自一九四五年到一九九三年自民黨下台之間的四十八年中，只有一九四六年到一九四七年間短短十個月左右，係由社會黨執政，其餘四十六年多、影響日本最為深遠的關鍵年代，卻始終是自民黨一黨獨大的政治形勢，因此與一黨專政的國家，在實質上並無甚大差別。日本各大黨內派系組織之根深蒂固及階層色彩，以及各黨各派之間，在決策過程中流行幕後協商和追求全體一致(unanimity)之現象，則更是西方民主國家所絕無、先進國家所僅見。然而，今天的日本，無論是在社會安定、經濟繁榮、犯罪率低、毒品罕見、百姓長壽等許多社會指標上，卻皆是高居所有先進國家之首，非任何民主國家所可比擬。由此似乎又可證明，西方式的民主政治，確非二十世紀人類追求幸福的唯一道路或最佳選擇了。

三　法治與民主的關係

我們若再進一步探討現代民主的發源地——英國及美國——的發展經驗，便將發現，民主政治之形成，其實是以法律之尊嚴——也即是法治(rule of law)，為其基礎及先決條件。今日來看，民主和法治固然已是一體之二面，不可分割，但若追根溯源，法律的尊嚴或我們不妨稱之為廣義的法治，不僅是民主政治之母，也是現代以前各國太平治世之基石。大體而言，整個西方文化具有兩大特徵：一是宗法封建制度——也即是世襲的君主及階級制度——歷久不衰。二是宗教觀念濃厚，教會勢力龐大，長期主宰人們的信仰及行為，並且賦予世俗政權及階級制度所不可或缺的權威性及合法性。換言之，整個宗法制度——包括世俗權力的分配及行使方式，皆是天命神定，不可輕易言廢。而規範君臣之間、各階級之間、以及人際之間互動關係的準則，也因此有種「契約」性質，並多少照顧到所有階級的權益，因而也為所有的人所接納。事實上，人間的一切道德及權利義務關係，皆源自上帝，整個「法」的觀念也與「神」的旨意不可須臾分割。所謂「自然法」(law of nature)，其實便是「上帝法」(law of God)之統稱，因為大自然萬物皆由上帝所主宰。人間之法律既然源自上帝，而且所有的契約行為皆係奉上帝之名、在上帝之監督下進行及完成，則法律和契約皆具有超越凡人之上、不可褻瀆之神聖地位，「法」的尊嚴由此遂得建立。而上帝之前人人平等之必然結論，則又為法律之貫徹及契約之執行，奠定了堅實的基礎。這種由宗教信仰所引申出來的「自然法」及「契約神聖原則」(pacta sunt servanda)，便是西方人現代「法治」觀念的起源，也是歐洲各國社會自中世紀以後長期穩定的根本原因。

英國的議會式民主政治，便是在這種由「神治」(rule of God)引申出來的「法治」基礎之上，逐漸演化而成。英國的民主化過程，

本質上是王室與貴族、貴族與中產(商賈及企業)階級、中產階級與工農群眾(分此數階段)之間,在既有的宗教封建體制之內,有限度地爭奪權益及討價還價的結果。而此一過程之所以並未破壞社會之和諧與穩定,並且獲得各階級之接受,除了也具有橫跨數世紀的漸變性質之外,便正是因為宗教傳統的龐大約束力,以及擴大百姓參與的演變過程中,中上階級仍然信仰或承認人為契約及天命制度的神聖性。換言之,統治階級雖然不斷被迫簽署不利於己的各種政治性文書因而自削權力,但卻始終承認這些文書的神聖性,不願加以推翻。另一方面,中低階級雖然積極爭取權力,但在此一長期政治爭奪戰之中,卻也始終肯定社會既有制度之合法性。結果,議會之出現及成長,並未剝奪王室或貴族之傳統地位及榮譽,只是在實質上,王室與貴族原來行使的權力,逐漸由議會(先是上院、後是下院)取而代之罷了。傳統的制度及決策形式既未消失,則百姓對制度的尊嚴及決策之結果,自仍繼續珍惜與愛護。久而久之,法治之觀念與習性,自然深植於人心,而且蔚為社會風氣。因此,人民的權益雖然日益增加,參與政治之程度亦日愈擴大,但權力之行使必須以法為限、而且無人可以超越法律之上的傳統觀念,卻仍完整地保存下來。而整個英國政治之民主化,也是在階級結構並未瓦解、上下尊卑觀念依舊強烈的社會環境之下完成。結果,英國也成了政治和平民主化的最佳範例。

再看美國總統式民主政治之建立,除了是延襲英國強大的宗教傳統之外,更是將契約神聖的原則,發揮到史無前例的範圍與程度。美國聯邦之組成及其憲法之制訂,乃是由十三州之代表基於彼此完全平等之地位,經過十分冗長的會議和極為審慎的反覆推敲及精心設計,並在聖經及聖像之前宣誓之後,始告大功完成。而美國的《獨立宣言》,更開宗明義將英國式民主所隱含的原則,公開作出最具體的揭示,即「在上帝及上帝的自然法」之前,「人人生而平等,而且享有上帝所賦予的一些不可轉讓之權利,其中包括生命、自由以及追求幸福的權利。」可見美國社會雖從未有過世襲封建制度,但在開國前

後卻仍敬天畏神，處處保存上帝主宰人間事務之信念。直至今日，各種政治性及非政治性儀式，也始終維持十分莊嚴的宗教色彩。凡此種種皆可見「神治」所引申出「法治」的龐大影響力量。美國式民主的有效運作，固然在相當程度上必須歸功於三權分立之精密設計，以及聯邦制度的分權原則和雙重保障，但所有這些文字上的規範及結構上的制衡，若非以維護所有美國人的權益為目的，或在社會上沒有「契約神聖」或「法律至上」的觀念和習性予以配合及支援，勢必難以真正付諸實現（仿效美國總統制的許多國家，皆無法實現真正的民主，便是明證）。由此可見法治傳統及法治觀念之重要性。但英美兩國既已實現民主之理想之後，其政治制度之有效運作，本身又回頭確保法律之尊嚴，不因宗教觀念之衰落，而受到任意之踐踏或破壞。民主與法治因此便形成現代民主國家一體之二面，相輔相成，相得益彰。

　　其實，我們若再進一步觀察，人類自有史以來，不論是部落民族或大型帝國，法律規章之制訂或契約之簽署，幾乎都是借助神明的力量，以便取得其所必須具備的尊嚴或合法性，並確保其恆久之效力。即使是世襲的專制政體，統治者也每每要展示某種超人的力量，或至少在形式上獲得這種力量之肯定，始可鞏固本身之權位，並確立各種清規戒律之尊嚴。由此觀之，法律規章之權威性質及有效執行，乃是所有形式人類社會維持內部秩序及穩定的必要條件。即使在一宗教色彩淡薄、人治傳統強烈的社會，統治者本身固然有立法、變法、違法之權，且不受任何法律規章之約束，但其對於下屬及子民，也至少必須大體上做到賞罰嚴明、執法公正、不枉不縱之最低標準，始可能獲得百姓積極之擁戴，並多少培養人民守法之習性。換言之，即使是一無神無教的專制獨裁政體，也必須仰賴一套多少恆常不變、而且經常能夠公正執行並受百姓尊敬的法律秩序。事實上，這也是所有社會出現太平治世的必要條件。由此觀之，上述這種廣義的「法治」，在人類發展史中所扮演的角色，其重要性實在是遠遠超過了民主！

　　民主政治之健康及有效運作，尤其必需以法治為基礎及先決條

件，其主要原因有二：一是民主政治的平等原則，本質上無法與任何階級制度和平共存。（即使在英國，民主政治之成長，也是和世襲階級制度之消逝，齊頭並進。）而階級制度在任何社會皆有天命神定的色彩。因此它一旦受到挑戰或質疑，其所賴以存續的法源──神明的旨意，也必面臨崩潰，從而打擊法治之根源。這也是何以法國大革命及俄國大革命皆立即帶來恐怖時代之根本原因。此外，民主的主權在民思想，在相當程度上，也有令百姓產生妄自尊大、舍我其誰的心態及行徑，從而導致一種強烈的逾越既有法律規章之傾向。另一方面，這種思想又將原來呈現高度內在凝聚力及行為一致性的社會，打散成為一盤散沙、各自為政的烏合之眾，從而大幅增加了法律規章有效貫徹與執行的障礙與困難

因此，民主若無法治傳統及法紀觀念為基礎，便難免出現雞飛狗跳、羣蠅亂舞，乃至無法無天的混亂局面。但必須強調的是，上述這種廣義的法治，只是發展民主制度的必要條件，而非其充足條件。再者，法律若是僅有恆常不變及執行嚴格之性質，而無平等保障全體百姓權益之內涵，則它僅能造成百姓消極畏法懼律的心理，而不能培養他們積極守法愛法的習性，仍舊無以產生現代「法治」的觀念。換言之，法律若只是種統治工具，必然難以恆常不變，也因此無法在百姓的心目中，建立其真正的尊嚴。這種法律更必然產生壓制民主幼苗成長的強烈趨向，乃至完全葬送了民主發展的前途。因此，民主和法紀或廣義的「法治」之間，又有一層固有的矛盾關係。也許這便是今日世界絕大多數專制集權國家發展民主政治的根本困境了。

四　實現民主政治的主客觀條件

即使我們仍然深信民主政治的優越性及可行性，且已擁有民主的架構及程序，也具備了一定程度的法治基礎，此一制度之實現，仍須取決於以下幾個有利的客觀條件。其中首要的客觀條件便是社會之

和諧。民主政治原是以政治上之平等為大前題，並以維護政治之平等為其目標。但一人一票以及少數服從多數的民主原則及程序，惟有在一祥和的社會中，始可能為全體百姓所認同。換言之，一個社會不應有壁壘分明的對立團體，不論基於種族、宗教、語言、地域、意識型態或其它的原因，或即使有這些分歧現象，也是彼此交錯及重疊（mutually overlapping）性質，而非相互累積與加深（mutually reinforcing），否則便必然要出現「永恆的少數」（permanent minority）。這種少數團體由於處處與多數人的立場不同，必然無法以民主方式確保本身的利益，甚至永遠受到多數人的有形無形壓迫，因而不願接受一人一票、多數取決的民主原則及程序。到底只有當每一個選民都可能或有機會成為多數的一分子時，民主的程序才可能為所有的百姓所接受。而這一現象又只有在一個和諧的社會中才能出現了。

民主政治的第二重要客觀條件是經濟上的富裕及平等。所謂富裕是指百姓已經普遍不受飢寒之威脅，因而基本上滿於現狀並樂於參與，也因而不再要求激烈的變革。但除此之外，財富之分配仍不可有顯著之懸殊或集中於少數人之現象，否則仍將造成多數人之強烈不滿。再者，財富分配之不平均，也必然使得少數人能夠利用金錢的龐大影響力，或操縱選舉的過程，或控制輿論的走向，或製造對自己有利的競選優勢地位，或污染決策過程之公平與公正，從而在實質上否定了民主政治的原則及目的。事實上，倘無經濟上及社會上的平等，政治上的平等便已失去實質的意義。這也是馬克斯對民主制度最具洞識的批評。即使是西方民主國家的學者，也皆認識到，一個龐大中產階級（middle class）的存在，乃是維護民主政治有效運作的重要條件。

民主政治的第三客觀要件是政局的穩定。這一條件看來應是民主政治之結果，而不應是其造因。但其實它是民主之果實，也是民主之必要條件，因為只有當國家處於和平穩定的時期時，才可以將多數人眼前的利益，視作社會國家的真正利益。也只有當國家沒有內憂外

患之時，本質上緩慢的民主程序，才可能得以延續。而此一程序通常所產生出的平庸領袖及代議士，也才可能從容不迫地扮演其原有之角色。固然，政局之穩定，在極大的程度上，乃是社會和諧及經濟平等的結果，但它必須仰賴一和平的國際環境及一不受威脅的生存空間。如果一個社會無法取得其所必須的國外資源，或在政治、軍事上受到鄰國的威脅，甚至是與他國處於戰爭之狀態或邊緣之上，則惟有實施一定程度的中央集權及寡頭統治，甚至某種形式的獨裁，始可使國家社會克服生存的危機，脫離外交的困境。難怪所有的民主國家，都為「緊急狀態」（state of emergency）預留權力擴大的空間，即授權行政首長行使近乎獨裁的龐大權力。

以上三種客觀條件，必須同時存在，否則，民主的程序必難維護，民主的精神，終將喪失。難怪議會制的民主政治是起源於種族和諧、工業化最早，而且長期沒有內憂外患的英國。也難怪總統制的民主政治，是起源於社會祥和又平等、物質生活富裕、政局長期穩定的美國。即使是歐洲大陸各國的民主制度，也是在一八一五年至一九一四年之中長達一百年的和平時期之中，生根和茁壯。相反的，亞非兩洲絕大部分的國家，則正因為內部種族、宗教、語言或信仰極端分歧，或物質生活十分貧困，或天災、人禍、戰亂連年，或所有這些亂象同時存在，而始終無法實現民主政治之理想。這些國家縱有民主制度之架構和程序，也無主權在民之實質及精神。看來矛盾的是，為了創造一個祥和的社會，推動經濟的發展，或穩定政治之秩序，許多落後國家必須採用高度中央集權的制度，甚至專制獨裁的手段，才可能培養民主政治所必須的客觀條件。但這種制度及手段之本身，卻又有阻撓民主政治發展之強烈傾向，形成以暴易暴之惡性循環，誠為這類國家之最大困境。除了上述基本的客觀條件之外，民主政治還必須有一主觀的條件加以配合，即對民主政治之信念及民主的素養。換言之，一國的百姓，首先必須相信民主政治所基於的各種假設及價值觀，否則一切將是空言。而對民主政治之信念，則往往又和一國的歷

史經驗、文化傳統及客觀環境有密切的因果關係。在一個長期實施高度中央集權制度、百姓威權主義心態強烈的國家，人民自然難對民主的制度建立信心。一個飽受內憂外患的國家，更是不易培養民主的信念。因此，客觀環境加上歷史經驗，又是主宰主觀心態及價值觀念之重要因素。

其次，即使人民對民主政治的信念普遍存在（例如現今世界之中，要求民主的呼聲幾乎無所不在，而且響徹雲霄），但百姓對民主的訴求，卻未必表示他們已經具備了民主的素養。所謂民主的素養，不只是對民主的本質及精神有所認同，而且包括了遵守民主程序、服膺民主精神的意願與習慣。就此而言，民主政治的本質，歸根究底，便是一種「以數人頭取代砍（或打）人頭」的制度。質言之，若有任何爭議及問題，當事的人羣或團體，必須至少遵守投票表決的原則，而且服從投票的結果──也即是服從多數人的意願，而不得使用任何強制性的手段，將自己的意願，強加於他人身上，更不得通過暴力行為，企圖推翻或否定多數人的決議。因此，民主政治最淺顯而又根本的定義是：它是一種和平議事、多數票決的制度。換言之，民主的程序與精神必然排斥暴力。任何暴力的手段，皆已脫離了民主政治的軌道，而且應該受到制裁。所以，所有的民主國家都有防患及制裁暴力行為的法律，而且依法可以取締及鎮壓一切暴力行為。因為暴力一旦得逞，甚至蔚為風氣，必然立即導致民主政治之死亡。

因此，所謂民主素養的最重要內涵，質言之，便是君子的「容人之德」，也即是容納異見、從「衆」如流的雅量。這也是避免肢體衝突及暴力事件的根本條件。沒有這種素養的人，事實上還不懂得、更不配實行民主的制度。經常不服從多數表決而有暴力傾向或訴諸暴力行為的個人及團體，則更是明顯有將少數人意見強加於多數人的心態及習性，從而暴露出其贊同獨裁專制的本質。一個縱容少數人的暴力傾向及行為的社會，也必然是充滿乖戾不安氣氛的社會。一個經常出現暴力事件的國家，更遲早終將走上專制獨裁的道路。

實現民主政治的要件，因此與一國國民的一般教育水平高低關係較小，而與教育過程的「民主內涵」多少關係較大。而這一教育的過程，又不只限於學校教育，而且包含了生活經驗、工作經驗、政治經驗所帶來的知識及所培養的心態和習性。換言之，教育水平高的國家，未必具備了實行民主政治的主觀心理條件。蘇聯解體以及東歐各國完全獨立後所呈現的混亂現象，便是最佳例證。因此，民主的素養絕非任何國家旦夕之間所能一蹴而得，而是必須經過長期的鍛鍊。對許多古老又落後的國家而言，更是一艱苦的民族性改造過程。在這一過程完成之前，那些高舉民主旗幟、高呼民主口號的人，實際上往往許多還是唯利是圖、唯權是問、充滿帝王專制思想的野心家。只是在沒有取得權力之前，他們的不民主、反民主心態及習性，尚無機會完全付諸實現罷了。他們甚至也不知道自己本質上還具有這種的心態和習性！

五 台灣民主政治的困境與前景

以上對民主政治的理論與實踐反覆檢驗之結果，除了顯示民主制度有其固有的缺陷以及它並非推動落後國家走向繁榮與進步的顯著良方之外，也提醒了我們，即使是在歐美國家，民主政治的發展，皆有其獨特的歷史背景及社會環境。而民主政治之有效運作，則更須仰賴一系列主客觀有利條件之配合。由此觀之，台灣過去九年民主實驗所帶來的各種混亂現象，便不是完全意想不到的局面了。

首先，造成台灣民主政治困境的根本原因，是和文化有關。因為兩千多年來的中國，一直是個沒有階級制度及上帝觀念的社會，更是一個一人獨裁、高度集權的政體。因此，西方人由「神治」信仰所衍生出來的「法治」傳統及觀念，在中國社會之中始終未能出現。相反的，宗法封建制度之早逝所造成的強烈均平主義思想，以及宗教信仰家庭化甚至個人化所造成的百姓自私自利、社會一盤散沙現象，使

得權力的爭奪，在中國社會中始終帶有濃厚的個人主義及暴力傾向，也使得法律的內涵及功用，始終擺脫不了統治工具的本質及色彩。質言之，在兩千多年的中國文化傳統中，完全看不到西方社會那種權力有限或天賦人權的信念。而中國人強調以道德代替法律、以仁義孝悌治天下的傳統，則又有回頭輕視法律及制度之功能的效應，從而進一步阻撓了「法治」觀念之發展。難怪法律和制度的尊嚴，在中國人的心目中，總是無法建立和生根了。(註3)

台灣近百年來所處的內外環境，也使得民主政治難有萌芽的機會。首先，在日本殖民統治的五十年期間，百姓所面對的是一個實施高壓政策、推行嚴刑峻法的外族政權。在種族歧視之環境下，一切法律皆是殖民統治的工具，且以維護殖民者之利益為最高指導原則，因此自然不可能培養法治的觀念。一九四七年所制訂的中華民國憲法，原來是部十分民主的憲法，本可在日本戰敗之後適用於台灣，但又因國共長期武裝對峙的局面，而幾乎完全無法付諸實現。更糟的是，「終身總統」和「萬年國會」之出現，不僅將台灣政局帶回專制帝王的時代，而且製造出一大批名為「民意代表」、實則「特權階級」的代議士，從而嚴重扭曲了民主的程序。在幾近四十年的威權體制影響下，地方性的選舉，也成了徒具形式，有名而無實。其所產生的行政首長及各級議員，也是上行下傚，在較低的層次上，形成特權階級，包賭、包娼及包罪。在這種國家根本大法形同虛設，而各級立法機構成員又常玩法違法的情況下，法律的尊嚴自然始終無法確立，法治的觀念更是難以培養。民主於是便永遠只是個政治口號和空中樓閣罷了。

台灣的百姓固然始終欠缺法治的教育及訓練，也從無實行民主的經驗，但卻至少在六○年代到八○年代之中，經歷了經濟開始起飛、民生逐漸富裕、社會漸趨和諧的重要過程，因而為民主政治的實現，創造了必要的客觀條件。但不幸的是，政治上的特權現象，加上盲目模仿歐美自由經濟的策略，又使得社會財富之分配，在台灣經濟

發展成熟之後，呈現日益懸殊和集中於少數人之形勢。結果，一九八七年台灣解除戒嚴之後，金錢迅速干預及扭曲民主的程序，財閥更是公然與政客、官僚掛勾，造成貪贓枉法活動盛行、選舉風氣敗壞的現象。而經濟富裕之本身，也使得色情、賭博、販毒、吸毒等非法活動，在一新的自由環境之下，日益猖獗，並促成黑道勢力日趨龐大、甚至左右地方選舉及決策的局面。凡此種種，皆又進一步污染了民主政治的過程與精神。

更不幸的是，台灣民主運動的起源及發展，原本具有相當鮮明的革命色彩，而且是在既有政治體制之外發生，因而自開始起便難免受到現有政權的強力鎮壓，從而加深本身固有的反抗意識及暴力傾向，終於多少形成以暴易暴的惡性循環。一九八七年開放組黨及言論自由之後，反對勢力原有的革命色彩及暴力傾向（兩者原係一體之二面），不僅因權力鬥爭之激烈化而延續下來，而且激發了中國人固有的違法逾法習性，從而為台灣民主政治之健康成長，蒙上一層令人憂心的陰影。結果，國會殿堂中的肢體衝突始終不斷，各項選舉期間之暴力事件總是層出不窮。而一般百姓則更是動輒自力救濟，而且往往採取違法傷人的暴力手段。整個台灣社會因此瀰漫著一股乖戾之氣。另一方面，反對勢力原有的「本土」意識，也因兩岸關係之膠著及政治競爭之需要，而在一九八七年之後受到極力的鼓吹及渲染。結果，四十來已趨和諧的台灣社會，又因省籍、語言、出身等問題之挑起和統獨之爭的白熱化，而重新趨向族羣不和、政治分裂的局面。在這一系列密切關連的課題上，對立的團體或個人，顯然皆無相互包容及忍讓之雅量。而此一對立情勢所造成的「永恆少數」，則勢將危及台灣民主政治成長的必要客觀條件。

除此以外，台灣九年來的民主實驗，不只充分證明了即使在一十分富裕及開放的環境下，民主仍非一蹴可得的政治理想，而且更重要的是，它還暴露出另一個不容否認的事實，即台灣百姓的民主素養，仍然停留在學步階段，因此非但不能配合政治體制之驟然改變，

更無法積極推動民主架構運作的效能。到底價值觀念和政治習性的轉變，不是一朝一夕可以成功。民主的素養，更不可能在短時期的未來，在台灣社會普及和生根。這一制度和文化脫節的現象，也可以多少說明台灣近年來政壇上的亂象。而均平主義色彩一向濃烈的中國文化傳統，又進一步使得強人統治式微後的台灣社會，出現了龍爭虎鬥、誰也不服誰、誰也不怕誰的混亂局面。所有這些亂象，皆必然不可避免地回頭削弱了台灣本已脆弱的民主架構，甚至應驗了民主政治並不適合中國式社會的論調，實在是台灣民主政治發展的最大隱憂。

　　誠然，民主政治原來未必是台灣必須走的唯一康莊大道，也非世上絕大多數國家所奉行的制度，更非台灣過去四十年繁榮與進步的原動力。但台灣的政局既已擺脫威權體制的束縛，而社會上的民主訴求與呼聲，又是空前地強烈及響亮，則我們除了面對這一制度轉型期的各種問題、力求民主架構運作的合理化之外，似乎又別無選擇可言。根本的問題出在台灣的民主實驗，乃是在一個法治基礎薄弱、法治觀念淡泊的中國式社會中進行，而且是在一個金權勢力已經明顯干預政治、乃至主宰決策的時代中出現。結果，台灣百姓未蒙民主之大利，反而先受民主之大害。事實上，台灣雖然迄未建立西方民主國家的優良傳統，但卻已集現代民主政治之弊病於一身。這還不算，這一民主實驗的本身，不只已在政治及社會層面形成意識型態分裂及族羣對立的效應，而且更導致暴力——也即是民主的首號殺手——日益抬頭的極大危機，從而危及整個台灣政局之穩定。而台灣民主實驗的最大困境，則在它所衍生的各種亂象，皆不容易在現有的環境之下，通過溫和及漸進的民主程序，獲得有效的清理及掃除。但若不能在可以預見的將來，借助現有的民主架構扭轉亂局，則又必然令台灣的百姓懷疑，民主政治的理想，對他們還有任何實用的價值，從而導致不可逆料的悲劇性後果。

　　由此展望台灣民主政治的未來，委實不得不令人憂心忡忡、滿懷戒懼。台灣在已成就了一個舉世矚目的經濟奇蹟之後，是否可能再

創造出另一個政治奇蹟，端視朝野能否早日達成共識，一方面儘速重建法律的尊嚴，禁絕暴力之滋長；另一方面竭力平均分配社會的財富，掃除族羣之間的矛盾與猜忌。與此同時，不論何黨主政，皆又必須全力推廣民主及法治之教育，以培養實現民主政治所必備的主觀心理條件。以上這些艱巨的任務所構成的，無疑是個極為龐大的挑戰。但也惟有接受這一挑戰，多方努力，台灣的民主政治才有前途可言，台灣的社會也才可能重現祥和與穩定。否則只怕這一新一輪的民主實驗，終將如同中國近百年來其它幾次的民主實驗一樣，成為曇花一現、僅可追憶的片段史實罷了。

註　釋

⑴ John Arthur （ed.）, *Democracy: Theory and Practice* （London: Wadsworth Publishing Company, 1992）.

⑵ Nakane Chie, *Japanese Society* （London: Penguin, 1979）.

⑶ 參閱梁漱溟：《中國文化要義》(上海：學林出版社重印，一九八七年)；張保民：《中國現代化的困境》(香港：明報出版社，一九九二年)，第三篇。

主權在民的理想、迷思和制度設計
——兼論台灣憲政架構的缺失

李登輝總統自一九九三年初起，在國內外許多重要的場合中，多次提及「主權在民」的觀念，並一再強調政府的決策，必須以民意之走向為依歸。他又批評北京的政府沒有資格談論中國的主權，因為它並非由人民所選出。「主權在民」原是民主政治的基本理念及最高指導原則，自非大陸這種尚未實現民主制度的國家所能體現。但這一理念之本身，在理論上是否便完美無缺？其在制度上之設計又應如何？而台灣自己又是否已經充分實現了其精神或目標？所有這些問題似乎仍有令人反思之價值。本章試作分析如下。

一　「主權在民」的理想和迷思

當今世上所有的民主國家都不否認：主權(sovereignty)來自人民(people)，或主張「民有主權」(popular sovereignty)。這也是民主政治的基本前提和終極目標。然而，值得回顧的是，「主權」的觀念本來卻是源自「君主」(sovereign)一詞，而「君主」若以sovereign概稱之，則又有「至高無上」之涵意。換言之，「主權」原來是指君主或帝王之權，而與人民風馬牛無關。相反的，在西方的文明發展史中，王權或主權乃是上帝所授，源自一超人的力量及權威。正因為君權乃係神授，所以才是「至高無上」，不得違背。(註1)

十四世紀的文藝復興運動，和十五世紀的宗教改革運動，動搖了主宰歐洲一千年之久的宗教信仰，於是才有英哲洛克(John Locke，1632－1704)的「社會契約」(social contract)論，為君權的來源和本質，找到了一個世俗的詮釋和基礎，即認為君主之出現，乃是人民共同需要及刻意選擇的結果。也即是君權是由人民所授，從而衍生出「主權在民」的原始觀念。法哲孟德斯鳩(Montesqieu，1689－1755)又進一步提出君權之行使，必須以法律為依歸之學說，甚至主張主權之本身，應分由三個獨立但又相互制衡的機構以及三批不同的人所行使，始可確保「主權在民」之原則。其後法哲盧騷(Jean Jacques Rousseau，1712－1778)更將主權與全民的意志──也即是他所謂的「普遍意志」(general will)，視作一體之二面，並且強調其不可分割(indivisible)及不可代表(non-representable)之屬性，從而將「主權在民」的神聖性，推到一個前所未有的新高峰。誠然，以上這一歷史性的演變，也反映出了歐洲政治民主化的過程。但仍然值得強調的是：今天人們認為是種顛撲不破真理的民主制度，只是近兩百年來的產物，而且沒有人敢斷言它會長久。再者，「主權」雖然變成由人民所共有，但在西歐許多國家以及亞洲的日、泰、馬等國之中，作為主權象徵的卻還是它們的世襲君主。事實上，直至二十世紀九〇年代的今天，世界各國的元首，不論名稱上是天皇、國王、總統、或獨裁者，他們也還是主權的重要象徵。因此，從「君權神授」時代到「主權在民」時代，其間的轉變，並非完全或澈底。而以「主權在民」為藉口行專制獨裁之實的國家，其數目則是遠遠超過了真正民享主權的國家。

　　民主政治這一理想之所以迄今不易完全付諸實現，主要原因便是「主權在民」這一目標或原則，難以真正落實及樹立。首先，「主權在民」是個十分抽象的觀念，無法以具體、客觀的形式，充分體現出來，更不易證明其真實地存在。把一國所有的人民或人民的整體，視為該國「主權」之化身，顯然是個不能予人任何真實感的說法，因為沒有人看得見「人民的全體」。此其一。即使我們可以用想像的方式，體會到「全民」擁有「主權」這一概念，也還有另一個令人困惑

難解的問題，即到底怎樣的一種情況或制度設計，才算是證明了人民全體始終而且完全擁有主權？相反的，以一個至尊無上的人──即國家元首，作為一國主權之象徵，則是人人可見、而且一目瞭然、難以否定的真實事物。這一鮮明的對照，也顯示出「主權在民」這一概念的強烈理想主義色彩和固有的虛假性。難怪「主權在民」之說，往往便成了人人可以掛在嘴上、但卻誰也不必負責證明的高調了！

「主權在民」所衍生的另一個曖昧處，便是理論上人民共享或擁有主權，並不等於它們也應當或能夠共同──即一起行使──主權。主權如果是種「至高無上」的權力，則它首先便不應該由一般的百姓所行使，否則便有貶損這一權力本質、模糊行使對象的問題。何況權力原是一種人際關係，其有效之行使取決於少數人的力量。而「人民全體」則必然是一羣庸庸碌碌、散漫無章的烏合之眾，不可能、更不應該行使任何權力，更遑論行使之效率了。可以想見的是，果真一國之主權係由全體人民所行使，必將帶來無窮無盡的混亂與災難。

事實上，「主權在民」一概念中的「人民全體」，在歷史上從未包括一國的全部人口。至少佔了全人口三分之一強的少年及兒童必須排除在外。這也是所有國家對於人民的政治權利在年齡上的限制。但這一限制之本身，卻有相當武斷的成份，因為到底是二十一歲或十八歲便應算作成人，還是應該降低到十六歲甚至十五歲，原已可以令人爭論不休。又為何只有最低年齡之限制而無最高年齡之限制，也有質疑之價值。何況高齡人士體力和腦力退化的程度，有可能使他們比兒童更無法判斷是非黑白。若要賦予這些人決定國家命運的大權，豈非一樣將陷全民於大難?!但不論如何，政府對參政年齡的各種限制（包括對國會議員以及行政首長之候選人最低年齡的限制），本身至少證明了行使主權是何等重要之事，必須具有一定的智力水準，因而根本不應由「全體人民」在平等的基礎上所共享。

事實上，除了上述年齡這一普遍、而且始終不變的限制之外，

階級、性別、種族、財產等之差異，在歷史上也是長期用來歧視某一羣人的藉口。例如西方民主政治的發源地——古希臘時代的雅典國，便剝奪了奴隸和婦女的參政權。類似的情況也出現在近代西方民主國家的兩大典範——英國和美國。人們往往忘記了在英國，直到十九世紀末葉，只有繳納了一定稅額以上的男性居民，才有參政的權利。英國的婦女更是到了一九二九年才獲得選舉權。美國的黑人則要到了一九六四年之後，才正式享有與白人平等的各種政治權利。但美國對投票人的識字測驗，卻又長期將一大批成年公民排除在外。以上所有這些限制不論合理抑否，都再次證明了一個源遠流長的共識，即主權不應由全體人民所共享。但如果人們可以用智力高低為標準歧視某一羣人，不論是少年、兒童、婦女或異族，則他們豈不更可以用同樣的標準，剝奪絕大多數公民的權利?!果真如此，「主權在民」的理想，豈非是一根本不當的目標?!

即使我們掃除了年齡以外的所有歧視現象，只視有參政權的人為「有效」的「人民全體」，這一羣人也仍然沒有可能全數或經常地參與主權的行使，因為它們往往沒有行使這種權力的時間、意願或智慧。換言之，即使是在成年公民之中，也仍有相當的百分比是在「自我歧視」之情況下，主動放棄了他們的權利。因此，即使是號稱實行「直接民主」（即全民參與政治）的古希臘小城邦國雅典，通常也只有六分之一的成年公民，經常參與政治之活動。現代國家「全民參政」的困難，更是可以想見。然而，所有權的定義，原來卻是包涵了使用權在內。如果一般百姓只是「擁有」主權，而非真正或經常「行使」這一權力，則他們很可能變成徒有其名、而無其實的主權所有者。而百姓之中許多人「自我歧視」的現象，也再次證明了主權確實不應、也不須由人民全體所行使之論點。如此一來，「主權在民」的理想，實際上豈不只是個迷思(myth)罷了！(註2)

因此，「主權在民」雖然是所有民主國家奉行的基本信念及原則，它卻從未在歷史上付諸實現。換言之，除了偶而舉行的「公民投

票」(referendum)之外，所有民主國家所真正實行的皆非「全民參與」式的「直接民主」，而是部分人行使主權的「有限民主」(limited democracy)或「間接民主」(indirect democracy)（又稱「代議民主」）。這一事實也證明了「主權在民」這一觀念的不實際性。但若根據盧騷的學說，主權原是不可分割、更不可代表的東西。換言之，只有當人民全體經常不斷地行使這一最高權力時，他們才真正擁有主權。反之，當他們的權力是由他人所代行時，其實他們已經喪失了這一權力。因此，所謂間接民主或代議民主，事實上已經不是民主。我們若證諸民主政治之實踐經驗，也的確可以發現，代表人民全體的少數人——即國會議員及民選的行政首長，在行使權力的過程中，確實擁有相當程度的自主性，因而與傳統的貴族政治頗有雷同之處。這些少數人若是再經常受到個人私利之主宰，甚至唯利是圖、罔顧公益之時，則更是與全民的旨意背道而馳，甚至造成禍國殃民的不幸後果。

正因為「主權由人民所共享」，是一無法達到的目標，於是原本主張澈底民主的盧騷也不反對由一個能夠掌握「全民意志」的人，不僅作為民有主權的具體象徵及全權代表，而且可以自由行使這一最高的權力。如此一來，盧騷其實又為專制的獨裁制度，提供了理論的基礎，因為果真「主權在民」必須由一個人來象徵及代表時，民主政治的延續，便已出現了根本的危機。但從另一角度來看，盧騷之學說也非全然矛盾，因為到底沒有人能夠否認，絕大多數的百姓是盲目和盲從的，也看不清自己的真正或長遠利益所在。因此他們雖然擁有主權，卻往往並不反對少數、甚至一個有能力的人，全權代為行使這一權力。何況人性原有崇拜神明和英雄的傾向，因為神明及英雄能常人之所不能，可以為人民消災除難。一旦受到此種心態之主宰，人民全體更是強烈地期望某一個人完全自由地行使最大的權力。

事實上，少數有遠見、有智慧的人或某一英雄人物，的確也有可能造福廣大的人羣，因而真正滿足了「全民的旨意」。由此看來，

與其讓「人民全體」胡亂行使權力，一事無成，倒不如將所有權力授予少數一羣人、甚至一個先知先覺的人，讓他(們)帶領所有百姓締造人間的樂園。因此，所有專制集權的制度乃至個人獨裁的體制，仍然有其永恆的魅力，而且未必完全不符「主權在民」的精神。這也是何以民主政治至今仍然無法完全取代專制集權制度的根本原因。而盧騷的學說之所以同時構成了民主和極權(即極端的集權)兩種制度的理論基礎，更是反映出了「主權在民」這一理念固有的矛盾性及曖昧性。

我們若再從整個國際社會的演進過程來看，則「主權在民」的觀念便更令人質疑了。「主權在民」一理念之根本前提是國家擁有主權，也即是每一個國家對內享有至高無上的權力，對外完全獨立自主，不受他國之干預。但這一「主權國家」(sovereign state)的概念，卻是源自十六世紀興起的民族國家，而在十八、十九世紀中發展成為一個顛撲不破的真理。事實上，以十六至十九世紀的科技水平、經濟發展及國際關係之性質而言，一國的確可以在其領土範圍之內，享有完全排他性的至高無上權力。但人類文明在二十世紀之中的變化及進步，卻是遠遠超過了以往數千年演變之總和，結果，單是各國之間在科技、交通、經濟、環保等方面必須的合作關係，便已使得傳統「主權國家」的概念，難以繼續延用。

事實上，現代國家在內政外交雙方面的決策，皆面臨了煩瑣的國際限制及龐大的外來壓力。不僅傳統主權國家視為主權終極象徵的交戰權，早已受到聯合國憲章等無數國際公約之明文禁止，甚至一國如何統治其百姓及規劃其社會之發展等傳統上一向屬於各國內政之事務(例如節制人口、分配資源、生產貨品、規範義務權利之政策)，也日益受到國際社會的影響、約束、甚至制裁。凡此種種皆說明了二十世紀末葉的國家，已經無法在與國際社會隔離之情況下，自由主宰本身的命運。他們因此也不再享有完整的主權。如果連整個國家自主的權力皆已喪失殆半，則「主權在民」的觀念，豈不更成了海市蜃樓、明日黃花?!

　　二次大戰以後所湧現的大量國際組織，以及一九七○年代開始特別興旺的區域性經濟組織，尤其是近年來出現的歐洲聯盟、北美自由貿易區、國際貿易組織等，更顯示出時代的最新潮流及必然趨勢，已不是繼續執著於傳統主權國家的獨立自主特性，而在於打破國與國之間的有形無形疆界，邁向更全面性的國際交往與整合。在主權國家尚未完全消失、而世界政府卻仍未實現的這一相當漫長的過渡時期之中，我們委實已很難再堅守「主權在民」的原則。事實上，在科技突飛猛進的整個二十世紀，民主政治的理想，不論是在內政或外交的層面上，都受到日益龐大的「專家治國」壓力。這也是絕大多數國家走向現代化的必要策略。換言之，人們對於專家、知識及智慧的依賴性，從來沒有像今天這麼迫切和重要。如果一般百姓連自己所生存的客觀環境，皆已難以瞭解，他們豈非更不應該、也無可能主宰自己的命運?!

二　「主權在民」的制度設計

　　儘管在相當程度及某些層面上，「主權在民」的概念或理想，從來便是一種迷思，在二十世紀的今日世界中，更是破綻百出，難以落實。但矛盾的是，九○年代卻是個民權觀念繼續爆炸、民主口號響徹雲霄的年代。因此，為求順應潮流的需要，我們又不得不暫時停止批判民主政治在理論上的缺失，並且回頭重新不厭其煩的審察一下，到底民主政治在制度上的設計，可能作做到哪些必要的防護措施，使得「主權在民」的理念，至少不致輕易或完全遭受踐踏。

　　就此而言，代議民主既然是現代國家體現「主權在民」原則的最佳形式，則如何建立一套完善的選舉制度，以確保人民選出的行政首長及民意代表具有充分的代表性，便是所有民主國家的第一要務了。而選舉制度在設計上是否週到及細密，也可立即判定一國是否屬於真正的民主國家。大體而言，一個完備的選舉制度至少須包括以下

重要成素：

(一)**定期** 所有民主國家的政府──也即是行政首長及國會議員，必須直接或間接由人民選出，並對全體人民負責。這已是舉世公認、無可妥協的基本原則。但是，人民選出的領袖或代議士，到底不等於人民自己，沒有人能夠保證這羣少數人是經常依照人民的旨意行事。而人民的旨意本身又顯然是可變及常變的。不僅選民的組成分子將因生、老、病、死而有所更動，而且客觀的社會、經濟、政治環境也在變動中。人民本身縱然不變，其所遭遇到的問題及產生的需求，也將因時間而改變。因此，為了儘可能使政府經常能代表全體的人民，選舉便必須是一項定期的活動。換言之，惟有讓人民定期重新表達他們的意見，並有機會更換他們認為不適任的代表及領導人，政府才具有「代表性」，也才會真正重視百姓的疾苦，長期為人民謀福利。由此觀之，長期不舉行全民選舉的國家，一概不能算是民主國家，因為人民所有的主權，已經被少數人所壟斷，因而政府和人民之間互通、互信的紐帶，也已宣告斷裂。

所謂「定期」，又是以達到民選代表具有最大的「代表性」為目標。顯然時期太短將無法使人民的代表，有效地行使人民所託負之權力。反之，時期太長則難免出現人民選出的人代表性下降之根本問題。因此，一般的民主國家都儘可能在此問題上尋得一合理的平衡。通常是區分不同民選公職人員的任期及選區，即以職位之高低及選區之大小而決定任期之長短。理由是職位愈高、選區愈大者，其所代表的選民愈多，所掌理的事務愈為錯綜複雜，因此也需要愈長的時間熟悉本身的業務。反之，選區愈小、愈接近百姓者，其所管轄的事務愈少，範圍也愈小，但其影響百姓日常生活之程度則愈直接，因此便容易、也應該接受人民經常的審核。而不同民選代表在選舉的時間上，也往往相互錯開，任期長者甚至又分批在較短時期之內汰換，以確保人民有經常更換代言人之權，並維持權力行使之效率及穩定性。

但民選公職人員一旦當選後，彼等在任期之內便屬代表人民之

旨意履行職權。其他人士或黨派無權再以「民意之代言人」自居，任意質疑當政者之代表性，直至下次選舉結果證明他們已成為人民的新抉擇為止。因此，定期選舉在保障了當政者一定的代表性之同時，也宣示了其行使政權之合法性。

(二)**公平**　僅有定期的選舉，並不能就算是民主的國家，否則世界上絕大多數的國家皆是民主國家，但事實上卻遠非如此。首先，選舉必須是由全民所參與，才能符合人民當家作主的基本原則。選舉的宗旨既在發現或決定全民的旨意，自然便應至少以全體正常成年百姓為實施之主體。任何歧視性的限制，不論是基於性別、種族、宗教、省籍、財富、階級、黨派或其他政治性的考慮，皆將違背主權在民之基本精神。同理，選舉的目的既在推舉真正為民喉舌之領袖人物，則任何有心為民服務的人士參與競選之權利，也不應任意遭受剝奪或削減，否則人民的選擇範圍無異受到限制，選賢與能的目的終將無法達成。因此，政府非但不能打壓異己，封鎖資訊，而且還要積極提供全體選民投票的各種方便，並保障各候選人的機會平等。於是將投票日訂為公衆假日，廣設投票站及服務員，提供均等的電視宣傳時間、限制競選活動之時期及費用，便是常見的必要手段了。再者，選舉既然是一人民選擇公僕的程序，則它便須提供人民真正選擇的機會，即至少應有兩人以上參與任一職位之競選。因此，所謂「同額競選」其實是無競也無選，往往只出現於集權專制國家，而非民主國家所應見。果真只有一人候選，通常也應規定必須獲得一定百分比之選票，才能當選，以保證當選者受到百姓相當程度之擁護。即使是在差額競選的情勢下，為了確保當選人之代表性，各國往往還規定當選人必須取得投票人之半數以上支持。甚至在無人取得半數以上選票時，不惜以兩位得票最高者為對象，重新舉行第二次投票。以確保當選人具備足夠的民意基礎。最重要的是，人民必須是在不受威逼利誘──即沒有恐懼、完全保密──的情況下投票。而整個開票、計票的過程更是必須由所有候選人共同派員監督，以示公正並杜絕舞弊之現象。

這是因為選民的選擇若非出於自願，選舉的結果自然不能代表真正的民意。開票、計票的過程如果不能公開進行，或是受到非法的干預，則不啻是否定了選舉的意義及效果。因此，所有的民主國家對於政治、金錢及暴力干預選舉的行為，都是採取嚴禁和重罰的政策，決不容其任意滋長。否則民主的程序必將受到扭曲，民主的精神終將蕩然無存。

除了選舉的制度必須完備之外，另一個保障主權在民的制度設計是建立政權機構間的制衡關係。如果說前者是從縱面確保政府與人民之間的代表關係，則後者便是在政府之內加設一系列的安全栓，從橫面保證各政權機構在行使權力的過程中不致越軌。這也是在選舉活動前後的一段長時期中，防患人民的權力遭受濫用的重要措施。就此而言，當今世界流行的兩種民主政體──議會制和總統制，在設計上皆力求保障「主權在民」的原則與精神。我們不妨重新檢視一下兩種制度之基本特色及運作規則。

典型的議會制以英國為代表，其要素有三：(一)元首虛位，只是國家統一及主權之象徵，因此其產生的方式便無關宏旨，也多半不經人民選舉之過程。(二)首相或總理是最高行政首長，主宰國家大政。但首相和所有內閣成員皆必須同時也是國會議員，以符合最高行政權係由人民直接選出的代表來行使之民主原則。而首相所領導的內閣成員，通常又是由國會中最大的政黨領袖人物出任，因此他們在議會中也具有充分的代表性。(三)全民選出的整個議會，本身又是全國最高立法機構，不僅有權制訂法律，而且直接監督行政權之行使。在英國，它也扮演了司法上的終審法庭角色，因此完全符合人民選出的代表擁有最大權力之基本原則。

在運作方面，議會制也充分顯示了「主權在民」之精神，首相及其內閣成員固然可以儘量發揮個人所長，但是他們到底是議會中的極少數，因此必須經常不斷地擁有議會的支持，始可繼續行使其職權。為此之故，他們便有責任定期回到議會向全體議員報告施政情

況，要求議會支持各種政策，並接受議員們的質詢，以示負責。如果議會對內閣施政成績不滿，可以隨時通過不信任內閣之議案，也可以用否決內閣所提出的重大議案或政策之方式，表示其對內閣之不信任。在此情況下，首相便面臨兩個選擇：他可以承認議會多數人的旨意即是人民的真正旨意，因而決定鞠躬下台，由反對黨的領袖人物接任行政首長之職位。但首相也可以質疑議會的代表性，因為議員們到底只是人民的代表，而非人民本身，並相信自己的作為，更能代表民意，因而決定直接徵詢全體選民的意見，方式便是解散議會，舉行全國大選。首相的去留，因此又取決於民心的向背。

上述這種行政和立法兩權相互制衡的關係，也解決了議會制之下政權行使者的任期可能太長、因而代表性不足的問題。因為在議會制的國家，人民多半只有選舉議員的一項權利，而議員的任期又不可以太短（通常是五年），因此議員們的代表性很可能會出現變質的現象，人民的旨意也可能有所轉變。因此，議會的倒閣權以及首相的解散議會權，便使得全體百姓在議員們任期屆滿之前，還有額外的機會可以審察議員們的代表性，甚至更換人選，從而進一步保障了「主權在民」之原則與精神。

再看以美國為典型代表的總統制，其「主權在民」的設計便更為周密了。美國的總統制主要特色有三：第一，行政首長——總統——即是國家元首，因而掌有最高行政之權。因此總統必須由人民全體直接選出，（美國的所謂「總統選舉人」，乃是歷史的遺留現象，他們也必須按照選民的旨意投票，因此實際上是直接選舉。）總統也只對全體人民負責。第二，除了總統之外，立法大權操於參衆兩院所組成的國會手中，而兩院成員也皆由人民全體所共同選出，但選區的劃分則相互錯開，且代表較小的地理範圍。參院代表各州，衆院代表地方。因此，行政和立法兩大權的行使者，其實代表了美國全國、各州以及小地區三種不同層級的民意。總統、參議員和衆議員的任期又各不同（即四年、六年、和兩年），而參議員雖然任期六年，但

每兩年須改選三分之一。因此，美國人民每兩年便有機會審察或更換兩種國會議員，每四年便有機會更換他們的總統。政權的代表性可謂十分充足了。

第三，在實際運作上，所有的法案必須經過參眾兩院通過，始可成立，因此國會之內便有制衡之機制。而所有法案又須總統簽署，始成為法律。總統若不簽署，兩會仍可以三分之二之多數通過原案，使其自動生效。這又說明了代表性較充分的國會（即人數多而且任期短），應有較大的權力。另一方面，總統有任命其閣員及重要文武官吏及司法人員之權，但所有這些任命權又須經參院之同意始可生效。總統在國防外交方面之大權，也同樣受制於參院。眾院則仍然掌握百姓的荷包，有審核國家預算之大權。因此行政和立法兩權之制衡關係也十分周延。

更有進者，美國的司法機構──即各級法庭，有權判決行政或立法機構或其成員的任何措施或政策違憲，並宣佈這些政策或措施無效，因而在行政、立法兩大權力之行使上，又加多了一道有效的安全栓。最重要的是，美國的三權分立、相互制衡的制度，乃是源自一至尊無上的憲法，而對憲法本身之修改，卻又非任一政權機構所可單獨決定，也非所有政權機構可以聯袂完成，而須經過全國五十州中的四分之三多數通過，始可成立。這又保證了整個憲政體制的神聖性及穩定性。因此，任何一個美國人若有任何訴求，他至少有三種常設的管道可以直接影響政府：一是他所選出的總統，二是他所選出的參議員，三是他所選出的眾議員。倘若他的權利受到政權機構之侵犯，他還可以上訴法庭，要求判決政府的行為違背憲法。由此看來，美國的總統制在保障民權方面，確實作到了幾近完美無憾的地步。

誠然，議會制的顯著優點，在於行政與立法兩權的緊密接合。國會多數黨的領袖人物，自然成為行政部門的首長（即總理或首相及其內閣），因此在推動各種政策方面，容易取得議會的支持。但也正因為如此，倘若國會中的大黨擁有絕大多數議席之時，其所衍生的內

閣，便可行使近乎無限的權力，而不受到任何其他機構的牽制。一種制度上的補救方法是實行兩院制，即將國會分成上下兩院，由不同的選區產生，並規定所有的法案皆須由兩院通過。否則便是將國會的權力明文規範於憲法之中，以憲法為最高的權威，而且將修改憲法之權，排除在國會權力範圍之外，或至少不容許國會有單獨修改憲法之可能。此外，如果再授予司法機構解釋憲法、宣佈法令違憲之權，則可能形成更為有效的制衡力量。

　　但所有這些制衡國會權力的制度設計，皆不存在於英國的體制之內。因此，英國的民主政治，其實是完全不受制度的保障，全靠一個健全的兩黨制，加上全民對憲政傳統之尊重，而延續至今。換言之，如果沒有一個勢力強大的反對黨隨時可能取代執政黨上台執政，則當權的政黨幾乎可以任所欲為，包括將英國的政體完全改造或破壞。如果沒有英國人民成熟的民主素養和守法精神，執政黨也不可能處處以傳統為重，循規蹈矩，堅持民主之程序和精神。但所有這些卻都是英國歷史及文化的產物，無法移植到其他國度。英國的議會制傳到亞非落後國家時，便往往出現了高度中央集權、甚至專制獨裁的後果。在歐洲大陸，它則導致了多黨共治、倒閣頻頻的不穩局面。事實上，全世界只有日本一國，是吸收了上述各種制衡機能的議會制。因此，議會制若仍有其明顯的優越性，則應當已非傳統英國或歐陸式的議會制，而是兼採總統制優點的日本議會制了。

　　相反的，美國式的總統制，由於有十分周密的制衡機制，又具充分的代表性，因此幾乎完全不需依賴一個健全的政黨制或高水平的民主素養，便能有效運作。誠然，美國式的民主，也可能因為行政和立法兩權或參眾兩院操在不同政黨或派系的手中，而呈現出緊張、對立的現象，從而降低政府的效能。但這種制衡的機制在美國兩百多年的歷史中，從未令美國政府癱瘓過，反而化解了不少次憲政危機，可見其正面的功效還是遠遠超過了其負面的影響。事實上，正因為總統和參眾兩院的成員皆由人民所直接選出，他們都受到人民的直接監

督，更可以直接向選民提出自己的訴求，然後由人民全體作出判斷、凝聚共識，進而回頭再影響他們選出的行政首長和民意代表。這種由人民全體迂迴決定國家大政的現象，又進一步彌補了通過正式選舉改變政策或人選之不足處。若和英國人只能選舉一個下議院議員，無權選舉首相或任何其他公職人士的事實相比，美國的人民顯然又掌握了更多的主權！

固然，美國的總統制傳到拉丁美洲及某些亞非洲國家之後，也製造出了不少專制獨裁的政權。但相對而言，落後地區實行總統制之失敗，主要不在制度本身之缺失，而在政治文化之不同及社會或經濟之貧困。而落後國家實行英國式議會制之失敗，則是包括了制度本身的原因以及落後的社會及文化兩種因素。因此，即使是兩害取其輕，美國式的民主，也還是較之英國式的民主，更能落實「主權在民」的實質與精神。

三 從民主的原則看台灣憲政架構的缺失

如果台灣堅決奉行「主權在民」的民主理念，首先應該自我檢查的便是選舉制度。不可諱言的是，自從一九四八年頒佈「動員勘亂時期臨時條款」、一九五一年中止立委之改選、一九五三年中止國民大會代表的改選以後，正常、完整的民主選舉在台灣消失了四十年之久。「萬年國會」本身既已喪失了代表性，則其所選出的各任總統，也自然缺乏制度上的合法性。因而，單就選舉之中斷而言，台灣便有四十餘年皆不能稱之為民主國家。一九六九年與一九七八年先後又將台北市及高雄市兩市長由民選改為官派，更是開民主之倒車。截至一九九四年十二月之前，兩市市長及台閩兩省主席皆非由人民選出，即使是第八任的總統、副總統，也仍然由代表性殘缺的第一屆國民大會所選出。因此，作為民主國家的領袖人物而言，他們的合法性皆根本令人質疑。

　　所幸這些現象皆已成為歷史。省市長及總統、副總統之直選，已先後在一九九四年年底和一九九六年三月付諸實行。但仍然值得探討的是：根據民主的原則，人民直接選出的行政首長，正如人民直接選出的國會議士一樣，應當擁有相當的權力才對（代表人民行使主權也）。而台灣推動上述直接選舉，是否有傾向實施總統制之意圖？果真如此，則是否也應提早規劃各種政權機構之相互制衡關係？其實，一次投票、比較多數即可取勝的直選總統憲法修正案，也有相當可議之處。因為如果有三至五人參加競選，當選人可能只獲得很小百分比之選票。而以代表性如此低落的總統，卻賦之以主導國家行政之大權，豈非有違民主的原則?!再者，由於如今省與國的差距有限，當選總統的人，得票數很有可能少於當選台灣省長的人。果真如此，則總統豈非只有出任省長的民意基礎?!而當選台灣省長的人反有出任總統的資格?!就民主的原則言，這也將淪為天下之笑柄！果真總統的代表性不是如此重要，則便應變為虛位元首，實行議會制。但這又似乎並非當前台灣憲政改革的目標！(註3)

　　此外，全面換血後的國民大會和立法院，就其成員產生的過程及選區而言，已出現了高度的重疊現象，只不過國大代表的人數多了一倍罷了。而兩者的選區又和台灣省省議員之選區大同小異。這一架床疊屋的事實，也有違民主制度下的各種民選代表應有不同範圍民意基礎之基本原則，更造成權責難分、資源浪費等諸多缺失。擬議中的統一各種公職人員任期、一併舉行各種選舉的修憲案，則又有剝奪選民經常監督及更換代言人之權的因噎廢食效果。他如僑選代表之「合法性」，以及各黨按照得票比例遴選出的不分區代表之「代表性」，證之於民主的原則，也皆有相當之爭議性。因此，不論是各級首長或民意代表的選舉方式及選區劃分，均仍有詳細考慮及重新規劃之必要，方可真正體現「主權在民」之理念及精神。

　　更大的問題是，一九七〇年代以來，台灣各種選舉活動之定期性及公正性雖大有改進，但一九八七年解嚴以後，金錢和暴力又迅速

介入選舉，而且有日益普遍及惡化的趨勢。例如一九九二年的立法委員選舉，候選人的競選經費少則一、二千萬元，多則可達一、二億元，已遠遠超出絕大多數有參選資格百姓的財力範圍之外，等於是剝奪了無數才智之士為民服務之機會，從而危及國會議士之「代表性」。事實上，台灣新任國會議士之中，「金牛」、「銀牛」充斥之事實已不容否認。這些人為民喉舌、為國興利除弊之意願，則更令人質疑。一九九三年縣市長及議員之選舉，候選人進行賄選之金額，也是動輒以千萬元計，足見財閥或財團主宰選舉、扭曲民主程序之程度，已經嚴重威脅到「主權在民」的原則。

更糟的是，兩次選舉的過程中，暴力頻傳，槍聲不斷，必須動員大量的警力保護候選人的生命安全，又足見黑道干預選舉、暴力脅迫民意之囂張程度。一九九三年縣市議長之選舉，甚至出現對議員們的「綁票」現象，不啻是賄賂之外再加暴力。事實上，「羣眾暴力」之現象，近兩年中已有泛濫成災之趨勢。一九九三年三月十四日，新黨人士在高雄市的合法集會，受到上萬民進黨人之圍堵及破壞，若非千餘名警力之保護，幾乎遇險。一九九四年九月二十五日，新黨人士在高雄市之政見說明會，又再度受到民進黨人之攻擊，引發另一次衝突流血事件。同年年底的省市長候選人，更是皆在防彈背心、防彈玻璃以及大批警力之保護網後，才能多少對隔離的羣眾公開發表政見。凡此種種皆已蔚為世界奇觀，也反映出真正理性和民主的選舉，在今日的台灣還是理想，而非現實。(註4)

再從憲政的體制來看，一九四七年頒佈的中華民國憲法，原是一個戰亂時代的產物。其最大的缺失便是設置了一個常設的修憲機構──國民大會，因而種下了日後體制混亂的禍源。須知憲法原來不應輕易修改，更不可有常設機構專司此責，否則豈非首先否定了國家根本大法的尊嚴及穩定性?!而此種機構既屬長期存在，則難免滋長私心，企圖維護既得權益，甚至動輒拿憲法開刀，擴大本身權力。在沒有其他機構可以制衡之情況下，終將形成憲政怪獸。因此，民主國家

的制憲工作，皆是由一特別成立的臨時性機構或會議擔任，並且在制訂憲法之工作完成後便行解散。如此參與制憲的人，才會以千秋萬世的利益為指導原則，憲政之體制也因而可以保證應有的尊嚴及穩定性。而修憲則不僅應是一個繁複困難的程序，並且絕不可委之於任一單獨的機構，以免後者假藉憲法授與之權力，從事破壞憲法的工作，終致難以收拾之地步。

　　台灣的國民大會在一九四八年之所以有權制訂「動員戡亂時期臨時條款」，從而在一夕之間否定了整部憲法的效力，便是源自憲法所授與之修憲大權。所幸在往後的四十餘年之間，由於一黨專政、威權統治的影響，國民大會的成員尚能安分守己，不再輕言修憲。但一九八七年廢除戒嚴法之後，形勢又驟然改觀。在嶄新的自由空氣之下，國民大會於一九九二年開始第二次修憲工作時，不僅大幅修改了原有的條文，而且開始擴增本身的職權(包括每年集會一次，以及對立法院以外四院院長之任命有同意權等)，結果名為修憲，實則等於制憲。一九九四年，國民大會進行第三次的修憲工作，結果範圍更為廣幅，其自我擴權的趨勢則更是塵囂日上，難以遏抑。由此觀之，國大每年一次的集會，恐將不斷製造憲政的新危機，誠為台灣當前體制上的最大問題。

　　現有的政權架構，也至少呈現以下三大嚴重缺陷。第一，它既非總統制也非議會(或稱內閣)制，因而形成關係曖昧且不穩定的「雙首長」現象。首先，總統不是虛位元首，且有權任命行政院長，但行政院長卻無任期，又不得由總統或立法院免職。而幾乎所有法令又需總統和行政院長兩人之同意始可生效。因此，總統和行政院長之中，必有一人形同虛設，甚至成為另一人的傀儡，否則在政策上兩人難免有所分歧，從而使行政權之行使出現危機。事實上，行政院長及各部會首長(即內閣)的地位十分曖昧，其代表性則更令人可疑。因為行政院長既由總統任命，則理應聽命於總統並對總統負責，民選的總統也應是最高的行政首長。但事實上行政院長在獲任命之後，卻有獨斷獨

行、甚至獨攬大權之可能。反之，果真行政院長操有主導國家行政之
實權，則他便應由人民直接選出，或至少由議會間接產生，並對議會
負責。但事實又非如此，因而明顯違背了「主權在民」的原則。

　　其次，行政、立法兩權缺乏有效的制衡關係。行政院長既非由
立法機構產生，原無對後者負責之理，但目前的行政院長及內閣其他
成員，卻須浪費大量時間到國會備質受詢，實不知其「民主」之意義
何在?!何況行政院長雖由總統任命，但在政策上未必可以代表擁有實
權的總統在國會發言。果真府院有所爭議或不和，則僅僅是內閣成員
前往國會備詢，豈非又有代表性不足、且無實際效果之弊?!再者，行
政院長及其閣員雖有赴國會備詢之責任，卻又無聽命於國會之義務。
因為國會議士雖可將院長及其他閣員罵得狗血淋頭，但卻無倒閣換人
之權。結果質詢之權又是形同虛設。反之，行政院長對議會縱有極大
不滿，也無解散後者、訴諸全民公決之權。結果為求預算不受刪減或
挑剔，內閣只有在議會儘量敷衍了事、矇混過關，實際之行政工作仍
可我行我素，不受影響。如此一來，行政立法兩權相互制衡的機能便
減到最小了。

　　第三，是「雙國會」的怪現象。世上國會原來只有一院和兩院
之分，從無單雙之別。但台灣卻有「單一國會」之爭議，因為國民大
會和立法院皆由人民直接選出，且各有其職權，但卻互不相干，亦無
有效合作或制衡的關係。兩院選區之劃分幾乎無甚差別，成員的候選
資格更是完全相同，因此形成舉世皆無、唯我獨有的「雙國會」現
象，既非一院制，又非兩院制。新擬議中的修憲方案，還要將兩機構
成員的任期一致定為四年，如此一來，國民大會不啻是立法院的複製
品，不僅多餘，而且勢必啟生亂端。因為在正常的兩院制國家，國會
上下兩院在參選資格、代表區域以及任期三方面皆有不同，以便充分
代表民意。在運作方面則所有法案皆須兩院通過，以收相互牽制及合
作、確保民權之效果。但台灣的國會卻只有通過修憲（國民大會）及控
制預算（立法院）的極端手段，相互殘殺，乃致共同癱瘓。尤其是在一

黨專政已經式微、威權體制迅速瓦解的九〇年代，執政黨勢更難以控制兩會的運作程序，只怕終將形成大亂之局面。

即使國民大會不再存在或併入立法院，形成一院制的國會，問題仍未解決。因為如此一來，立法院將擁有立法、預算、質詢、調查等大權，但卻沒有任何機構足以有效制衡其龐大之權力。司法院本來便是個空架子。大法官會議最多也只能解釋憲法，無權判決立法院通過的議案違憲。監察院則更已成為現代御史院，只有無關痛癢的糾正權，不足以除貪掃亂。行政院則原來便無解散立法院、訴諸選民公決的權力。相反的，如果立法院以三分之二多數二次通過行政院長送回重審的議案，行政院長必須執行或辭職。更荒謬的是，立法院院會只需七分之一委員出席即可開會，出席人員的過半數或三分之二，即可通過法案。換言之，在一百六十五位現任立委之中，只需十二人便可通過攸關國家大事的重要法案，也只需十六人便可有效否決行政院的決定。其代表性之低落，委實令人震驚。難怪立法院中的缺席現象，是如此的普遍和嚴重了。而堂堂國會殿堂之議事程序如此草率、視同兒戲，人民的權利又如何可能獲得有效保障?!更糟的是，國民大會一旦裁併，則立法院便成唯一可以修憲的機構，因此又有自我膨脹、長成另一憲政怪獸的危險。

以上單是涉及民主基本原則的幾個問題，便已嚴重威脅台灣憲政體制之健全及穩定。而所有問題的根本癥結則在於現有的五權憲法（其實只剩三權），並未吸收總統制和議會制所共有、也最重要的「主權在民」原理或精神。加上近兩次修憲皆非以民主的理念為指導原則，更非以國家之長治久安為考慮前題，而是既得利益團體或機構相互鬥爭和妥協之產物。結果難免憲法愈修，體制愈亂，而整個社會距離「主權在民」的理想也似乎愈來愈遠，誠為台灣政治現代化過程之最大隱憂。

註 釋

(1) 探討「主權」之經典之作，首推 Jean Bodin, *On Sovereignty* (London: Cambridge University Press Reprint, 1992).

(2) 對相關問題的探討，可參閱張保民譯：《永恆的政治論題》(台北：國立編譯館，一九九四年)。

(3)《聯合報》一九九三年三月十五日頁一；一九九四年九月二十六日頁一。

(4) 最新憲法修正案之全文，見《司法院公報》一九九四年九月號，頁三十六～三十八。

第四章

資本主義必然取代社會主義？
——兼論海峽兩岸的競爭形勢

　　自一九一七年俄國大革命以來，二十一世紀之中，舉世最為震驚的大事，恐非蘇聯集團之潰散和共產主義之破產莫屬了。最令人迷惑的是，蘇聯以一超級強國的地位，竟然在毫無外力脅迫或嚴重內部憂患之情況下，自行解體，並迅速自我否定了七十餘年來大有成就的社會主義制度及其背後的共產主義理想。所有東歐國家原有的共產制度，也如骨牌一樣一崩如洩，不可收拾。再看亞洲的中國大陸及越南，雖然仍舊堅持共產主義一黨專政的政治體系，但在經濟方面，實際上走的卻是幾乎純粹西方資本主義的道路，在社會和思想方面，則更是一味地崇西媚外，空前未有地開放，簡直沒有人還有談論「共產主義」一詞的興趣。(註1) 時至今日，全世界真正仍舊奉行馬列主義的共產國家，只剩下北韓和古巴兩國。但這兩國的「反潮流」政策能夠堅持多久，也已令人質疑。凡此種種，似乎都證實了馬列主義對人類歷史進程的根本錯誤估計，即社會主義不僅不可能戰勝及取代資本主義，反而在其發展到某一成熟階段後，必將擁抱資本主義，或為資本主義所「同化」(融化？)在舉世崇資走資的今日世界局勢之中，到底社會主義及馬列思想是否將從此一蹶不振，終至消聲匿跡？資本主義的勢力是否將長久處於優越地位，甚至永遠立於不敗之地？這些問題實在值得我們再三思考、冷靜分析。

一 馬列主義的洞見和侷限

馬克斯(Karl Marx, 1818－1863)和列寧(Nikolai Lenin, 1870－1924)的思想是否真的就此一去不復返的問題，必須首先回頭檢視他們的理論開始，才能理出一些頭緒和線索。一如衆所皆知，馬克斯的思想是建立在兩大基本信念之上：一是《資本論》所強調的「剩餘價值」以及其所導致的階級剝削、階級鬥爭理論。這也是人類歷史橫切面的分析。二是整個《資本論》所引申出來的經濟定命論以及歷史進化論，這也是人類歷史的縱深面，即由生產關係之演變決定階級鬥爭的性質，而人類社會的進化過程，則是從奴隸社會到封建社會，到資本主義社會，到社會主義社會，最後到共產主義社會。

我們暫且不論這兩大內涵對當前世界及人類的適用性大小，若單從過去兩百年左右的發展來看(即十八世紀末葉以來)，馬克斯的理論的確有其十分可觀的解釋力。首先，西歐工業革命所造成或引出的整個資本主義制度，確實是建立在階級剝削的基礎之上(且不論這種剝削之本身，從人類過去歷史的經驗看是否理所當然或合情合理)，而且事實上也引發了長期不斷的階級鬥爭。其實，人類歷史上的三次大革命——法國大革命(一七八九年)、俄國大革命(一九一七年)和中國大革命(一九四九年)，本質上都帶有十分鮮明的階級鬥爭色彩，也正是因為它們是廣大普羅(工農)階級推翻、乃至消滅傳統貴族(資產)階級的過程，所以才呈現出大規模的暴烈流血現象，並造成驚天動地的震撼性影響。而這三大革命皆是在過去兩世紀——也即是在歐洲資本主義的巔峰期——中發生之事實，誠非偶然，更證明了馬克斯確有他的洞見所在。

其次，馬克斯所預言的進化過程，也在過去兩百年中大體獲得證實。法國大革命雖然沒有立即改變西歐資本主義社會的本質，但卻為社會主義所必備的階級平等現象、財富共享政策、和反抗剝削精神

（也即是法國大革命所揭櫫的平等、博愛和自由三大口號及目標），在
社會結構及百姓心態上奠定了堅實的基礎。這種結構及心態上的轉
變，在拿破崙大軍橫掃西歐各國的年代中，更直接滲透到歐陸的幾乎
每一個角落。法國社會本身全面消滅貴族資產階級的流血革命，以及
後來拿破崙每到一國所推動的社會改革，不僅喚醒了全歐被剝削階級
的政治意識，也顯然驚破了西歐資本主義國家統治階級的美夢，從而
迫使他們開始重視勞工階層的問題，以積極防患針對他們自己的另外
一場流血革命發生。凡此種種，皆為十九世紀中西歐各國（包括長期
隔岸觀火的英國在內）推動各種社會主義性質的改革或政策，產生了
巨大的催化作用。而這一資本主義制度之「社會主義化」趨勢，顯然
又多少符合了馬克斯對人類歷史進程的預言。

　　誠然，歐洲的資本主義社會只是採納了不少社會主義的政策，
但卻並未完全過渡到社會主義社會的階段，這是馬克斯所未料及的發
展。但馬克斯的錯誤，主要出在他所受到的時空限制。一方面，他只
看到資本主義發達時期歐洲各國內部的階級對立及壓迫現象，而這種
現象在經濟發展速度及水準極為相近的西歐各國，又幾乎不分軒輊。
另一方面，整個歐洲由於受到同一個教會（基督教）、同一種制度（宗
法封建），甚至同一個政權（羅馬帝國在先、神聖羅馬帝國在後）的長
期主宰，更經過同一系列思想及社會運動之衝擊（即文藝復興、宗教
改革、商業革命及工業革命），各國縱有民族和疆界之分，但在文化
傳統及生活方式上卻具有極大的同質性。因此馬克斯又有工人無祖
國、且可組成跨國聯合陣線之宣言。

　　換言之，馬克斯忽略了資本主義的發展過程，還有一個重要的
國際層面，也因此沒有考慮到國家——尤其是民族國家，在國際性競
爭中所扮演的關鍵性角色。首先，資本主義唯利是圖的本質，不僅是
社會內部勞資對立的根源，而且終必引發國與國之間的剝削、矛盾與
衝突。從整個世界發展的角度來看，經濟發展較快的西歐資本主義國
家，更可能欺壓及剝削尚未進入資本主義階段（例如十九世紀的亞非

大多數國家及地區)或資本主義尚在萌芽階段的其他地區國家(如俄國及美洲各國)。馬克斯也未料到,資本主義發達國家對經濟落後地區或國家的壓榨和剝削,不僅可以大幅度緩和前一類國家內部的階級對立現象(即將剝削的對象及程度,皆轉嫁到落後地區及其百姓),而且由於文化上之歧異,更可能激發後一類地區或民族的同仇敵愾意識,從而將國家、民族利益,置於工農階級利益之上,藉以有效對抗發達國家的經濟壓迫和武裝侵略。這一過程也可能迫使至少某些條件較佳的落後國家,多少跳越過資本主義社會的發展階段,直接先行進入以國家權力主導經濟發展的社會主義階段。

上述那種由國內階級對立轉為國際經濟剝削的現象,正是歐陸各資本主義國家可能接納社會主義的某些政策、而卻無需完全擁抱社會主義的根本原因。這一現象固然在整個十九世紀及二十世紀上半葉,長期地穩定了歐洲資本發達各國(尤其是英國)本身之經濟成長及社會秩序,但卻仍舊不能避免各國在亞非美三大洲因為爭奪資源及市場所引發的頻繁戰爭。另一方面,歐洲各國雖然在這一百五十年之中,在亞非美三大洲進行瘋狂的掠奪行徑,但不幸的是,由於李嘉圖(David Ricardo, 1772－1823)、凱恩斯(John M. Keynes, 1883－1946)等英國自由經濟論者的大力鼓吹,加上亞非拉美各地現有國家組織在科技武力方面之顯著落後,使得國際間反剝削、反壓迫、也即是反西方的鬥爭,遲遲未能見效。

但不論如何,以上兩種馬克斯所未能料及的現象或趨勢,卻終究為生長在十九世紀末葉的列寧所觀察到,並且為之立論著書,從而開始扭轉了二十世紀以來世界權力分配的局勢,更推翻了所謂古典經濟學派──實際上也就是資本主義的衛道者──對經濟發展所訂下的鐵律。列寧對馬克斯主義的最大貢獻或新詮釋,便是他稱之為「資本主義的最高階段──帝國主義」的理論。列寧相當清楚地看到,資本主義的唯利是圖本質及其固有的剝削性,即使在一國之內不引發階級革命,也將在國與國之間造成壓迫與衝突。根據這一推理,他創造了

發達國家之間彼此終必有戰爭、而落後國家也必將反抗西歐壓迫與國際剝削的理論，因而對十九世紀到二十世紀中葉的世界局勢，提出了生動有力的說明。事實上，第一次世界大戰嚴格而論，只是歐洲各國間的戰爭，但在相當程度上，也是資本主義發達的歐洲各國在亞、非、美三大洲長期殖民戰爭的高峰表現和必然結局。而空前慘烈的第二次世界大戰，則不僅是帝國主義之間的大戰，也象徵了不同文化的落後國家反抗發達國家的反殖民主義鬥爭的新高潮。西歐各國自相殘殺的結果，則又提供了亞非落後國家及地區反擊西歐帝國主義的絕佳機會，終於導致戰後西方殖民帝國之迅速瓦解。

　　不幸的是，列寧雖然多少掌握了歷史的脈搏，但卻無法扭轉俄國本身經濟發展相對落後、文化傳統又異於西歐、但卻內有階級對立、外有強權壓迫的事實與現狀。為了有效對抗帝國主義的武裝侵略和經濟剝削，並及早促成俄國內部針對資產階級的鬥爭，列寧因此又推出必須「加速歷史進程」的口號以及「無產階級專政」的理論與策略。結果，俄國大革命不僅是工農階級推翻貴族階級的流血運動，而且在一九一八到一九二○年之間，也創造了經濟落後國家成功擊退發達國家侵略的首例。顯然的是，在強權環伺、孤立無援的情勢之下，新生的蘇俄政權不能追隨西歐的資本主義體制，或採用西歐殖民主義的自由貿易政策，而仍能確保俄國的資源不被西歐所掠奪，國家的安全不受到列強所威脅。俄國大革命成功的代價，因此便是在資本主義尚未發達的歷史階段，提前實行了社會主義，而且是將整個社會置於一個一黨專政、全面集權的政府之下，以便充分有效利用資源，發展及鞏固國防，安定民生和社會秩序。對外則實施嚴格的閉關鎖國政策，藉以防患西方資本主義國家的經濟競爭和政治反擊。

　　正因為列寧洞悉了西方資本主義發達國家對殖民地和亞非弱小國家的巧取豪奪習性，加上新生蘇聯共產政權的確在甫成立之後，便遭受到列強長達三年的武裝干預。因此他又提出「不斷革命」的理論及策略，即社會主義之母國蘇聯，在資本主義發達國家重重包圍和不

斷威脅之下，很難依靠本身單薄的力量取得一線生機，惟有儘早儘快策動全球性的反資反帝共產主義運動，直到工農革命在世界各國取得勝利為止，始可確保社會主義及其根據地——蘇聯——的生存和發展。這也是蘇聯在一九二〇年代全力支援亞非落後國家發展共產革命運動的歷史背景。只是不幸的是，由於蘇聯本身的羸弱和落後，加上西方資本主義在亞非洲勢力之根深蒂固，列寧在其有生之年，並未盼望到亞非拉美落後地區，從他所謂「資本主義全球性鎖鍊中最弱環節」的有利地位上，聯合起來對帝國主義作出致命性的打擊。儘管如此，列寧有關帝國主義的理論，卻在整個二十世紀中，不斷激發了殖民地和被壓迫民族精英階層的獨立解放運動和反西仇資思想，從而開始動搖了東西方列強長期主宰世界經濟和政治的優勢地位。

其實，一九四九年的中國大革命，主要便是以列寧的思想為理論基礎和戰略指導為原則，而且再一次鮮明地證實了列寧有關帝國主義的理論。中國自十九世紀中葉以後，開始受到西方及日本帝國和殖民主義的欺凌和壓榨，前後長達一百年以上。由於中國的經濟和社會較之俄國更為落後，幾乎完全無法抵擋西方資本主義國家的經濟剝削和武裝侵略，結果雖然經過整整一個世紀的時間，中國始終是停留在資本主義仍處萌芽階段的封建社會。這也證明了資本主義發達國家通過資源的掠奪及不平等的國際分工，還有長期阻延落後地區經濟健康發展的後果。更有甚者，發達資本主義國家對落後地區的剝削及掠奪行徑，在一個人口龐大、資源相對緊張的中國，又有加深內部階級矛盾之必然趨勢。因此，一九二七到一九四九年的中國共產革命，不僅和一九一七年俄國大革命一樣，是長期內憂外患交迫之下的產物，而且其外因與內因相互刺激和加劇之程度，又遠遠超越了俄國。這一流血運動最後更是通過中國內部階級革命的成功，而培養、凝聚了抗拒外來強權的力量，並在二次世界大戰中西方帝國主義勢力大幅削弱之有利客觀情勢之下，走向勝利之道路。

但也正因為中國社會的封建本質未除，資本主義的本土基礎薄

弱，而中共政權成立之後又遭遇和蘇俄類似的命運，受到東西方資本主義國家的圍堵，因此，國家安全的考量明顯高於一切，有限資源的重新分配，尤須仰賴強制的手段。於是，無產階級一黨專政、全面集權、閉關鎖國的內外策略，便再度成為確保國防安全、經濟發展、社會公平的不二選擇。中國大陸也成了世界上第二個提前推行社會主義和閉關政策的落後國家。由此又可見資本主義的發展過程之中，其國際層面的重要性和複雜性。

然而，列寧及其後來的追隨者史達林和毛澤東，又犯了思想上的另一錯誤，即認為社會主義已在蘇聯、中國等共產國家立足生根之事實，不僅證明了社會主義的優越性，而且代表了人類歷史上的一次重大突破和飛躍。他們均誤認蘇聯、中國等從此可以通過社會主義之發達，直接締造一個理想的共產主義樂園。列寧雖然未及目睹蘇聯之強大，但卻始終堅信社會主義固有之優越性，絕非資本主義所可超越。對史達林和毛澤東而言，這一信念則顯然在相當大的程度上，是因為社會主義陣容之日益茁壯和鞏固而強化。但他們皆未料及，社會主義的發展過程還有可能反覆，更萬萬料想不到，這一反覆的根源，仍舊是來自國際資本主義勢力之刺激和競爭。其實，正因為蘇聯、中國、越南等共產國家的社會主義，本質上都是西方帝國主義和殖民主義壓力下的早產兒，而非本國土壤自然衍生出來的花朵，因此，它們皆患有先天不足的症候，除非經過後天特別的調養及矯正，否則難以真正健康成長。換言之，提前進入社會主義的國家，遲早仍須補足資本主義的養分，才能長久維持其在國際上的競爭力以及國內政權的合法性。這便又涉及社會主義和資本主義之間既矛盾又互補的辯證關係了。

二　資本主義和社會主義理論之再檢討

必須首先澄清的是，資本主義雖然長期以來被西方國家視作民

主政治的基石，但它卻始終是一經濟學的概念。相反的，同屬經濟領域的「社會主義」一詞，則往往和政治領域中的「共產極權制度」混為一談。這種文義上的混淆，造成人們潛意識上對社會主義的排斥。其實，資本主義國家有許多是實行專制集權的政治制度(如第三世界的非共產國家)。而民主的西方國家，則有不少具有強烈的社會主義色彩(如北歐、澳、紐、新加坡等國)。因此，我們有必要針對資本主義和社會主義之區別，重新加以分析和研判，而暫不考慮它們和任何政治制度的因果關係，因為資本主義和社會主義，才是兩種相互對立及排斥的經濟制度。

儘管如是，我們仍舊無法否認資本主義固有的優越性和吸引力。資本主義所標榜的個人自由、財產私有、公平競爭、優勝劣敗，本質上也確實比較符合人類自私自利、慾望無窮、好勇鬥狠的天性，因而有助於經濟活動的蓬勃發展。因為國家只需提供基本的遊戲規則，並保障這些規則之公正執行，便足以激發百姓各盡所能、各顯神通的意願，從而達到提高社會生產力，滿足大眾消費的主要目標。但也正因為資本主義鼓勵人與人的競爭，而且是追求財富的競爭，因此它不可避免地將破壞人與人之間應有的愛心、互助與合作關係，從而危害整個社會的祥和氣氛及善良風俗，終致造成一種物慾橫流、人性喪盡的世界。資本主義對物質享受無止盡的要求，則勢必形成自然資源之嚴重浪費，導致人類對整個生態環境之無情摧殘，終將自食其災難性的惡果。而資本主義視為神聖不可侵犯的私有財產制，在自由競爭、優勝劣敗的法則之下，更遲早造成財富集中於少數人、乃至金錢腐化政權、財閥(團)主宰決策的效應。屆時自由競爭將不再具有公平性，法律與公共政策也將被財閥(團)玩弄於股掌之間。社會更將不再存有公理、正義或道德。

以上對資本主義的批判，還是在跳出馬克斯、列寧的思想框架之外而進行。但若證諸於資本主義世界自一九六〇年以來的異化與墮落——包括道德規範之破產、兩性關係之靡爛、家庭制度之崩潰、吸

毒販毒之普遍、暴力犯罪之猖狂、空氣水源污染之惡化、貧富差距之不斷擴大、財閥地主對經濟之主宰、官商勾結現象及貪瀆醜聞之層出不窮等等，我們實在已不可能再對資本主義所帶來的嚴重問題，視若無睹。馬克斯固然受到時空的侷限，無法預料到所有這些現象，但他有關剩餘價值、人際剝削、唯物史觀、經濟命定論之思想，又豈不是所有這些現象之根源?!而馬克斯所謂生產工具的擁有者便是政權的支配者一說，更豈非仍可從資本主義國家領導階層的組成分子中，獲得印證?!

　　就資本主義在國際層面上的演變而言，列寧的預言便更具洞見了。雖然十九世紀式的殖民主義已不復存在，但殖民母國——也即是西歐資本主義國家，加上美、日兩大新興資本主義帝國，和曾是殖民地的亞非拉美各國，彼此之間在二次大戰終結已近半世紀後的今天，卻仍舊保存了舊有主從關係的濃烈色彩。古老帝國主義式的武裝侵略固然不再為世人所接受(雖然還是偶而出現)，但歐美及日本等資本主義發達國家對第三世界落後國家的經濟剝削及資源掠奪，卻通過跨國公司、垂直分工、政治賄賂、外交干預等更為技巧有效的方式，且在更大的範圍之下，繼續進行，而且從未間斷。結果，亞非拉美絕大多數國家，非但不能健康發展本身的經濟，各國內部反而出現日益嚴重的貧富不均現象，階級矛盾的形勢亦日趨明顯。整個國家則因國際剝削的持久性，而長期受到發達國家之掌控，陷入難以自拔的依賴困境。所謂「南北」之別或「南北」之爭，便是這種新殖民主義之產物，而且迄今仍無解決之妥善方案。事實上，根據資本主義的本質及發展規律，也不可能找到對落後國家有利的解決方案。最不幸的是，資本主義強國往往又有龐大的政治及軍事後盾，而且沆瀣一氣、狼狽為奸，不容第三世界國家輕易翻身。由此看來，蘇俄和中國能藉兩次大戰之機會，驅逐帝國主義和殖民主義的勢力，已屬難以重演的幸運了。(註2)

　　我們暫且不論資本主義之未來，是否光明或黑暗，社會主義的

本質,亦有重新檢討之必要。針對上述資本主義的內涵,此處也可舉出相應的社會主義四大特色,即社會平等、土地及(或)生產工具公有、計劃經濟、以及財富分配均平。事實上,其中第四特色如今已為絕大多數資本主義國家所採納(主要通過累進稅率、全民健保,以及各種安老扶殘濟貧的福利政策)。至於計劃經濟,則在許多非共國家也早已施行(包括南韓、台灣、印尼等亞洲國家)。甚至生產工具公有化,也長期出現在許多資本主義社會及第三世界國家(即國營企業及事業)。因此,社會主義的主要內涵,事實上皆已受到世上絕大多數國家之肯定及吸收,只是上述這些制度與政策所涵蓋的幅面及程度有所不同罷了,這也是區分一個國家社會主義色彩濃淡的指標。以上這一事實之本身,便足以證明社會主義也有其固有之價值,不容輕易否定。其實,這種社會主義化的趨勢,即使是在西歐、澳紐加等發達資本主義國家之中,皆發揮了穩定社會秩序的關鍵性作用。

因此,人們爭議的焦點,其實已不在於社會主義是否有其難以磨滅的價值,而在於其實施的幅度應否全面。而與此最為有關、也最受爭議的一點便是土地公有的制度。這也是直接影響到一切生產工具之所有權、以及決定國家角色之大小的關鍵問題。因為生產工具往往不能脫離土地而獨立,而土地和生產工具若是公有,則國家便必須擔負起管理及分配各種資源的龐大任務。個人在經濟領域之中的自由和作用,也必然相對減到最小。因此,社會主義本質上是壓抑個人慾望及自由的制度。它也因此限制了人與人的競爭,尤其是限制追逐財富的競爭。減少競爭的重要手段便是消除競爭的終極目標──土地及財富之私有權。消彌競爭的目的則在重建一和平、和諧與團結的社會新秩序。社會主義主張:只有在土地公有、財富均分、世間無所爭的條件下,人際關係才可能變競爭、鬥爭為合作,整個人類社會也才可能化乖戾為祥和,從而達到長泰久安的大同境界。

社會主義的理想,因此顯然代表了一種遠較資本主義為崇高的道德境界,因為它是通過壓抑──而非解放──人類自私自利、好勇

鬥狠、慾望無窮之本性而達成。而這種道德的昇華正是人類自古以來
所嚮往的「烏托邦」(從柏拉圖的「理想國」開始。)在國際層面上，
社會主義反對及約制競爭的原則，也間接壓抑了國與國之間的對立及
侵略傾向，從而促進世界的和平。凡此種種皆和資本主義之本質及其
影響，背道而馳，也構成了社會主義對人類的永恆魅力。然而，正因
為社會主義反對競爭，試圖消彌競爭，並將土地乃至一切生產工具公
有化，又致力於重新分配已有的財富，因而它必然全面壓抑了個人發
揮才智與潛能的機會及願望，從而大幅挫傷了所有人在生產活動方面
的積極性，終致阻礙了整個社會在經濟上的蓬勃成長與進步。在分配
平均重於生產發達的指導原則之下，國家的經濟難免停滯不前。在和
諧的要求取代了競爭的慾念後，百姓的心態也自然每趨消極，不求聞
達或富貴。事實上，在國家支配一切資源、而一切利益又歸國家所有
的情勢下，人民不可能、也往往不願意貢獻個人之智慧與所長。在不
同工卻同酬或至少所得非所值的政策下，百姓更往往養成好逸惡勞、
疏懶成性的社會風氣，所有這些趨向顯然又有回頭降低生產力的結
果，形成惡性循環。(註3)

　　更有甚者，土地之公有及財富之均分，並不包括無形的權力在
內。競爭之消失，更不代表權力鬥爭也隨之化為烏有。相反的，正因
為國家扮演了一個極其重大的主導角色，社會主義的經濟制度往往衍
生政治上的集權主義傾向。其所造成的權力濫用及腐化問題，也因為
社會單元化之現象，往往較之資本主義社會更為嚴重，甚至還有可能
回頭殘害社會主義標榜的平等、正義與公益，帶來更具災難性的後
果。因此，社會主義的理想固然引人，但其完全之實現，卻無客觀的
保障，尤其是在社會主義的基本目標──階級平等，財富均分──已
經達成之後。極端的社會主義，更可能導致絕對的權力腐化。難怪人
類近代史上的三次大革命──法國大革命、俄國大革命和中國大革
命，都帶來了史無前例的極權恐怖統治。而三次大革命所追求的社會
主義，正是因為在幅面及深度上依序擴大及提升，其所造成的極權恐

怖統治，在時間及程度上也相對地逐一延長和加深。在蘇俄及中國大陸，這種極權恐怖統治更回頭長期延緩了經濟發展的進程。

由以上分析可見，資本主義和社會主義不僅各有其優劣點，而且正好代表了相互對立的兩種經濟制度及社會理想。這也是兩套制度和思想，以及奉行它們的國家，長期以來激烈競爭，甚至勢不兩立的根本原因。基於同樣理由，純粹的資本主義或純粹的社會主義，皆不可能長久為人們所接受。相反的，正因為資本主義和社會主義在內涵及目標上，皆針對彼此之缺失有所批判及糾正，兩者其實又有相互為補之處，並且需要相互模仿和轉化，吸取對方的精華，始有在競爭之中取得優勢的可能性。就此而言，必須強調的是，西歐資本主義國家早自十九世紀初葉起，便因法國大革命之影響，而開始「社會主義化」之過程，這一過程並且在二十世紀上半葉因俄國大革命之刺激，而加速及深化。換言之，資本主義國家吸取社會主義的養分，已是一長達兩百年的漸變過程，因而有充分的時間進行選擇、驗證和消化，從而鞏固和壯大本身的勢力。更重要的是，整個「社會主義化」的過程，又和西方政治之民主化相互呼應，齊頭並進，因而又有進一步壓抑資本主義的醜惡面在各國國內肆虐之積極效果。這些也是資本主義兩百年來得以不斷維持其龐大生命力的關鍵因素。(註4)

反之，社會主義國家的「資本主義化」過程，卻是在先天後天兩不利的時空中進行。首先，社會主義國家之誕生，還只是二十世紀初葉的事，而且由於資本主義勢力之持續圍堵及威脅，長期被迫採取固步自封、不求變革的守勢姿態。因此，它們在過去完全沒有吸取資本主義養分的機會和意願。其整個資本主義化的過程，則是一突發和急進的現象，幾乎完全無法從事選擇性的模仿和實驗，做到真正取長補短、吸取教訓的功夫。再者，所有社會主義國家之出現，幾乎都導致對傳統制度和道德之否定與破壞。因此，它們擁抱資本主義的政策，非但缺乏制度上的制衡，而且是在法治觀念極度淡薄、民主架構不見蹤影的政治環境之下進行。更糟的是，資本主義的本質，原便具

有極大的腐蝕力，而已經多少成功社會主義化的資本主義國家，其勢力在一九九〇年代更是如日中天。相形之下，方才開始資本主義化的社會主義國家，仍然位居顯著的競爭劣勢。凡此種種，皆使得社會主義國家的資本主義化過程，道路崎嶇，甚至有未蒙其利、先受其害之極大危險。

自然，社會主義國家若可能繼續閉關自守，或生存於一與外界隔離的「真空」環境之中，或仍可安於現狀，自得其樂。但二十世紀的科技進步，早已改變了國際關係的本質和型態。由於世界仍是一個分裂的局面，且各國的發展極不平衡，因此彼此之間不可避免地仍舊存在著剝削、壓迫或至少競爭的關係。尤其是資本主義國家的堅實基礎及快速發展，對於社會主義國家之生存構成極大的壓力。資本主義國家的威脅，不僅來自經濟和軍事上的侵略本性（兩者又為一體之二面），而且來自其解放人性政策和追求富裕生活的龐大誘惑力。到底壓抑人性的政策及制度，不易在個人層次上和解放人性的制度與政策競爭。社會主義國家縱可通過閉關鎖國政策，抵擋住前者的壓力，也難以長期抗拒後一種更具滲透性和殺傷力的新威脅。但面對這種威脅，社會主義國家又沒有走回頭路的選擇。這便是蘇聯集團以及中國大陸等亞洲共黨國家所面臨的困境了。

三　社會主義的實踐、困境與前景

以上所論，皆可在蘇聯和中共的社會主義發展經驗之中，獲得印證。大體而言，兩國過去共同的特點有三：一是以國家的力量主導、統籌和控制經濟發展的方向及速度。二是以強制重新分配資源及全民福利保險，為達成社會安定及公平的主要手段。三是以土地及生產工具之公有化，為杜絕財富傾向壟斷、防患新興階級出現之基本政策。顯然，以上這些策略皆和資本主義式經濟的根本特色——民間主導、自由競爭、財產私有——背道而馳。然而，值得強調的是，蘇俄

一九一七年至一九九一年，中共一九四九年至一九七八年的經驗顯示，兩國皆能多少達成社會主義基本的均平目標。為了減少西方資本主義國家的威脅，兩國固然不得不在高科技的國防工業，投下了巨額的資本及人力，但這種投資也只有在國家主導型的經濟發展模式下，才有可能，更只有在土地、生產工具和其它資源皆歸公有的社會制度基礎之上，才能在短短三十年的時間中，開花結果。

然而，也正因為社會主義制度的特色及其侷限，蘇俄及中共兩國長期以來皆無法同樣有效地推動民生工業的發展。因為民生工業和國防工業的性質恰恰相反，必須以民間為主導，以利潤為刺激，以競爭為架構，並且是建立在財產私有制度之基礎上，才能發揮最大的效益。於是，社會主義發展模式的成功，便又不可避免地繼續壓抑了生產力之提昇，阻延了現代化之發展，終於在兩國的國家安全及社會公平多少獲得保障之後，出現了人民生活水準停滯不前，消費用品嚴重短缺，國家強而不富、百姓安而不樂的經濟新瓶頸及社會新困境。

誠然，蘇俄共產集團之瓦解，以及中國大陸早在一九七九年所開始推行的資本主義式改革及開放政策，皆還有其他政治及社會方面的導因。但若單就經濟發展的層面而言，則顯然兩國在政策上的改弦更張，主要皆因為資本主義階段之尚未完成所致。而重新完成這一階段之必要性，則又因為週遭資本主義世界在二次大戰以後四十年之快速發展對所有社會主義所造成的新衝擊。且這一新衝擊的本質，關係到國家安全者小，影響到百姓大眾生活之舒適者大。於是，其所遭受的阻力便容易克服。這便是中共和蘇俄集團先後否定社會主義各種政策與制度，大膽全面模仿西方資本主義體制的根本原因。

在某一個程度上，這種趨勢其實又印證了馬克斯的高瞻遠矚。因為馬克斯的主張，原來便是社會主義只有在資本主義發展成熟、生產力已經龐大的國家，才可能出現。根據這一推理，社會主義縱然可能在落後國家提早誕生，也不可能維持長久。因為人們對社會主義所標榜的社會公平、財富均分、乃至土地公有的政策，只有在資本主義

的各種弊病(例如貧富不均、土地壟斷、金權政治)出現或加劇之後，才會感到日益強烈的需要。何況如果土地及生產工具之公有只能帶來百姓的「均窮」，國家主導反而最後導致權力之壟斷和濫用，則社會主義縱可外禦強敵，內彌暴亂，其對人民群眾的吸引力，也終將因為邊際效用之原理而大幅下滑。到底在貧與富、有與無之間，人們還是首先期盼有追求「富」和「有」的機會。由此觀之，中共將實行資本主義式的改革開放政策，名之為「社會主義之初階段」，並以「解放生產力」為主要目標，其實已間接承認了中國社會主義的貧血現象，必須仰賴資本主義之養分補充，才能鞏固和生根。蘇聯則更幾乎是澈底地擁抱西方資本主義和民主政治，以期儘早達成國富民樂的迫切目標。

整個蘇聯共產集團之瓦解和變色，加上中國大陸、越南等共產國家的巨變，是否就此證明了社會主義已經到了窮途末路？或資本主義已經戰勝社會主義？若就上述共黨國家之經歷以及可以預見的未來而言，答案顯然是肯定的。換言之，社會主義國家之資本主義化過程，勢將持續下去，至少直到這些國家的經濟力量大幅提升、百姓的物質生活顯著改善為止。即使是仍屬純粹社會主義的北韓和古巴，也有跡象顯示難以抗拒改革開放的浪潮，即將走上資本主義的道路。但整個社會集團之崩潰，對於其餘的世界也將產生巨大影響。一是馬列主義所代表的社會主義學說，至少在短期的將來，將被人們束諸高閣，甚至棄如敝屣。二是社會主義式的革命，在貧窮又落後的第三世界弱小國家之中，短期之內勢將更難實現。這不僅是由於社會主義意識形態本身之破產，而且也因為社會主義大國已不存在，不可能提供任何層面的支援。基於上述情形，在今後的十至十五年中，資本主義的影響將如決堤之洪水，在全球的範圍泛濫成災。資本主義國家的勢力，則將所向披靡、無往而不利。

事實上，中國大陸自一九八〇年代起，俄羅斯自一九九〇年起，兩國所遭受資本主義之滲透和侵蝕，皆已到達驚人的地步。甚至

社會主義的最後防線──土地公有制度，在俄羅斯已被完全遺棄，在中國大陸也呈搖搖欲墜之勢。但正因為兩國在開始「資本主義化」過程之時，皆缺乏起碼的免疫力，也無法治的基礎或民主的素養，更未按照循序漸進的原則，結果使得資本主義的醜惡面，得以發揮其無比的腐蝕力，造成經濟大亂、政治腐敗、社會脫序的景觀。相較之下，俄羅斯由於地廣人稀加上自然資源十分豐富，其全面擁抱資本主義的政策，或許在相當長的一段時間中，尚可承受土地及生產工具私有化之經濟代價及社會成本。但山多田少、人口稠密、資源相對匱乏的中國大陸，則肯定難以承擔同樣政策的後果。事實上，如今中共雖仍未開放國營企業私有化，也未放棄土地公有制，而且在實驗資本主義的過程中已遠較俄羅斯審慎與成功，但資本主義化的政策，也早已造成物慾橫流、道德破產、貪污泛濫、犯罪高漲的無法無天局面。由此又可見，資本主義因國情不同所產生的殺傷力，亦有高低之別。

但中共和俄羅斯已是國勢較強的大國。雖然資本主義化的過程，在兩國中皆已動搖了整個社會主義體制之基礎，並很可能令數十年來的「革命成果」付諸東流，但它們至少仍可藉可觀的政治或經濟力量，確保本身在國際社會中的獨立自主地位，不易任由先進資本主義國家宰割。但前東歐共黨國家和亞洲的越南或美洲的古巴，或許便不可能如此幸運了。除非它們能夠及早吸取中俄兩國急進政策的教訓，逐步選擇性地實驗資本主義的政策，並嚴防東西方列強之經濟侵略和政治滲透，同時堅守土地公有、企業國營等基本社會主義制度，否則勢難抵擋發達資本主義國家無比龐大的經濟競爭力量和社會腐蝕效應。這些國家若再地狹人稠、資源貧乏，則更有可能退化到社會主義革命之前的貧富懸殊、弱肉強食時代，甚至重新淪為先進資本主義國家的半殖民地。

但最為不幸的還是那些佔全球人口絕大多數的亞非拉美第三世界弱小國家。因為它們既無機會發展社會主義，而且其既有的資本主義經濟又早已被少數財團、政客和外資公司所掌控。事實上，由於發

達資本主義國家的長期經濟剝削和國內的政治壓迫，這些國家早已出現資源分配嚴重不均、社會階級尖銳對立的現象，而且陷入依賴和貧窮互相加劇的惡性循環。對於這些國家而言，在短期的未來中，由於社會主義陣營的瓦解及異化，上述國際經濟剝削和國內階級矛盾的現象，勢將繼續相互刺激而持續惡化。而這種情況也以人稠地狹、資源匱乏的國家，最為嚴重。

由以上看來，社會主義集團之崩潰和資本主義化，並未完全解除社會主義國家原有的困境，反而引發了一系列的新危機。對於第三世界的弱小國家而言，它更是加劇了既有的問題，甚至遲早帶來空前的劫難。這一趨勢及事實，又多少證明了社會主義和資本主義原是相互為補、但卻不該彼此完全取代的兩種經濟制度。如果說西方發達資本主義國家之富強及穩定，多少係因為它們只是吸取了社會主義之精華，但卻並未否定資本主義的緣故，則社會主義國家自也不可能在完全背棄社會主義的前提或基礎上，發展出健康的資本主義，達到國強民富、穩定祥和之目標。到底社會主義之平等、均富及祥和理想，至少是和資本主義的自由、利己和競爭思想，對全人類皆同樣具有永恆的吸引力。而中俄兩大國的資本主義化過程並不如預期中的順利一事實，已足以顯示，這一過程必將仍有反覆。

換言之，社會主義國家擁抱資本主義的結果，縱然可能帶動經濟之快速發展（例如中國大陸），也仍終將和古老的資本主義國家一樣，面對（或重新面對）財富集中、階級對立、環境惡化、道德破產等各種社會問題。而所有這些問題又將以人口稠密、資源相對缺乏的國度最為嚴重。事實上，單就整個世界的能源日益匱乏、生態不斷惡化之現有趨勢來看，地球本已不易長久維持先進資本主義國家之物質享受和能源消耗水準。社會主義國家之資本主義化，勢必加劇世界的能源危機及加速全球環境之惡化，更遑論人口持續膨脹的廣大第三世界國家一旦成功資本主義化之後果了。也正因為上述因素，資本主義國家之間爭奪資源與市場的古老競爭，在今後的年代中勢將再趨激烈和

白熱化，而且由於社會主義國家的資本主義化，而更加全面和尖銳。雖然在短期的未來，先進資本主義國家無疑仍將掌控世界的資源，並在和社會主義國家的經濟競爭中，保持顯著的優勢地位。但後者由於低廉的勞力和物價，勢必迅速對先進資本主義國家構成威脅，從而導致各種國際經濟和政治的矛盾和對立現象。果真如此，列寧的帝國主義論或將再度應驗，亦未可知。

事實上，上述有關能源及生態的因素，已經迫使許多先進資本主義國家，採取進一步社會主義化的政策，甚至包括對土地的使用權加以限制（如英日等國），以確保經濟之繁榮與社會之穩定。而整個西方資本主義世界所呈現的人性墮落、家庭破產、暴力泛濫現象，也促使各國百姓日益要求國家擴大干預私人領域及個人自由之幅面。即使是資本主義色彩最為濃烈、基礎最為牢固的美國，近年來也已開始考慮全面健保、節約能源、管制槍械等具有鮮明社會主義色彩的政策。凡此種種，皆顯示資本主義非但已經不可能脫離社會主義的制約而存在，而且就人類長遠的前途而言，其聲勢只怕也必江河日下。

由此觀之，社會主義國家的資本主義化政策，很可能延遲了它們本身以及弱小國家走向健康社會主義──也即是成功資本主義化的社會主義──的進程，而非根本否定了社會主義之價值和理論。顯然的是，這一過渡階段之久暫，在相當大的程度上，將取決於這些國家是否能夠盡早擺脫目前進退兩難的困境。在這方面，所有社會主義國家當前面臨的最大挑戰，便是如何在幾近失控的資本主義化狂流之中，堅持社會主義的基本制度和政策，同時減緩資本主義化的速度及幅面，並至少強化法律和道德的制衡力量，以維持政治的穩定和社會的秩序。就中長期而言，則堅實的法治基礎和某一程度的民主，仍是所有社會主義國家走向真正現代化不可或缺的要素。如果上述挑戰能夠順利克服。則中俄等國或尚有望締造一種具有資本主義色彩的新型社會主義，從而和已經多少社會主義化的資本主義大國一較長短，並駕齊驅。但這一艱巨的工程即使失敗，也未必證明資本主義從此便將

取代社會主義。它很可能只意味了另一次大規模的社會改革運動、甚至流血革命，仍將不可避免。

至於其他較為弱小或貧困的國家，且不論它們是否曾經由共黨所統治，其未來之命運也將多少取決於國際剝削和階級矛盾的程度，以及本國主觀條件之優劣。但由於資本主義的剝削本質以及上述全球性的客觀因素，這些國家如果不能主動保存或逐漸採納社會主義的制度與政策，則其內部要求改革甚至革命的呼聲，勢必與日俱增，並終將達到全面爆發的臨界點。就此而言，外國資本主義勢力縱有可能勾結本土政客及財團，延緩這一社會革命之發生，卻不可能長久壓抑必然日趨惡化的社會危機。更何況社會主義式的革命，看來仍是這些國家翻身自主的唯一選擇。由此觀之，社會主義非但不因蘇聯集團之瓦解和中越等國之變色，而從此走向末路，反有重振旗鼓的龐大潛力，不可等閒視之。而馬克斯對歷史發展階段之看法，至少到社會主義這一階段而言，也未必就此落伍，反有再獲驗證之可能。只是各國因主客觀條件之不同，演變的進程有先後緩急之別罷了。

四　海峽兩岸的競爭形勢

台灣和大陸的經濟發展經驗，多少分別驗證了資本主義和社會主義兩種制度的優缺點，以及兩者相互模仿和轉化的必要性和問題。

值得強調的是，海峽兩岸的經濟制度，原來皆帶有濃厚的社會主義色彩，雙方也都是在社會主義的基礎上發展資本主義。中國大陸截至一九七九年為止，是實行社會主義最為徹底的國家，自不待言。台灣雖然早在土地改革之時便已實行土地私有制，但迄今佔全島面積一半以上的中央山地，仍屬國有土地。而且大型企業(包括交通、金融、郵政等)長期亦係國營，直到近十餘年來才逐漸轉為民營。總計公營事業佔整體經濟的比例，如今仍居百分之二十左右。更重要的是，在發展台灣經濟的過程中，政府長期居於積極主導及嚴格管制的

地位，並通過專家治國、政治戒嚴、思想統一、道德重整等手段，一度大幅度壓抑了發展資本主義所帶來的某些弊病。中國大陸在一九七九年實行資本主義式的改革開放，也是在一黨專政、國家宏觀調控的原則下，逐步發展私營經濟（包括農副業、中小企業及服務業）。結果，台灣在三十年中，大陸在短短十五年中，先後皆締造出高速成長的經濟奇蹟。海峽兩岸的發展經驗，也因此證明了威權體制在落後國家走向資本主義化的過程中，具有關鍵性的催化作用。

但正因為國家（state）的勢力長期壓倒社會（society），台灣和大陸在模仿資本主義的過程中，皆未能致力於政治和民主的建設。相反的，經濟自由化的政策，迅速成為政治特權階級追求財富的工具和跳板。而新興資產階級（工商和服務界）則往往也須尋求和取得政治特權之庇護，始可穩定成長。如此一來，便逐漸演變而成官商勾結、賄賂公行的局面，從而阻撓了法治架構之建立，甚至進而破壞社會原已有限的法律基礎和法紀觀念。資本主義固有的醜惡面，更得以自由發揮其龐大的腐蝕力，終於導致金權腐化政權、物慾侵蝕社會的結果。中國大陸一九七九年開始的改革開放政策，尤其是在無法無天的「十年動亂」（文革）之後推出，又是在山窮水盡的貧困年代付諸實行，因而更難免同時遭受內外兩股資本主義狂潮之衝擊，迅速造成貪贓枉法日益普遍、追求財富不擇手段、社會道德一落千丈、貧富懸殊日益嚴重的各種亂象。

台灣雖然在資本主義化的過程中，沒有中國大陸那麼急躁和冒進，而且人民的物質水平係隨教育之普及而提高，但一九八七年解嚴後的民主化政策，卻仍是在政商已經掛鈎、風氣已經敗壞、法治基礎十分薄弱的環境下而推出。尤其是所謂「萬年國會」直到一九九二年才完成全面改選，但其所遺留下的特權觀念和包賭、包娼、包罪、包工程惡習，卻早已根深蒂固，難以掃除。結果，全面民主化和自由化的政策，非但沒有帶來秩序和文明，反而在台灣全島迅速造成金權干政、黑道橫行、暴力泛濫的無法無天局面。海峽兩岸的發展經驗，因

此又證明了，威權主義政體固然是變更經濟制度的先決條件，但卻未必因資本主義化而自動轉化為民主政體，反而有首先受到腐蝕、從而破壞法治、扭曲民主的龐大傾向，誠為兩岸社會現代化的共同困境及最大隱憂。

但台灣和大陸的發展政策，在本質上也有重大的歧異。即中國大陸長期厲行土地全面公有、大型企業國營、國防獨立自主的方針，從未依賴另一大國之支援，因而大幅度遏抑了貧富不均、社會動盪的主要根源，並奠定了本土化的重工業基礎。台灣則由於歷史的因素，四十年來皆以美國為馬首是瞻，不僅在國防工業上始終不能擺脫美國的控制，而且在經濟上也長期依賴美日兩國的科技，因此只能在民生工業方面有所成就，無法全面自力更生。而台灣基於意識形態而實行的土地私有制，則在自由競爭之環境下，逐漸形成財富集中、分配不均的社會現象。因此，台灣的經濟發展模式，又帶有相當程度的第三世界色彩。

由於上述之差異，台灣在兩岸和平競爭的形勢上，恐難長久維持現有的優勢地位。事實上，台灣由於未能貫徹「平均地權、節制資本」的社會主義政策，導致土地價格暴漲、公共建設嚴重落後、投資環境相對惡化、生活品質不斷下降的惡性循環。這也是台灣必須轉向大陸和其他國家投資的重要客觀因素。但由於台灣本身在高科技和重工業方面的基礎薄弱，單憑輕工業、石化業、和電子業等較為先進的工業，是否可能在中國大陸長久保持競爭力，實屬可疑。反之，大陸因為在改革開放之後，仍然堅守土地及大型生產工具國有之制度，在過去十六年中得以完成大量公路、鐵路、機場、碼頭等基建工程，並且繼續在城市規劃、住房改造、地鐵建設等方面，締造新績。由此又可見土地公有制之存廢，對地狹人稠的兩岸中國式社會，實在具有關鍵性的影響。但除此之外，大陸以重工業之基礎發展民生工業，又較之台灣試圖由輕工業升級為高科技工業為易為快。就此而言，中國大陸的外貿總額自一九八○年代起，幾乎是逐年成倍增加，並自一九九

二年起開始領先台灣，足見其民生工業發展之迅速，已對台灣之出口構成龐大壓力。

但中國大陸的經濟發展，也面臨重大的挑戰及阻力，即其法治和民主的建設，迄今幾乎全未開始。由社會主義轉換為資本主義，原來便必然面臨資本主義十分龐大的腐蝕影響，必須依賴有效的行政監督、紀律檢察、犯罪防治等制度，才能加以控制。整個政權體系更必須逐步實踐民主的機制和程序，才不致繼續腐化或墮落。而所有這些措施之是否成功見效，又以首先提高全面的文化水平及法紀觀念為要件。事實上，以中國大陸人口之多，幅員之廣，尤其不可能單憑中央政府的「宏觀調控」，解決各地出現的經濟發展瓶頸和各種違法亂紀問題。就此而言，海峽兩岸目前雖皆遭遇法治不張、公權力弱的共同問題，但台灣由於民主化的步伐已經大步踏出，而且百姓教育普及率及物質生活皆仍遠勝大陸，因此在強化民主機制及提昇法治水平方面，仍是居於優勢地位。這也是「台灣經驗」未來的最大希望所在。

就中長期而言，則顯然海峽兩岸皆須奉行相當程度的社會主義，始有望維持社會之穩定與進步。到底地狹人稠、資源不足乃是雙方的共有侷限。這也意味了台灣和大陸的資本主義化政策，必須設定較之其他國家更為苛刻的極限和目標，不可盲目或全盤地進行西化。其實，兩千年來的中國經濟制度，始終帶有濃厚的社會主義色彩，便已驗證了中國自然環境艱困、人口一向龐大的特殊國情。就此而言，大陸是否能夠堅守土地公有的社會主義最後防線，以及台灣是否可能逐漸更改土地私有之政策，恐將是雙方經濟能否持續健康發展、乃至在競爭中可否取勝對方的關鍵因素。歸根究底，土地問題原是影響中國歷代社會治亂的根源。其重要性在今後的年代中更只有可能增加，不會減少。因此，如果中國大陸所追求的是「具有中國特色(即資本主義成素)的社會主義」，則台灣也該是追求「具有中國特色(即社會主義化)的資本主義」才對。即兩者之不同，應只止於名稱之異，而非實質之別。至於何方能在這場競賽之中取勝，則端視誰能比較充分

地發揮資本主義和社會主義之優越性、但又同時有效地抑制兩種制度的顯著缺失了。

註　釋

(1) 參閱 V. Tismaneanu, *The Crisis of Marxist Ideology in East Europe* (London: Routledge, 1988); Zbgniew Brzezinski, The Grand Failure (New York: Scribners,1989); 宋鎮照、張保民合譯：《共黨政權之末路》(台北：國立編譯館，一九九五年)。

(2) George Dalton, *Economic Systems and Society: Capitalism, Communism, and the Third World* (New York: P. Smith, 1983).

(3) Irving Howe (ed.), *Essential Works of Socialism* (New Haven: Yale University Press, 3rd ed., 1986).

(4) Albert S. Lindemann, *A History of European Socialism* (New Haven: Yale University Press, 1984).

第二篇

問題和隱憂

第一章

交通亂象，舉世無匹

一個國家或社會是否文明和進步，無需探討它的歷史長短、文化深淺，只要根據五官可以感受到——尤其是眼睛可以看到——的事物，便可多少加以判定。因為眼睛可以看到、五官可以感覺到的東西，已足以反應出一個國家或社會有否法律及秩序。如果連明顯可見的環境皆呈一片亂象，則直覺感受不到之處，必然更是藏污納垢、腐敗不堪了。

台灣儘管在經濟上已經創造了一次奇蹟，台灣人的錢財也已到了「淹腳目」的地步，但台灣交通之混亂、公共運輸系統之落後、駕車人之無法無天、交通事故之頻繁以及其所造成意外傷亡比率之高，卻也名聞退邇，甚至已被外人譏為「世界第八奇景」，不僅令觀光客望而卻步，而且也使台灣居民有「一出門、入虎口」之感，終年生活在無名恐懼的陰影之下。雖然多次民意調查皆顯示，交通問題已成百姓最為詬病之社會問題，但政府對此沉疴重症，迄今卻仍無有效因應之良方。本章僅就此問題之原由及嚴重性，試作一初步探討及分析。

一　自用汽機車之快速成長

單從陸地交通亂象來看，其首要原因必推道路與車輛之供求失衡。就此而言，台灣政府在處理交通問題方面最根本的失誤，便是盲目效法美國任由自用汽機車成長之政策。殊不知以台灣的高人口密度和有限平地，根本沒有模仿歐美國家的客觀條件。而在民生經濟日趨富裕之際，政府對於道路之擴建、停車場之增設、捷運系統之發展，

以及各種交通法令之增訂，皆無前瞻性、全盤性之規劃。結果在車輛激增、道路不足、法令殘缺、且執行不力之情況下，便必然造成日益混亂的交通秩序了。

　　根據交通部的統計數字顯示，全台灣在一九九四年底共有小客車三百七十九萬輛，其中三百六十九萬輛（即百分之九十九）為自用小客車。再看自用小客車之成長率，則更為驚人。一九六一年時只有六千六百輛，一九七一年起開始急速增加。一九七六年已達十二萬七千輛，一九八一年增至四十三萬八千輛，一九八六年再躍升至九十五萬

表一：台灣地區公路及汽機車增長趨勢，1961－1994

年份	汽機車總數	各型汽車	小汽車		機車	公路里程
			總數	自用		（公里）
1961	56,774	24,201	8,968	6,671	32,733	16,291(0)
1971	957,259	130,803	55,111	32,824	826,492	15,746(0)
1976	2,347,298	337,600	170,984	127,416	2,009,698	17,101(44)
1978	3,167,559	449,504	255,667	194,821	2,718,055	17,326(44)
1981	5,413,407	821,860	506,291	438,052	4,591,547	17,530(382)
1983	6,674,135	1,079,526	687,860	610,243	5,594,609	19,842(382)
1986	8,696,045	1,501,843	1,046,660	956,625	7,194,202	19,885(382)
1987	7,702,150	1,743,396	1,254,955	1,159,701	5,958,754	19,945(382)
1988	8,930,878	1,311,840	1,579,121	1,480,478	6,810,540	19,981(382)
1989	10,205,185	2,586,147	1,969,291	1,868,389	7,619,038	19,997(382)
1990	11,465,251	3,005,113	2,328,439	2,225,174	8,460,138	20,041(382)
1991	12,574,943	3,342,054	2,636,228	2,535,277	9,232,889	20,053(382)
1992	13,870,077	3,813,038	3,033,651	2,932,796	10,057,039	20,102(382)
1993	15,190,089	4,241,117	3,416,848	3,317,580	10,948,972	20,159(447)
1994	16,536,838	4,658,772	3,798,847	3,697,267	11,878,066	20,159(447)

資料來源：《中華民國統計年鑑：民國八十三年》（台北：行政院主計處，1994），頁240－243；《中華民國交通統計月報》325期（1995年6月），頁68－69；*Taiwan Statistical Data Book: 1994* (Taipei: Council for Economic Planning and Development, June 1994), pp. 111－112.

六千輛，一九九○年破兩百萬大關，一九九二年底再破三百萬輛，一九九四年底達到現有的數字。而這一增長趨勢尤以最近八年來最為兇猛，每年皆在三十萬輛以上，一九九二年已達三十九萬輛，一九九三年再破紀錄，增加了四十一萬輛，一九九四年為三十八萬輛。總計自一九六一年至一九九四年底的三十三年之間，增長率高達五百六十五倍，實為當今世界各國所僅見。（見表一）

　　固然，小汽車之成長，原可顯示一國經濟富裕的程度。但若是道路里程及面積之成長率，不能同時相對提高，齊頭並進，則必然出現擁擠、堵塞及混亂之現象。不幸這正是台灣交通混亂的根本原因。據統計，全台灣的公路總長，在一九六一年時為一萬六千三百公里，到了一九九四年底，也只得二萬零一百公里，總計三十三年之中僅共增加了三千八百餘公里或百分之二十三點六，遠遠落在小汽車增長率之後。尤其是一九八三年至一九九四年小汽車增幅最大之時期，全台公路僅增加了百分之一點六。結果，一九六○年時，平均每一點八公里才有一輛小汽車，一九七一年時每公里尚只有三點五輛，到了一九八一年時，每公里平均已須容納二十九輛，一九八六年再增加為五十三輛，一九九一年是一百三十一輛，一九九四年底更多達一百八十八輛，遠遠超過了英國的五十五輛、南韓的三十七輛、日本的三十五輛、美國的二十三輛，足見公路不足之程度。（表一及註1）若以土地面積計算公路密度，則台灣是每十七點八平方公里土地才有一公里公路，比例上更遠遠高過日本的零點三四平方公里、英國的零點六八平方公里、美國的一點五二平方公里、韓國的一點八平方公里。（註2）因此，從任一角度來看，台灣目前都是公路建設嚴重落後、車輛數目則嚴重過剩的國家，交通秩序不亂都難矣！

　　再看公路交通之動脈──也是小汽車依賴最大的運輸管道──高速公路的總長及增幅，台灣也皆遠遠落在先進國家之後。截至一九九五年八月為止，全台的高速公路僅得四百四十七公里，甚至不如中國大陸的一千二百公里。人均擁有量便更微不足道了。這還不算。從

一九七八年中山高速公路歷史性通車之日起，有長達十五年之久未再
增加一寸高速公路。直至一九九三年八月北二高線部分啟用之後，全
台灣高速公路的總里程，才再增加了六十五公里，或百分之十八左
右。但同一時期之中，小汽車的數量則劇增了接近七倍，幾達二百萬
輛。在如此路車增幅懸殊龐大的情況下，高速公路自然難免日益堵
塞，乃至經常癱瘓了。(表一)

我們若從車流量之急速增加，也可看出高速公路超額負荷之程
度。一九七八年中山高速公路全線通車時，總車流量為三千九百萬輛
次，其中小型客車為兩千四百萬輛次，約佔總流量的百分之六十二。
到了一九九四年底，總車流量增至三億五千萬輛次，為一九七八年的
九倍。小型車則為二億七千萬輛次，佔總流量的四分之三，而且是一
九七八年的十一倍。難怪自一九八○年代中期起，高速公路的堵塞現
象一年比一年嚴重。事實上，到了一九九○年代，台灣高速公路全線
每天皆要出現許多瓶頸，若逢連續假期，則必然更是車隊大排長龍，
甚至全線塞車，不僅高速公路變成慢速公路，而且接近南北都會區的
路段，更隨時有變成大停車場之可能，駕車人無不視為畏途。一九九
四、一九九五、一九九六連續三年的元旦和春節連續假期，高速公路
北部路段更出現長達一百餘公里動彈不得的現象，由此可見路車失衡
日益惡化之程度。(註3)

更糟的是，機動車輛的增加又不只限於自用小汽車。成長速率
同樣驚人的是摩托車。正因為道路里程之不足，以及小汽車之價格不
夠普及化，加上台灣地狹人稠之本質，所以摩托車較之小汽車更受百
姓之歡迎。據統計，台灣在一九九四年年底擁有摩托車之數量已僅次
於日本，高居全球第二，甚至遠遠超過了歐美西方各國，共達一千一
百八十七萬輛，相當於每一點七人便擁有一部。若以土地面積計，則
全台灣機車的密度，又是日本的十倍以上，更是舉世無匹，實可稱為
「摩托車王國」。再看過去三十年的增加速度，也同樣令人嘆為觀
止。一九六一年時，台灣只有三萬二千餘輛摩托車，一九七一年劇增

為八十二萬六千輛，一九七六年突破二百萬輛，一九八一年再破四百五十萬輛，一九九二年更破一千萬輛大關，自一九八一年以來，連續十餘年每年增幅皆在七十萬輛以上，一九九二年到一九九四年間，每年增幅更達九十萬輛。總計三十三年來的總增長率高達三百七十一倍，又是另一世界紀錄。(表一)

若以佔用公路里程計，則台灣的公路，目前平均每公里已有五百八十九輛摩托車。即每輛摩托車平均只能分配到一點七公尺長的路面，正好排滿台灣二萬公里的道路，密度之高，實已到了匪夷所思的地步。因此，「摩托車王國」之名，並未為台灣帶來絲毫美譽，反而加劇、加深台灣的亂象，從而嚴重貶損了台灣的國際形象。由於摩托車在週轉、調度、停放等方面，皆遠較小汽車方便和靈活，因此不論大街小巷，皆可四處停放、橫衝直闖，甚至倒行逆駛，幾乎完全不必遵守任何交通規則。龐大數量的摩托車更排放大量的噪音及有味廢氣，嚴重污染空氣及生活的環境。在道路面積已經嚴重不足的客觀環境下，在幾近人手一車的低比例機車擁有率之下，於是台灣各大城市的行人道已幾乎完全被非法停放的摩托車所堵塞。上下班時間所呈現的，則更是車聲震耳、污煙滿天、瘴氣撲鼻、大小車人爭道、險象環生的極端混亂景象，實又蔚為當今世界一大奇觀！

二　大眾運輸系統的不足和萎縮

現代化的國家，基本上是一高度城市化的社會，也即是人口密集於大都會的社會。因此大眾運輸系統——尤其是捷運系統，便成為必不可缺的交通動脈。也只有完善的大眾運輸網路，才能同時維持現代化社會的高度機動性和良好秩序。因此，所有先進國家在容許私用機動車增加之餘，皆必同時大力開發大眾運輸系統，並藉以遏抑小型車輛之惡性膨脹。但台灣的情況卻正好相反。過去三十年——尤其是過去十年之中，和私有汽機車數量暴增同時出現、且又互為因果的另

一現象──也是台灣交通混亂的第二大原因，便是大眾運輸系統的不足及萎縮。後者又以各大城市公共汽車數量之減少最為顯著。

由於政府缺乏抑制汽機車成長、同時大力發展公車、鐵路和捷運的政策，結果購用私有汽機車的人數愈多，搭乘公共汽車的人愈少，營運所得之利潤也愈低，從而迫使公車縮減路線及班次。其對城市居民所造成的不便，又回頭鼓勵私人購買汽機車，因而形成惡性循環。而大量私家車所帶來的擁擠和堵塞現象，又使公車的營運成本更為高昂，甚至完全無利可圖，從而進一步危及它們的生存。

據統計資料顯示，全台灣的人口自一九六一年至一九九四年的三十四年中，共增加了九百六十八萬人，或百分之九十。各型客運公車的數量在同一時期中雖然也增加了九千三百餘輛，或四點二倍，但

表二：台灣公車及鐵路客運成長趨勢，1961-1994

年份	公民營客運車數	載客量(千人)	營業鐵路里程(公里)	年載客量(千人)
1961	2,869	520,721	1,854	124,483
1966	3,973	779,546	1,633	139,371
1971	6,130	1,350,732	1,556	141,524
1976	8,823	2,107,198	1,315	143,326
1981	11,477	2,054,982	1,181	131,666
1983	12,843	2,055,680	1,156	130,390
1986	13,500	2,080,339	1,166	131,782
1987	13,619	2,007,613	1,166	134,367
1988	17,293	1,888,778	1,155	132,315
1989	13,869	1,754,194	1,155	127,973
1991	13,422	1,560,929	1,129	137,784
1992	13,218	1,480,962	1,192	149,874
1993	12,175	1,413,955	1,192	158,034
1994	12,213	1,307,039	1,192	160,329

資料來源：《中華民國統計年鑑：民國八十二年》(台北：行政院主計處，1993)，頁480-482，485-486，《中華民國交通統計月報》325期(1995年6月)，頁52，58；328期(1995年9月)，頁62-68。

主要的增加時期卻是在一九八六年之前，也即是在自用汽機車急速增長時期之前。事實上，從一九八三年起，全台灣的公民營客運汽車數量，長達十年是成停滯狀態，即維持在一萬三千輛上下，不再增加。一九九四年底反而減少了一千輛，只剩一萬二千二百輛。若以載客人數來看，一九六一年是五億二千萬人次，一九七六年達到二十一億零七百萬人次的歷史最高峰。但自該年以後，總載客量幾乎是逐年下降，尤以一九八八年以來每年遞減一億人次最為可觀。到了一九九四年底，總載客量只剩十三億零七百萬人次，較一九七六年減少了整整七億人次，或三分之一強，足見大型公民營客運萎縮之幅度。（表二）而此一趨勢又以主導台灣各地區、各城市之間公路交通的台汽公司（前身為公路局）之營運狀況最為明顯。曾經一度風光無限的公路局，自一九八○年民營化後，載客量逐年持續下降，一九九四年的客運量，僅及一九八一年的百分之三十九。一九八八年起更是連年虧損，一九九四年的累計虧損額高達新台幣四十三億元，外加負債兩百餘億元。若非省政府緊急補助，早已面臨破產的命運。（註4）

　　但影響最大的還是各大城市客運公車的萎縮。據統計，全台灣各縣市公共汽車的載客量，由一九八五年的十億零八百萬人次逐年遞減，一九九四年只剩下七億一千萬人次，流失量達三分之一。事實上，目前除了台北、高雄、台中三市的公車尚維持起碼的行車網路之外，其他包括基隆、台南、新竹、宜蘭在內的中小城市，公車幾已退化到有線無車的半休眠狀態，旅客往往必須等候四十分鐘至一小時以上才有車可搭，除非地方政府大力補貼拯救，否則估計很快便將完全淘汰。但即使是北高兩市的情況亦不樂觀。高雄市在一九七七年時只有公車二六二輛，但每日的平均載客量卻有二十八萬人次。此後有近十年期間，全市公車數目雖有大幅增加，達到一九八七年的最高峰──五百四十一輛，但每日平均載客量卻持續下滑，同年僅得二十一萬五千人次。一九八七年以後，公車營運量更不斷萎縮，不僅車輛數目逐年減少，乘客更急劇下降。一九九四年僅餘四二四輛公車，載

客量更減少到八萬五千人次，流失乘客達三分之二。結果市公車處年
虧損額高達五億四千萬元。另一方面，汽機車之數量則以驚人的速度
成長，迄一九九四年元月，高雄市共有二十九萬輛小汽車、九十四萬
輛摩托車，兩者總和已逼近高雄市的以一百四十萬人口，並且每月仍
以小汽車三千輛、摩托車七千輛的速度增加。一向以道路寬敞著稱的
高雄市，九〇年代以來也已開始塞車，而且一年比一年嚴重，前景委
實可慮。(註5)

　　再看應屬台灣首善之地的台北市，情況更不樂觀。雖然比起其
他城市，台北仍是公車路線最多、載客量最大之城市，但最近十八年
來公車運輸也呈顯著萎縮趨勢。據統計，一九七七年台北市有公民營
公車二〇七六輛，每日平均載客量為二百三十二萬八千人次。一九八
六年增至三二五〇輛的歷史最高峰，每日載客量亦上升至二百五十餘
萬人次。但自此以後，公車及載客數目逐年持續下滑。到了一九九四
年年底，全市公車只剩下二七四八輛，載客人數降至一百八十餘萬人
次，減幅達百分之二十三，僅相當於一九七六年的水平，營業虧損則
高達四億八千萬元。相反的，同一時期之中，自用小汽車則由五萬七
千餘輛，增至五十六萬二千餘輛，增幅近十倍之多。摩托車也由一九
七七年的二十四萬五千輛，劇增至一九九四年底的一百零二萬三千餘
輛，增幅亦達四倍以上。(註6)據報導，現在即使是台北市的「公車
族」，也只剩下老弱婦孺及學生。稍有自我保護能力的人，皆已使用
汽機車代步。

　　由於道路里程和面積的成長率，遠遠落在汽機車之增長率之
後，結果導致台北市區交通日益堵塞。據統計，一九八一年底至一九
九四年底的十三年之間，台北市的道路面積共僅增加百分之二十五點
二，小汽車的數目卻增加了四倍。公用小汽車停車位雖然在同一時期
也增加了四倍左右，但絕對數字僅有四萬四千餘個，僅及台北市所有
小汽車數量的十二分之一。換言之，每十二輛小汽車中，僅有一輛有
公用車位可停。難怪台北市的小汽車寧可罰款也要違規停車了。摩托

車的停車位在同一時期雖然也增加了一倍，但總共卻只有四千六百餘個，而且絕對數目在最近五年是直線下降，其結果更是可想而知。(註7) 事實上，由於汽機車之大量增加，目前台北市重要幹道在尖峰時段的平均行車速度，多已在每小時十公里以下，嚴重時每小時只有五公里，比步行還慢。而車輛在道路上延滯的時間，則已佔全部行車時間的七成以上，使得整個都市運輸的機能已出現嚴重的危機。(註8)

再看南北交通的另一大動脈──鐵路──的運輸狀況，也出現萎縮及不足的趨勢。一九六○年，全台灣營業用的鐵路總長(包括林管局及台糖小鐵路)為一千八百五十三公里，但此後年年持續減少，主要原因是日據時代建成的數百公里台糖小鐵路逐漸停止營運。到了一九九一年更降至歷史的最低點──一一二九公里。一九九二年由於南迴鐵路之通車，才回升至一一九二公里，但仍較一九六一年減少了百分之三十六之多。此後鐵路總長便未再增加。(表二)若以土地面積計，全台灣目前每平方公里僅得鐵路三十三公尺，是英國的五分之一，日本的三分之一，南韓的二分之一。人均佔有量則更可憐，每人僅可分配到五十七公分的鐵路，是英國的十一分之一，日本的六分之一，南韓的三分之一。(註9)換言之，台灣的鐵路網路，已自五十年前日據時代的先進地區，淪為今日世界的落後國家，能不令人慨嘆?!其對大眾運輸系統的負面影響，更可想見。

再看鐵路交通的功效，則更差了。據統計，全台灣鐵路列車每日行駛班次，僅在一九六六年到一九八一年的十五年之間，從九八○次逐漸增至一三四二次。自一九八一年起卻逐年減少，到了一九九四年底只剩下一○○九次。(註10)尤其令人訝異的是，西部鐵路幹線雖然早在一九七九年完成全線電氣化及三百餘公里的複線工程，北迴鐵路也在同年通車，東部幹線又在一九八五年拓寬，但旅客之運輸量竟然毫無增加之趨勢。相反的，台灣鐵路局的年載客量在一九七六年達到一億四千萬人次之歷史最高峰後，有長達十五年之久，是徘徊在一億三千萬人上下，直到一九九二年南迴鐵路完工通車後才再破一億四

千萬大關，一九九四年再升至一億六千餘萬人次。(表二)但即使這一數目，也只說明台灣鐵路客運量平均每日僅有四十三萬人次，還不到香港羅湖到九龍段三十四公里長鐵路日運客量的四分之三，可見利用不足之程度。結果，鐵路客運自一九八一年起，年年虧損，而且成倍上升，到了一九九四年已達七十二億元之鉅。(註11)但實際上由於人口的增加，旅客對鐵路運輸的需求年年有增無減，而且每逢連續假日也是一票難求、超量載客，足見鐵路客運之成長停滯現象，其實也反映出班車密度及列車容量長期不見改善之事實，委實有負增建路線、複線行車及電氣化之原有目的。

至於都會捷運系統之建設，則台灣更是十足的落後國家了。世界最早的都會捷運系統，是在一八六三年的倫敦建成，至今已有一百三十三年。緊接倫敦之後的是紐約(一八七○)、布達佩斯(一八九六)、波士頓(一八九八)、巴黎(一九○○)、柏林(一九○二)、東京(一九二七)和莫斯科(一九三五)。即使是中國大陸，也在一九六二年便已建成第一條地下鐵。在亞洲四小龍之中，台灣更是唯一還沒有一條完整都市地下鐵的國度，而且是遠遠落在其他三國之後。(漢城一九七四年建成，香港一九八○年全線通車，新加坡一九八七年完成)。都會捷運系統之欠缺，因此也構成台灣城市秩序紊亂、交通堵塞的另一原因。雖然台北市的捷運系統已在施工之中，但主要幹線最早亦需至公元兩千年始可通車。而且即使全線通車，其總長度亦不過八十八公里，僅及東京的三分之一，漢城的三分之二。據估計，到了二○○○年時，台北的捷運系統也僅能承載現有都會客運總量的四分之一，要到公元二○二一年加建四條輔助線路之後，始可負擔一半以上的客運量。(註12)換言之，即使是在最理想的狀況之下，台北市的交通壅塞現象，也要到三十年之後才有望開始紓解。但以近年來台北市各式汽機車每年增加至少十二、三萬輛的速度估計，只怕台北市的交通，不需到本世紀末，便將陷入癱瘓狀態。(註13)

台北市的情況尚且如此，其他城市的捷運系統便更不知何年何

月可能出現了。高雄市雖已完成規劃，並經政府核定興建，但規模甚小，僅及台北之一半，全程只有兩條線路，總長不過四十二公里，而且能否如期在民國八十五年動工，尚未可知。(註14)即使準時開工，也需俟公元二〇〇五年之後，始可全線通車。估計屆時高雄市之人口將增至三百萬人，汽機車數目也將再升至二百五十萬輛以上。(註15)今日設計的捷運系統，是否也能滿足高雄市十年後的需要，亦屬可疑。已可斷言的是，高雄市的交通秩序在公元二〇〇五年之前，已無可避免地將持續惡化。其他大城市則將由於捷運系統之完全欠缺及汽機車之繼續增加，交通更勢必加速走向全面癱瘓之困境，形成台灣社會最為凸顯及嚴重的危機。

三　百姓違法普遍、工程弊端百出

　　台灣交通之混亂，尚不只是政策失誤及硬體設施落後的問題，法紀觀念不張、百姓普遍不守規則，猶如火上加油，造成交通秩序之更加紊亂及脫序。這一現象尤以公路交通最為嚴重，而其中汽機車之駕駛人更須負擔絕大部分的責任。不守交通規則最為普遍的現象，是不遵守交通號誌的指揮及車道使用之限制。世界上大概也只有台灣的汽機車是看交叉路口側面的綠燈轉黃色之後，便行開車，而不待自己眼前的綠燈顯現，更往往在紅燈出現之後還繼續闖關。各城市中汽車、摩托車、人行道之區分，則早已形同虛設，斑馬線更是歷史名詞，年輕一代甚至已不知其為何物。

　　事實上，台灣行車的混亂程度，至少可用「快、搶、逼」三字概括，也即是到了無車不快、有路必搶，大車逼小車，小車逼行人的可怕地步。不論大小公路，只要路況允許，各型汽機車必然是超速行駛，而且經常右側超車，極盡「鑽營」之能事。此外，不論大小車輛，也不論任何時辰，都是爭先恐後，能快則快，能搶必搶，完全置他人之性命與安全於不顧。行車速度若不夠快速，或在十字路口稍有

「急慢」，則後面車輛必是燈光喇叭齊用，逼迫加速或讓路。總之，台灣馬路上所呈現的，絕非「文明古國」之禮讓風度或紀律，而是蠻荒地帶的自私自利及罔顧人權。尤其惡劣的是計程車，不僅普遍非法安裝連聲喇叭，咄咄逼人，而且幾乎是蛇行開車，完全不顧他人之安危。近年來，計程車更積極參與政治活動，在都會地區動輒聚集數以百計的車輛，慢駛或擋路，從而陷交通於半癱瘓狀態。一九九四年起，警方又不斷查獲計程車及高級轎車私裝警方專用的警笛或紅色閃燈，並且在公路上大膽鳴放及使用，以便搶用道路，更屬天方夜譚。

上述超速行車，以大逼小、強迫讓路的現象，在高速公路上更是屢見不鮮，每每造成險象環生。一般私用小汽車甚至普遍裝置預警器，以逃避公路上超速偵測器之監控。據統計，多年來高速公路上的違規事件，一直以超速和行駛路肩兩項高居首位，每佔所有違規案件七成以上。以一九九四年為例，國道公路警察局在高速公路上共舉發違規案多達一百八十八萬宗，罰款高達五十億元，兩者本身皆是空前紀錄。而在所有違規案件之中，僅僅是超速行車便佔了三分之二，達一百二十五萬餘件。路肩行車則高居第二，達二十一萬六千餘件，佔九分之一。這還不算，為了逃避高速公路上因超速行車而遭取締及罰款，一九九四年之中，故意在車後張貼反光紙或模糊車牌號碼、甚至將車牌拆下的案件，竟也高達八萬九千餘件，僅次於無照駕駛的九萬二千多件，名列第四位。名列第五者則是大型汽車未依規定在慢速車道行駛，達六萬八千餘件。以上已是在交通警力不足之情況下緝查所得的保守數字，足見百姓普遍不守交通規則的地步。(註16)

至於摩托車的違法亂紀現象，則更是罄竹難書了。最為普遍者是幾乎完全無視紅綠燈之信號，我行我素，更不遵守直角轉彎的規定，橫衝直闖。佔用汽車道乃至於快車道，以及在汽車羣中任意穿梭，高速行駛者更屢見不鮮。近年來又不斷出現呼嘯飛車、目無法紀、動輒行兇殺人的「飆車族」，對汽車駕駛者和行人皆造成極大之困擾和威脅。同樣惡劣的是在人行道上駕駛以及在路旁逆向行車，但

求自己方便，而置最起碼的行車規則及行人安全於不顧，委實可稱名符其實的「橫行霸道」，也充分反映出台灣百姓自私自利、無法無天的民族本性。全世界大約也只有台灣的摩托車，是有可能毫無警告地在任何時間、任何地點、從任何方向突然出現的機動車輛，因而嚴重破壞城市交通之起碼秩序及安全。若說摩托車已成台灣的「馬路之虎」，絕不為過。

　　由於上述無法無天的現象，台灣交通事故之多以及傷亡率之高，早已名列世界前茅。據報導，中山高速公路自一九七八年通車至一九九三年十五年之間，共發生車禍四千八百九十四件，其中「未保持安全車距」和「駕駛不當」乃是肇禍原因之首，每十件中便佔了六件以上，大型車比率更高，可見以大逼小、比快逼慢現象的嚴重程度及其惡果。又根據交通部的資料顯示，台灣每年數千件有紀錄的摩托車交通事故之中，有多達二至四成的肇禍騎士是無照駕駛，其中未滿十八歲的少年竟近四成之多，十八至二十二歲的青年則居第二位，又可見青少年違法違規駕車之泛濫程度。(註17)結果，自一九六六年以來，台灣民眾因「意外災害」而死亡的人數，連續二十八年是高居十大死因的第三位，並且是排名世界之冠。據統計，一九九四年，台灣每十萬人中有六十三人死於「意外災害」，遠遠超過了香港的十五人、英國的二十一人、日本的二十八人、美國的三十七人。而意外死亡事件之中，又以汽機車交通事故致死的人數最多，每年逾七千人，佔了所有意外死亡人數的五成五，或每十萬人中有三十四人。這一數字也是世界第一，而且是香港的六倍、英國的四倍、日本的三倍，並且已和以色列、巴勒斯坦間交戰區的死亡率相當，足見台灣的馬路，已經到了危險如戰場的地步。事實上，據調查統計，一九九〇年到一九九三年之中，每年因交通事故而死亡的人數中，有多達二成是完全無辜的行人被汽機車撞倒所致。而行人的死亡率則更已超過汽機車的駕駛者或乘客，並且有百分之六十以上是在公路兩旁被撞致死。台灣百姓在汽機車的橫行肆虐之下，委實命如草芥。而每年因交通事故而

表三：台灣地區意外死亡人數，1983－1994

年份	死亡總人數	每十萬人死亡率	交通事故死亡人數	每十萬人死亡率
1983	11,204	60.25	5,661	30.44
1984	11,559	61.25	5,914	31.34
1985	11,284	58.97	5,742	30.01
1986	12,187	62.96	6,510	33.63
1987	13,024	66.57	7,240	37.01
1988	13,730	69.38	7,733	39.03
1989	14,047	70.22	7,851	39.24
1990	13,928	68.85	7,569	37.41
1991	13,636	66.66	7,498	36.66
1992	13,152	63.68	7,377	35.72
1993	13,270	63.65	7,499	35.97
1994	13,208	62.79	7,415	35.25

資料來源：《台灣地區公私立醫院診所診治疾病與傷害調查報告》（台北：行政院衛生署），1985－1994；《衛生統計》（台北：行政院衛生署），1984－1994.

受傷就醫的人數，則更高達死亡人數的四十八倍，即三十五萬人。(表三及註18)由此看來，台灣百姓真不啻是生存在車林輪雨交逼、處處死亡陷阱的惡劣居住環境中。

　　但台灣百姓違反交通管理條例之普遍性，又遠遠不限於動態的公路交通。例如根據交通法令，騎樓下的通道應屬公共走道，只供行人使用。但在台灣，不論大城小鎮或住宅區，這一規定皆已形同具文。民眾將此走道霸佔為私家停車位者有之，堆積貨物者有之，擺設電玩機器者有之，開設各種賣場者有之。最惡劣者莫過於違建加蓋，或將門前走道範圍隔離成他人無法通過的庭院。總之，城鎮中的人行走道，已幾乎成了店鋪所有者的專用區。台灣也因此是世界上唯一城市中沒有專用行人走廊的國家。行人每每必須在擁擠的馬路(虎口)邊緣行走，隨時有生命之危險。這還不算，在純屬住宅區的大廈或公

寓，一樓店面的擁有者更往往得寸進尺，將騎樓下行人走廊外面的公
用道路，霸佔為自己的專用停車位或廣告區。客氣者放置「請勿停
車」之牌欄，兇惡者乾脆放置各式路障，公然畫地為界，不許他人停
車或使用。遇有婚喪慶典，則更將大半條馬路據為己用，肆無忌憚地
搭蓋祭壇、擺桌置酒，其公產私用、妨礙交通之程度，委實已到匪夷
所思之地步。此一景觀也是舉世皆無、台灣獨有的亂象。

　　上述非法佔用馬路作為私人賣場的現象，在台灣各地又以檳榔
攤最為刺眼及普遍。據估計，全台灣目前共有兩萬餘家檳榔攤，但其
中合法領有執照者僅四十八攤。(註19)若以全台公路里程總長計，則
平均每公里至少有一個檳榔攤，不論是總數或密度，又是全球第一。
由於檳榔攤的主要顧客便是汽機車的駕駛人，因此往往擺設在十字路
口或馬路邊醒目且可停車之地點，因而不只佔用道路，而且影響行
車。更惡劣的是，這些本身違法的攤販竟然每每自定法律，規定除了
顧客之外，不准任何其他車輛停放在其前後，以免阻擋財路。如此公
然普遍佔用公共道路之現象，顯然又直接妨害正常車流及行車安全，
進一步加劇交通堵塞之現象。

　　以上種種違規亂法行徑之普遍性，也可見諸於數據。據統計，
單是一九九三年，全台灣因違反交通管理條例而遭受取締處罰的案
件，便近六百萬件，罰款超過新台幣三十四億元。換言之，即平均每
三點五個台灣人(包括老弱婦孺)中，便有一個觸犯法規，而且受到處
罰，足見一般百姓目無法紀之程度。(註20)但更有不屬上述統計範圍
之內的是，自一九八七年解嚴以後，由於台灣民眾的「參政」熱潮日
高，凡遇有爭議性的政治事件或現象，反對派人士往往成羣走上街
頭，進行「肢體」抗爭。他們動輒佔據交通要道、包圍政府機構、衝
擊公共建築物，甚至公然和警察人員大打出手，不僅交通為之中斷，
而且路人也每遭無妄之災，不啻又加劇、加深了既有的交通亂象。據
統計，街頭抗爭、聚集滋事的馬路事件，自一九八七年以來數字不斷
上升，即使經過合法申請者每年平均已在三千宗以上，參加人數逾百

萬人。未經申請或核准之示威活動，平均每年亦達一千件以上。(註21)而在所有這些事件中，警察不僅未能積極取締違法的肇事羣衆，反而往往成為羣衆暴力行為的主要受害者，更是二十世紀的奇聞怪譚。(註22)

　　以上各種現象所集合而成的，便是一個極端混亂、無法無天的畫面，而且是舉世皆無，台灣獨有。但所有這些亂象，除了皆與人車爭地、路車失調一因素不可二分之外，追根究底，還要歸咎於執法欠嚴、土地炒作、官商勾結、貪污盛行等制度上的原因，不僅使得既有的大衆運輸系統營運績效不佳，虧損連年，而且也令新的公共交通建設，長期落後並難以推展。就此而言，台北市捷運系統的興建過程，或可視作最為凸顯之近例。台北市的都會捷運系統，雖然早在一九七六年便開始進行研究和規劃，但一直到一九八八年始簽約動工，前前後後拖延長達十四年之久。然而，在動工之前，已經黑幕重重。一九八七年動工之後，執行機構、承包廠商、施工單位之間，又頻頻變更設計、延長工期、追加預算，宛如事前毫無規劃一般。結果，整個工程長度不到九十公里，工程標卻多達一百七十個，小小一只垃圾筒，報價竟高達兩萬八千元，全部預算更自原來的新台幣一千六百億元，追加至目前的四千四百億元，平均每公里造價達五十億元，真不啻是「寸鐵尺金」，也因而成為全球最昂貴的捷運系統。(註23)

　　這還不算，從開工至一九九六年一月已近九年，第一條路線尚未通車，卻已弊端頻見，紕漏百出。除了一連串的貪瀆失職案件導致捷運局局長更換四人之多以外，工程上的瑕疵更是不斷增加及擴大。僅僅是木柵線一線，自一九九〇年起，便已發生重大事故十餘起，尤其是一九九三年九月開始試車以後，短短不到兩年的時間，便發生火燒車廂、列車出軌、電腦失靈、輪胎爆炸等八起全係直接危及乘客安全的事故。其品質之差，不僅早已貽笑國際，也令台北市民信心大失。結果，原訂第一條路線之通車時間一延再延，從試車起經過長達兩年半之久，始於一九九六年三月底通車。(註24)。整套系統之完工

日期，則勢必要延到二十一世紀，施工之品質恐更將創下世界捷運系統低水平之新紀錄！

在中央政府直接監督之下的台北市捷運工程，尚且弊端百出，浮濫至此，其他城市捷運系統的前景，自然更加黯淡了。再看高速鐵路之興建，更是具有高度的爭議性。整個計劃尚未定案，總預算已自原來估計的新台幣四千二百六十億元，漲至目前的五千億。完工日期則已延後三年，到公元二〇〇三年始能通車。且不論將來預算會否再如台北捷運一樣成倍增加，完工日期是否也會一延再延，僅僅是用作收購土地之款項便高達九百五十億元，佔全部預算的百分之二十。而短短不到四百公里路線，竟因各級民意代表的壓力，不斷修改路線，所設車站更由原定的五個，先增為七個，後加為九個，再增為十一個，最後竟多達十三個之多，即平均每三十餘公里便要停車一次，較之目前自強號特快班車還多。如此行車速度豈有可能拉高?!又據估計，高鐵完成後每日輸送旅客到公元二〇一一年時，也不過十九萬人次至二十五萬人次，尚不及目前台灣鐵路局客運量的一半，因此整個工程是否合乎經濟效應，誠屬可疑。(註25)若再以台灣鐵路局的經營紀錄，則不知高鐵還要增加多少新的巨額虧損?!

事實上，僅僅是西部鐵路幹線鋪設雙軌的工程，若是全部完工，總運輸量已可增加百分之八十以上，相當於再建一條鐵路，但自一九六〇年代動工至今，已有三十年之久，卻仍有竹南至豐原間約五十七公里路段的複線工程，據稱因難度較大而一延再延，自一九八七年七月動工迄今已進入第九年，卻仍只完成百分之七十二而已，從而造成南北鐵路運輸之長期瓶頸。(註26)以此技術水平和施工效率來興建屬於高科技的高鐵，實不知要出多少大的紕漏?!據報導，興建高鐵的效益根本未經審慎的評估，而是財團們所出炒作土地的新招，更反映出金權干預政府決策程度之深。果真如是，則高鐵即使順利完工，其品質恐亦等而下之，聊勝於無罷了！其實，北部第二高速公路之興建，也是一樣弊端百出。全線不過一百公里，但僅收購土地便拖延五

年之久,使得公路沿線地價飛漲十倍以上。及至一九八七年開始動工後,又因地主抗爭,工程幾度延擱,設計不斷變更,預算則從五百億元暴增至一千七百餘億元,工期由原訂五年延長為至少十年,整整增加一倍,是否可能如期完工,迄今仍未可知。由此看來,台灣鐵公路之有效擴建,委實難如登天。(註27)

再看擬議中的台北市直通桃園中正國際機場的捷運系統,總長度不過三十五點三五公里,初步估計總經費卻已需新台幣四百五十億元,平均每公里造價近十三億元,雖遠不及台北市捷運系統每公里五十億元的世界紀錄,但平均每公尺也達一百二十萬元,或每公分一萬三千元。所以還是寸鐵寸金的「天價」。這塊「政治大餅」如今已成各大財團和其「民意代表」仲介人搶奪的目標。整條路線之規劃先後更多達六條,而且迄今仍未定案。將來工程品質如何維持,更是無人敢作任何承諾。而且施工期預估便是五年,即使如期在一九九九年動工,並在二〇〇三年完工,台灣第一空港的對外陸路交通,在今後七、八年中仍將維持十餘年來的落後狀態。(註28)

台灣交通工程之落後,弊端之嚴重,只需拿香港來比便可看出。過去的不談,香港目前已經積極施工中的赤鱲角新機場,一九九七年七月便可開始運作,但其工程之浩大,卻屬舉世無匹,不僅包括一條三十四公里長(和中正機場捷運系統幾乎等長)直達市區的快速鐵路,而且還有兩座鐵公路合用的跨海大橋,一條海底公路隧道,以及五條新公路。除此之外,新機場本身佔地便達一千公頃,且全靠移山填海而成。即使不論其建成之後將躍居世界三大機場之一,絕非中正機場所可望其項背,單就所有工程之總經費而言,竟然不到港幣一百六十億元(相當於新台幣五百六十億元),工期更是只有五年半而已(一九九二年十二月至一九九七年六月),從台灣的角度看,簡直不可思議。(註29)香港不過是一個殖民地而已,但其捷運網路之發達和一般大眾交通工具之方便,早非台灣任何城市可以相提並論,如今又百尺竿頭,更進一步,攀登全世界的高峰。相形之下,台灣「發展大眾

運輸系統」的口號和「亞太營運中心」的構想，豈非痴人說夢或天方夜譚?!總之，台灣百姓距離享受真正方便、安全和舒適的大眾交通網路，看來還有一段漫長的日子要等。這也意味了台灣交通的各種亂象，至少也要持續到二十一世紀，而且在可以預見的未來十年，勢必更趨惡化，誠為台灣社會及經濟發展的根本阻力和最大隱憂。

四　交通亂象的社會影響

　　台灣的交通混亂問題，正如中國大陸的人口爆炸問題一樣，本質上是因為資源和人口間的失調所致。唯一的差異是：在台灣，是道路的成長速度，遠遠趕不上車輛的暴增，而且由於地狹人稠，也沒有可能趕上。加上政府長期缺乏發展大眾運輸系統——尤其是捷運系統——的遠見，又沒有一套抑制汽機車成長之政策及法規，結果，在台灣社會逐漸富裕之際，既有的鐵公路交通已不能滿足日益都市化及日趨機動性社會的需要，使得百姓必須轉而購買自用汽機車代步。而此一趨勢又回頭助長現有大眾運輸系統之萎縮，終至形成惡性循環，陷入目前進退兩難的困境。

　　但在供求失調的表象背後，又隱藏了文化和制度上的缺陷，使得台灣交通混亂的程度更為嚴重且難以收拾。首先，中國文化中一向缺乏法治和公德的傳統，使得台灣社會的法紀始終不張，私心長期膨脹，因而難以有效規範機動性日強的百姓，或因應日益複雜的各種社會問題。尤其是一九八七年威權體制瓦解之後，嚴刑峻法逐漸消失，個人主義和自由主義——也即是自私自利的思想及行為，更與日俱增。結果，公權力在應該強化之時反而迅速衰落及萎縮，各種貪贓枉法、違規亂紀的現象自然迅速滋長，並且泛濫成災。而交通上的亂象，便是這一此消彼長的趨勢最為明顯的反映。

　　此外，台灣的土地私有制度，原不利於公共建設之發展（尤其是在人口密度高的國度），而官商勾結、營私舞弊之積習，又助長土地

炒作之風氣。近十年以來，更出現日益囂張的金權干預政治、乃至財團主導決策之新趨勢。凡此種種，皆又進一步阻延了各種公共工程及城市建設的有效規劃及執行，並且大幅提高了維護及興建大衆運輸系統──尤其是捷運系統──之成本，甚至達到無法承擔的地步。結果，「輔導及鼓勵大衆運輸系統」之口號，雖然早在二十年前便已喊出，而且迄今未有間斷，但卻始終無法兌現成為事實。台北市捷運工程之經驗，便是最佳例證。

由此觀之，台灣現有交通亂象所呈現的社會缺陷，已不是單純的交通問題，而須有賴制度上的全盤整頓和文化上的積極改造，始有撥雲見日、改善解決的一日。這也充分說明了經濟上的富裕，僅僅是國家走向現代化的一個指標而已，完全不足以代表社會的真正進步。他如有效率的政府、前瞻性的決策、權威性的法律、以及守法的百姓，也皆是現代國家不可須臾或缺的重要成素。但顯然的是，有否良好的交通秩序，卻是任何國家是否已經邁進高品質現代化社會的第一關卡和試金石，因為如果有形可見的交通問題尚且不能解決，其他無形難見的社會亂象(尤其是貪污腐化)，便必然更難清除了。就此而言，台灣不僅和歐美日等先進國家相比是望塵莫及，而且也已遠遠落後在亞洲其他「三小龍」之後，甚至還有可能再落於馬來西亞、泰國、菲律賓和中國大陸之後。因此，就目前及可以預見的未來而言，任何有關將台灣建成亞太營運中心之期望或計畫，顯然皆是自欺欺人的違心之論，根本沒有可能實現。

不幸的是，在可以預見的未來十年之中，台灣的交通亂象非但難以獲得有效的改善，而且勢將繼續惡化。主要原因有三：一是捷運系統──包括高速鐵路和城市地鐵──的全面完工，還是遙遙無期，品質更是全無保障。二是開放進口市場、減免機車稅率、降低駕照申請年齡等新的政策，必然進一步刺激汽機車成長率之繼續上升。三是在現有的政治生態和民意走勢的侷限之下，任一執政黨皆無可能使用強制的手段，或通過必要的強制性法令，大幅抑制汽機車的成長，或

有效掃除政壇上及社會中的歪風惡習。換言之，本文所列舉的交通亂象之各種癥結，皆無可能在未來十年甚至二十年中，獲得紓解。相反的，單以目前汽機車每年百分之十五的增長率估計，台灣在公元二〇〇〇年的汽機車總數將再增加一倍，即多達兩千五百萬輛以上。屆時各種交通亂象的嚴重性，也勢必因而成倍惡化！

更糟的是，交通亂象不僅是社會脫序之映象，而且必然回頭加劇及加深社會紊亂之幅面及程度。首先，交通混亂之本身，往往迫使守法遵紀者必須同流合污，否則不易生存，同時也令執法人員難以有效貫徹法令及規章，從而更加助長混水摸魚、為非作歹的行為。結果，整個社會的治安形勢必將更趨惡劣。其次，大眾運輸系統之欠缺，加上交通秩序之混亂，必然嚴重影響各種政經、文化活動之正常進行，不僅降低各級政府的行政效能，而且直接打擊各行各業的生存及發展，甚至陷整個社會的運作於半癱瘓狀態。可以想見的是，當老弱婦孺無「路」可行、中小學生無車可乘、急病者不能及時送醫、消防車無法順利通行、警察不能迅速趕抵犯罪現場時，這已是病入膏肓、危機重重的落後社會。難怪台灣的企業鉅子王永慶有言：「生活在紊亂無序的台灣，有錢又有何用?!」(註30)

這還不算。單是大量汽機車所造成的空氣污染，已將使台灣成為不適於居住的國度。事實上，汽機車所排出的廢氣已迫使許多民眾戴口罩上路。早在一九八三年，學術單位的研究也已發現，台灣都會區的空氣污染源有百分之九十來自汽機車，而台北市汽機車的污染佔有率更達百分之九十五以上。(註31)汽機車所排放的硫化物及二氧化碳，到了空中後形成化學煙霧及酸雨又降回到地面，破壞土壤、植物及人體的健康。據最新資料顯示，台灣地區每年每公頃土地平均下降的硫酸量，在一九九四年已超過五十公斤，硝酸超過十五公斤，是美國的五十倍。而台灣地區的降雨則有百分之八十是酸雨，台北更高達百分之八十九，已嚴重威脅人體健康。(註32)世界上大概也只有台灣一地的政府，有必要不時公開宣佈空氣品質惡劣，勸導百姓儘量避免

外出活動！今日業已如此，未來更何以堪?!事實上，全台灣感染過敏、氣喘和慢性阻塞性肺部疾病的人口及死亡率，十年來不斷上升，尤以兒童為甚，主要便是由於空氣污染所致。(註33)近年來外來觀光客人數之持續下降，本地觀光事業之急劇萎縮，以及台灣向外移民人數之直線上升等現象，也可多少反映出台灣生活品質惡化的程度及速度。(註34)

　　總之，交通問題無疑已是台灣社會的第一沉疴，而且有即將陷入回天乏術境地之迫切危險。任一政府倘若不能儘早對此重症投下猛藥，整個台灣在不久的未來，必將面臨極大的社會危機。屆時不僅一切發展台灣政治、經濟之主張，皆將淪為空談，一切提升台灣國際地位和形象之努力，也將付諸東流，而且整個台灣甚至可能出現空前無法無天的亂局，我們能不憂心忡忡、未雨綢繆乎?!

註　釋

(1) *Britannica Book of the Year: 1993* (Chicago: Encyclopaedia Britannica,Inc., 1993), pp.834-838.

(2) *Ibid.*, pp.637-639,645,744,739.

(3)《中華民國交通統計月報》(台北:交通部統計處，一九九五年六月)頁四十六；另參閱《聯合報》一九九二年四月六日頁三；一九九三年一月四日頁十三，四月七日頁六；一九九四年一月二日頁一，四月四日頁六；一九九五年二月五日頁五，十二月三十一日頁一；一九九六年二月二十一日頁一，二月二十四日頁八。

(4)《聯合報》一九九四年一月二十四日頁八；一九九五年三月二十日頁六。

(5)《交通部公報》第二十六卷一期(一九九五年十一月)，頁五十五；《高雄市統計年報:民國八十三年》(高雄:市政府主計處，一九九五年五月)，頁四二〇～四二三。《聯合報》一九九四年一月九日頁五，二月一日頁六；一九九六年一月十四日頁二十。

(6)《中華民國八十四年台北市統計要覽》(台北:市政府主計處，一九九五年)頁四六二～四六三；《聯合報》一九九四年一月三十一日頁七，二月一日頁六。

(7)《中華民國八十四年台北市統計要覽》，頁四五〇、四七六～四七八。

(8)《聯合報》一九九四年一月三十一日頁一。

(9) 同註二；《中華民國統計年鑑:民國八十二年》(台北：行政院主計處，一九九三年)，頁四八〇～四八二。

(10) 《台灣鐵路統計月報》(台北：台灣鐵路局，一九九五年三月)，頁二〇九。

(11) *Hong Kong 1995*(Hong Kong：Government Information Services,1995), p. 271.《中華民國八十三年台灣鐵路統計年報》，頁二、十一、三七〇；《台灣鐵路統計月報》(台北：台灣鐵路局，一九九五年三月)，頁二〇九；《交通部公報》第二十六卷一期(一九九五年十一月)，頁五十四。

(12) *Free China Review*, November 1992, pp.29－32; *Japan: An Illustration Encyclopedia* (Tokyo: Kodansha, Ltd., 1993), Vol.2, p.1463; *Republic of Korea Yearbook: 1993* (Seoul: Government Information Service, 1993).

(13) 《中華民國八十四年台北市統計要覽》，頁四六〇。

(14) 《聯合報》一九九四年九月十六日頁十六。

(15) 《高雄市統計年報：民國八十二年》，頁七〇、四二六～四二七。

(16) 《聯合報》一九九五年一月十三日頁十六；《中華民國交通統計月報》，(台北：交通部統計處，一九九五年四月)，頁七八～七九。

(17) 《高速公路年報》(台北：交通部高速公路局，一九九三年)，頁三十四。另參見《聯合報》一九九二年十二月二十七日頁五；一九九五年九月二十九日頁十七。

(18) 《衛生統計》(台北：行政院衛生署，一九九三年九月)，第一部分「公務統計」，頁六十三～八十四；《中國時報》一九九四年七月十日頁六；《聯合報》一九九四年十月十七日頁五；一九九五年一月十七日頁三，二月二十三日頁七；一九九六年四月二十七日頁一、三。

(19) 《聯合報》一九九四年九月十七日頁五。

(20) 《中華民國八十二年交通年鑑》，頁三二七；《中華民國台灣地區社會指標統計：民國八十二年》(台北：行政院主計處，一九九四年)，頁二二六。

(21) 《中華民國台灣地區社會指標統計：民國八十二年》，頁二二五。

(22) 最近例子見《聯合報》一九九四年九月二十六日、九月二十八日、十月三日各版。

(23) 《聯合報》一九九三年十月四日頁四；一九九四年九月二十五日頁三。

(24) 《聯合報》一九九三年四月十二日頁三，九月二十五日頁三；一九九四年九月二十五日頁三，十月二十三日頁一；一九九五年一月十四日頁一，六月二十一日頁六；一九九六年三月二十九日頁三。

(25) 《中華民國八十三年交通年鑑》，頁二六五～二六七；《聯合報》一九九三年三月十九日頁三，一九九五年四月二十七日頁六。

⑵⑹《中華民國八十三年交通年鑑》，頁二五五～二五八；《中華民國八十三年台灣鐵路統計年報》(台北：台灣鐵路局，一九九四年)，頁二十一。

⑵⑺《聯合報》一九九三年三月十九日頁三，一九九四年九月二十四日頁三，十月一日頁二；一九九五年十一月四日頁三，十一月二十六日頁七。

⑵⑻《聯合報》一九九六年一月四日頁十一。

⑵⑼ *Hong Kong 1995*, pp.285－287.

⑶⑽《聯合報》一九九三年六月十四日頁八。

⑶⑴《聯合報》一九九四年一月三十一日頁八

⑶⑵《聯合報》一九九四年九月二十九日頁一

⑶⑶《衛生統計》，第一部分「公務統計」，頁六十三～八十四；《中華民國台灣地區社會指標統計：民國八十二年》頁二〇六、三一七。

⑶⑷ 來台觀光旅客人數，自一九八二年到達一百一十餘萬之高峰後，開始停滯不前，一九九〇年代起並呈顯著下滑趨勢，一九九三年更降至七十萬人，為二十年來之最低點。相反的，國人出國觀光的人數，在過去十五年是成倍上升，一九九三年已達四百六十餘萬。見《中華民國交通統計月報》，第三二五期(一九九五年六月)，頁二三八～二三九。

第二章

語言分歧，認同危機

　　台灣今日正面臨有史以來最嚴重的國家認同危機，實已不容諱言。而其最新也最突出的具體表現，則在語言使用趨勢之「本土化」意識高漲。除了三家公營電視台早已在晚間黃金時段播放台語節目之外，政府已計畫在中小學開設台語課程，有些大學教師並已改用台語教學，造成台語在全島各角落、各階層之日益流行，許多民間集會甚至已到「不准使用國語」或公開排斥國語的地步。更有學者開始提出「台文」之構想及推行方案。一九九四年十月二十五日，也即是台灣的「光復紀念日」，李登輝總統首次在電視上以台語發表對全體台灣人民的演說，更創下台灣政府最高首長以身作則、使用台語的首例。此後李總統在各種公開場合中不斷使用台語發言，一九九五年十二月二十三日又在國立高雄師範大學再創首次以台語對國立大學學生演講之先例。而緊接著的一九九六年總統大選期間，國民黨和民進黨的候選人更相競使用台語發言。所有這些行動又進一步加強、加快台灣百姓語言習慣之本土化趨勢，誠為一九四九年來所僅見。

　　台灣人說台語，原是天經地義的事。但台灣由於歷史的原因，並不只包含以閩南語為母語的百分之七十五居民，也居住了佔全人口百分之十二的客家語系成員，以及另佔百分之十三的大陸其他省籍居民。（真正可稱台灣原始住民的三十五萬山胞，尚未計入。）(註1)更重要的是，台灣自一九四五年脫離日本殖民統治之後，四十餘年來一直有推行國語的政策，以促進不同族羣之融合，並已收到十分顯著的效果。因此，近年來，朝野人士有意無意提倡台語的做法，在台灣無可避免地必然引起某一程度的疑慮和不安，從而影響整個社會之祥和、

團結及穩定。

到底語言的統一和國家的認同，有何重要的因果關係？中國語文對中華民族發展的影響何在？四十年來台灣的「國語」運動有何歷史背景？其他國家的經驗又如何？提倡台語乃至排斥國語的趨勢，對台灣社會可能造成何種後果？這些都是值得台灣全體住民正視及深思的迫切問題。

一　語言統一和國家認同之關係

所有的社會科學家皆公認，語言(及文字)乃是表達及儲存某一種族、族羣、或民族之文化最為重要的媒介。一個種族(race)、族羣(ethnic group)或民族(nationality)的界定，則是往往係以統一語言或文字之存在抑否為必要條件。一個現代「民族國家」的形成，更是以統一語言及文字為最起碼的目標。所有的侵略國及殖民主義者，為了長期有效掌控其所征服的土地及人民，也必然首先竭力試圖以自己的語文，取代被征服者的語文。此中的道理非常簡單：即語言和文字乃是維持一個族羣、種族或民族內在凝聚力及外在自主性的堅韌紐帶。就今日世界而言，統一語文更構成國家認同意識的基礎。消滅了某一族羣的語言及文字，也就是消滅了這種語文所代表的文化傳統，更同時消滅了這一族羣的相互認同感，甚至立刻陷國家於分崩離析的危境。語言統一和國家認同之唇齒相連關係，由此可見。

固然，今日世界上一百八十餘國之中，絕大多數國家──尤其是亞、非洲的新興國家，皆是語言尚未統一的多種族或多民族國家。即使是先進如英、美、法、義、德、奧、日等單一民族國家，也仍然存在方言的問題。但這些方言彼此之間的差別，往往只限於腔調俚語之異，並不妨礙使用者彼此之充分溝通和認同。何況這些國家所用的文字皆是完全統一，自然不易發生國家認同的問題。反之，不少多民族、多語文的先進國家，包括加拿大、比利時、荷蘭以及解體前的蘇

聯，由於境內存在一種以上的語文，因而長期面臨國家認同的問題。可見即使是現代化的國家，也不能掃除由於語文的分歧所造成的內部不合、甚至分裂的現象或危機。蘇聯的解體、捷克的分裂、以及南斯拉夫的內戰，更充分顯示出，語文的歧異乃是造成不同民族或種族無法長久和諧共處的根本原因，也證明了統一不同語文之工程，是何等地艱辛及浩大。即使是強大如蘇聯的國家，積七十年極權體制之高壓政策經驗，仍終究無法有效解決這一充滿情緒性的複雜問題。

　　事實上，政治學者也皆承認，語文之統一即是民族的塑造成功。換言之，在民族國家形成的過程中，必須經過統一語文的階段，始能培養內部成員的基本共識及對國家的認同感。這也是任何國家通往及達成「現代化」的必要階段及衡量標準。除非這一階段及目標順利完成，否則國家必然後患無窮、多災多難。但世界上屬於單一民族的國家──包括西歐諸國及東北亞各國，都是經過數以百年計的長時期，才逐漸由多語言、多種族、多文化的多元社會融合而成今日統一和諧的局面。換言之，民族之形成及文化之統一，很可能必須通過強制的手段，甚至付出暴力流血的代價，才有成功的可能。

　　二次世界大戰以後的亞非洲新興國家，正因為本身的落後，加上語言、種族、信仰之複雜，往往出現某一強勢種族或族羣，強迫同化其他種族或族羣，或至少壓抑弱勢種族和族羣之語文與文化，以謀國家之統一和族羣之團結。但由於其手段明顯有悖於人權之基本原則，往往受到被壓迫族羣的極大抗拒，從而陷整個國家於長期政治紛亂、社會不安、甚至流血內戰之困境，完全無法走上現代化的道路，這也是絕大多數非洲各國的情況。一九九○年蘇聯共產集團瓦解後，東歐各國及原蘇聯所屬各共和國內部及彼此之間不斷發生內亂或戰爭，只不過是這種情勢的最新例子罷了。在這方面，世上只有極少數的成功者(例如東南亞的印尼和馬來西亞)，由於特別有利的主客觀條件，加上高度的政治技巧及基本上屬於漸進、溫和的政策，尚能勉強達到建立某種國家意識、降低國民認同障礙的目的，從而為經濟、社

會之進一步發展，奠定起碼的基礎。但即使是在這些國家，種族羣或語言羣之間的衝突，仍然漸或發生。由此可見語言統一和民族團結及國家認同之間的密切因果關係。

誠然，獨立國家應由單一民族所構成，而這種所謂「民族國家」（nation-state）又應有屬於自己的統一語言。這是二次世界大戰以後所有新興國家所一致追求的目標，而且為了達成此一目的，往往不擇手段。但迄今完全成功的實例，可謂鳳毛麟角，少之又少。其主要原因有二：一是種族、文化、語言或宗教，乃是任何族羣之所以具有其獨特性的標誌，也是十分情緒性的社會象徵，因此皆不願主動放棄。外來的壓力往往反而強化某一族羣的內部凝聚力，使得語言、文化之統一工程，更趨艱難，使用強制手段的代價也更為高昂。二是戰後新興國家往往由多民族（或多種族）、多語言、多宗教所組成，而每一民族或族羣的語言或文字，不僅只代表一國境內的少數，因而難以為其他族羣所共同接受，而且這些語文在國際上往往毫無市場可言，因而是否應予推廣，原有其根本可疑之處。

因此，絕大多數的新興國家皆決定採用殖民時代的殖民國語文，為各族通用的國語，也即是使用對境內所有族羣皆是中立、但又具有國際效益的語文（如英、法、西等語），但同時又不禁絕各種族原有的語言或文字。結果，這類國家在邁向現代化的過程中，往往走在他國之前。少數民族較為單純、或反殖民色彩比較濃厚的國家（如印尼、馬來西亞、越南等），則決定以羅馬字母將自己的語言拼音化，而拒絕沿用以前殖民國的語文。這些國家雖然成功地實現發展自身民族語文的目標，但卻面臨有文字而無歷史、也即是獲得了文字但失去了文化的一大困境。因為許多這類國家甚至原來根本沒有文字，歷史係以殖民國或他國文字記載。除非這些國家要求所有國民同時學習新舊兩種文字或將本國歷史典籍全部翻譯成拼音文字，否則它們皆須面臨重寫歷史、新創文化的巨大工程及難題，這還不算，這些國家新創的文字，在國際上也完全沒有實用的價值，可以說是得不償失至極。

　　就此而言，新加坡的成功經驗，實在值得台灣反省及深思。新加坡自一九五九年自治以後，便面臨了三大種族（華族、馬來族、印度族）以及近二十個方言羣（包括華族中至少十三種方言）的和諧與團結問題。事實上，各種族之間的衝突不斷發生，華族內部也是傾軋不休。為了新加坡的生存與發展，更為了培養新加坡居民的國家意識和彼此間相互的認同感，李光耀所領導的政府，在新加坡於一九六五年正式獨立之後，毅然決然地全力推廣英語及英文，作為團結三大種族的橋樑以及新加坡走向現代化的動力。新加坡政府所持的理由有三：一是英語和英文對三大種族而言，皆是中立的語文，應可為所有種族所接受。二是英文乃是通往科技之鑰匙，是新加坡這種小國所亟需的生存工具。三是英文已是世界通用的國際語言，具有高度的實用價值。換言之，佔新加坡全人口百分之七十五的華族，並不因為其在數量上的壓制性優勢，而被容許將自己的語文，強加於其他種族身上（馬來族佔百分之十五、印度族不到百分之十）。另一方面，新加坡政府又在一盤散沙的華族之中，大力推廣同樣具有國際性、卻也不屬於任何方言羣的「華語」（即我們所說的「國語」），更以中國大陸流行的簡體中文，作為華族共同的文字。換言之，佔了華族半數以上的閩南人，也不容許將自己的方言，提昇到主流的地位。（註2）

　　這一政策的推行過程中，不可避免地遭受到華族及閩南語羣相當強烈的反彈，但經過新加坡政府二十年的說服、誘導及強制三管齊下的政策（包括關閉以華文為主要媒介的南洋大學，逐步改造所有中小學的語言教學，以及禁止電視及電台播放任何方言節目等等），新加坡不僅成功地掃除了三大種族及二十個方言羣之間的猜忌及不和，而且在完全無須仰賴暴力流血方式之下，奇蹟式地塑造出獨特的「新加坡人」意識，從而完成社會科學家所公認現代化過程中最重要的一個階段——國家認同感之培養。其實，所謂「新加坡的成功經驗」，其中最可貴的一個內涵，也正是語文政策之成功。而新加坡在其他方面舉世公認的成就，更是以此為必要之條件。尤其是推廣英文的結

果，使得新加坡人較亞洲任何其他國家的人民，更易也更快地掌握世界科技的脈動和西方法治的基礎，在短短二十年之間一躍成為舉世矚目的亞太營運中心。而推行華語和中文的結果，則使得新加坡華人保留了文化的傳統和族羣的自信。值得強調的是，新加坡在統一語文的過程中，並未刻意消滅華、印、馬等語文，也並未禁絕各種方言之使用，只不過是將他們降為第二、第三語文罷了，因此並未嚴重傷害到各族羣的感情。英文對各族羣以及華文對各方言羣的中立地位及實用價值，更是說服新加坡居民的關鍵因素。結果，新加坡以最低廉的代價，成為二次世界大戰以後第一個通過統一語文而成功團結境內各族的新興國家，並受到世人之肯定及欽佩。

二　中國語文的特色和發展過程

與世界其他國家相比，中國是個十分特殊的國家，因為它雖然是個多民族、多語言、多文化的國家，但漢族佔了全人口的百分之九十三，其餘五十五個少數民族總共不過佔全人口的百分之七。但若以居住土地面積計，漢族聚集地區僅佔全中國土地面積的百分之四十左右，也即是東南半壁江山。反而少數民族聚集的地方，佔了全國土地的百分之六十以上，即北部、西北及西南地區。此一分佈情況堪稱他國皆無、中國僅見。這也是中國確保民族團結、國家統一的一大障礙。再看顯居強勢的漢族，其內部又分成五大語系、近百個方言羣，而且某些方言之間的差別，相當於其他國家國語之間的不同。這又構成漢族內部凝聚成羣、團結一致的莫大阻力。事實上，漢族內的每一個方言羣，皆是一個可以明顯區別及辨認的族羣，並各自表現出相當強烈的獨立意識及排他心態。這也是中國人(或至少以漢族言)地域觀念特強、國家意識相對淡薄、而且常被喻為一盤散沙、永難團結的根本原因。

然而，在語言羣眾多且彼此相互排斥的社會環境下，中國人自

秦始皇厲行「書同文，車同軌」之政策後，卻又發展出一套共同的文字，可供各族羣相互溝通、進而相互認同的橋樑，這又是世界絕無、中國僅有的現象。事實上，漢族的方言雖然眾多，但卻有一共同之特徵，即全是單音節的語言（包括台語在內），也即是一音一義一字。這又有助於中文在各方言羣中之推廣及流傳。由於這一文字乃是記錄各種方言──也即是各語言羣之活動──的唯一工具，它在融合各族羣、團結漢族全體、乃至統一整個中國方面，扮演了極為重要及具關鍵性的歷史作用。由於文字是文化最重要的儲藏所，因此中國文字之統一，兩千年來在發展整個漢族文化、維護其延續、乃至塑造一個現代民族國家方面，也發揮了不可磨滅的功效。若說以漢族為主體的中國，兩千年來雖然歷經內亂與外患，卻仍能保持其民族及文化之完整性與獨特性，屹立於世界，主要必須歸功於文字之早日統一，絕不為過。

　　也正因為共同文字的統一效果，中國人又是世界最早具備國家觀念及民族意識的民族。然而，由於口說的語言，長期以來仍是南腔北調，甚至無法溝通，因此，地域觀念及方言羣意識始終還是分裂中國的一大潛在威脅，只是從未形成長期的主流趨勢罷了。所謂「天下合久必分，分久必合」之說，便是這兩種勢力相互作用及競爭的寫照。由此仍可見，單是文字的統一，在中國這種多語言的國家，仍舊無法達到內部高度團結及融洽的效果。

　　誠然，追求語言統一的目標，並非秦始皇時代之科技所可能達成。但統一語言的必要性，還是早在一千年前便已日益明顯。由於中國早自漢唐時代已經實行全國性的文官考試及任用制度，以廣招天下賢明之士，為國效勞，因此各地各級的上榜學子，一旦聚集京師或府城，便不能再以文字為溝通的唯一工具，必須也有共同的語言。因此便有需要學習當時朝廷的語言。而宋朝以前的王朝，版圖以黃河流域為主，各代帝王也是北方人氏，因此，黃河流域一帶通行的語言，便逐漸形成朝廷及官場的溝通媒介。南宋以後，由於都城及疆土不斷南

移，不論朝野皆開始出現大批長江流域以及其他水域的地方性語言之使用者，於是又有正式制定及推廣一官方語言之必要，這便是宋朝以後開始推廣的「官話」，也即是朝廷之內、朝廷與各地方官吏之間、以及地方官吏彼此之間，所必須使用的共同語言。此一政策也將統一中國各地語言的目標，向前推進了一大步。

值得強調的是，中國「官話」在發展的初期，主要以陝西、山西、河南、河北一帶的語言為準，直到清朝定都北京近三百年之期間，才受到北京話較大的影響，但兩者仍有相當程度之差異。再者，宋朝以後的將近一千年之中，「官話」雖然並未取代長江以南各地的方言，但卻至少一直在中國社會的上流階層和知識分子之中，廣為流傳，因而對整個漢族的團結和發展，發揮了關鍵性的積極作用。事實上，南宋以後，中國社會未再出現大規模的分裂現象，而且時間長達八百餘年之久，實應多少歸功於語言在上層階級之中的漸趨統一。由此又可見語言統一和國家認同之密切關係。

這還不算，在民國成立以前的一千年之中，由於文官考試及任用制度之持續及擴大實施，「官話」的發展是和「中文」的演化，相互充實，齊頭並進。由於全國各地的書生都是研習中文的古籍、詩詞，以求晉身仕途，而官場之語言內容，又是以中文的典籍文章為其主要靈感泉源，因此久而久之，不論在發音、詞彙、或含義方面，「官話」便形成表達中文最為方便有效的一種語言，更和中文所代表的整套文化傳統，建立了最為密切的配合關係，非中國任何其他方言所可相提並論。今天任何中文典籍文章、詩詞的朗讀，仍然係以使用這套「官話」最為方便和順口，而許多方言則根本難以進行這一工作，便是明證。

更有甚者，「官話」在流傳近一千年之後，不僅是詞藻最為豐富、包含範圍最廣的一種語言，而且其優雅、華麗的程度，也非任何中國方言所可望其項背。正因為它是官場中使用的語言，而非商賈鬧市討價還價的工具，所以必然要保持一種上流社會的典雅和文質。也

正因為它是知識分子的語言，而非工農羣衆或市井之民的口語，因此它也必然較所有其他中國方言優美。更因為它是以浩瀚的中國文學名作及歷史典籍為泉源，因此它也較任何方言華麗。難怪有人說，即使是罵人的話，在官話中也是要引經據典，出口成章，而無任何方言所共有的粗俗無禮和難以入耳特色。基於所有這些因素，「官話」在歷朝各代對中國各地的百姓而言，都代表了一種上流社會的語言，並有可觀的吸引力，因而也多少有助於它在民間的自然流傳。

　　然而，「官話」雖經多世紀的推廣，但仍因中國人口之龐大，內亂外患之頻繁，加上科技水平之落後，而未能廣為一般百姓所使用。「官話」之本質也阻礙了它走向平民化及大衆化的速度。國民政府在滿清覆亡之後的一項重要政策，便是要繼續完成君主專制時代所未竟的統一全國語言目標，以求徹底實現現代民族國家之大業。早在民國二年，國民政府便開始推行以「官話」為基礎的「國語」，並於民國七年頒佈輔導學習國語的注音符號系統，勒令全國各級學校使用及推廣，以收團結全民族，統一全中國之實效。從現代民族國家的發展需要言，這是一個具有一定程度強制性、但卻又無可厚非的政策。事實上，國語運動之推展，始終未曾以禁絕任一方言為目標。而以中國幅員之廣，人口之衆，任何政府也無可能消滅方言之使用。

　　特別值得強調的是，此一政策之主導人本身，不論是孫中山時代或蔣介石時代，幾乎全非傳統「官話」的使用者，可見整個政策之執行及運動之推展，乃是基於國語本身的固有價值、民族文化之有效傳承，以及國家團結之最高利益，而非統治階級的私利。無獨有偶的是，一九四九年以後的中共政權，雖然也是操縱在江南出身、鄉音難改的人士手中，但卻也仍舊蕭規曹隨，大力推廣國民政府時代的「國語」，只不過為求深入民間，改稱為「普通話」罷了。中共政權甚至不惜全盤簡化中文，並設計一套全新的拼音系統，以求速效。結果經過三十年的努力，在整合語言上一盤散沙的漢族居民方面，確實收到可觀的成效，並顯然有助於中國人的團結。由此也可見語文之統一，

在塑造國家意識方面之重要性。

三　從提倡國語到排斥國語

　　台灣自光復以後，國民政府也沿襲過去在大陸既定的語文政策，強力推行「國語」，而且在一定的範圍和程度上，限制台語的使用。今天回顧這一政策，固然可能激發不少台籍居民的反感，但平心而論，此一政策之本身卻非針對台籍居民而制訂，而是有其時代的背景。事實上，日本在台灣五十年的殖民統治，時間原不算短，何況日治時代長期強迫推行日本語文之教育政策，對台灣整個中青代的居民，已經具有可觀的效果。若說一九四五年，台灣只識日本語文而不諳漢文及國語者，不僅比比皆是，而且佔了全台人口的大多數，絕不為過。台灣既已回歸中國，自萬無繼續沿用日文之理。為了扭轉日式教育所造成的不良後果，國民政府除了冒矯枉過正之險、強制推行在中國大陸已經實施有年的國語及中文之外，實無其他之更佳選擇。而隨同國民政府一九四九年前後遷台的一百五十萬至二百萬軍民，則更是來自大江南北，鄉音各異。為了融洽大陸新移民彼此之間的關係，以及團結大陸移民和台灣本地早期移民之間的關係，國民政府也有全力推廣「國語」的必要，以確保台灣社會之安定及祥和。結果，經過三十餘年的一貫政策，中文及國語已普遍為台灣整體居民所接受。這一成就不僅將各省籍同胞之間的隔膜，消減到中國歷史上空前未有的程度，而且直接促進了台灣社會的團結、進步與繁榮。

　　值得注意的是，在這幾十年的推行國語運動過程中，政府雖有強制性的措施，但卻從未禁絕台語的使用。事實上，世界上也還沒有一個國家的政府，能夠完全消滅境內一大族羣的語言及文化(除非採用種族滅絕的手段)。「國語」之推廣，只不過是配合中文之使用，在各種方言之上，提供各語言羣一條口頭上溝通及認同的渠道罷了。根據一九九○年的數據，在全台灣住民之中，使用台語者佔百分之七

十三點六，使用客家語者仍有百分之十二點六。而來自大陸各省的則佔百分之十三點七。（「國語」也非他們之中絕大多數的母語。）這一比例和一九五〇年時的人口分佈情況，幾乎無甚差別，可見「國語」之推廣，並未消滅台灣原有居民的語言。反而是大陸遷台的居民，絕大多數都已習慣使用「國語」及台語，其中第二代、第三代甚至完全不再使用自己的母語。各方言羣成員由於語言上溝通之順暢而通婚者，更是比比皆是，因而進一步促進各族羣之融合。由此可見推行「國語」的正面效益，遠遠超過了其所付出的任何代價。事實上。所謂「台灣奇蹟」的一個重要層面，正是語文教育的成功。中國近代統一語言及文字的目標，也只有到了台灣才獲得了最徹底的實現。

同樣值得強調的是，台海兩岸推行國語的努力過程，適逢全球研究中國文化之熱潮日益高漲之時。大陸的「普通話」和台灣的「國語」，自一九五〇年代起迅速成為舉世公認的「中國語」（或稱「漢語」），而且是其他國家人民學習的主要外語之一。隨著台灣經濟的國際化，國語也成了全球各地中國人（至少漢族）相互溝通的主要媒介，因而儼然以一國際性語言的姿態出現。一九七八年起中國大陸對外開放後，台商之所以能很快進軍大陸市場，顯然便和海峽兩岸人民使用相同的語言，互為因果。一九八七年台灣正式開放對大陸之間接投資及貿易後，台灣廠商更是挾語言上的明顯優勢，縱橫大江南北。在短短九年之中，台灣對大陸之貿易及投資總額，不僅飛躍成長，而且直追長期獨佔鰲頭的香港，並勢將在不久的未來超越之。這是因為香港廠商在英國的殖民式教育政策下，多半不諳「國語」，其投資、經商的範圍難以超出兩廣地區之外。這又可見台灣推行國語運動之成功，對維護台灣經濟命脈之貢獻了。

然而，台灣自從一九八七年解嚴之後，一連串的政治演變，造成了「本土意識」之高漲。其中以反對黨（主要是民進黨）之興起及其「台灣獨立」、「政治本土化」（也即是「台灣化」）之主張，最富煽情性。尤其是在各次的民意代表及縣市長選戰之中，民進黨候選人及

其助選者,更是幾乎一律以台語發言,而且內容不僅是無條件地否定
中國大陸,強力地抹黑外省人長期主導的執政黨,而且還充滿了排斥
所有外省籍居民的語言和傾向,甚至不時舉出「中國人滾回去!」的
標語,結果造成一種台灣之一切罪孽皆可歸咎「外來」人的普遍印
象,從而挑起全省性的省籍緊張局面。一九九○年,民進黨更要求執
政黨為「二二八」事件翻案,重新調查死難情況,從優撫卹受難家
屬,並嚴懲舊日罪魁,從而掀起排「外」情緒的新浪潮。近年民進黨
之中央民意代表的問政取向,則常以行政官員之省籍為褒貶毀譽之準
繩。反對台獨的外省籍人士,更常被冠以「中共代言人」的紅帽,從
而全盤否定彼等代表台灣居民的資格。不諳台語或運用欠熟的人,則
被視為「心在中國(大陸)」、「忠貞可疑」的分子。民間團體之集
會,則更有硬性規定使用台語發言之現象,此一趨勢尤以南部地區最
為明顯。流風所及,僅僅數年之間,所有外省人及客家人突然大有
「身在異鄉」、「無地自容」之感,實為台灣四十餘年來未有的大變
局。一九九四年五月,李登輝總統在和日本作家司馬遼太郎的訪談
中,更首次以「外來政權」形容國民黨四十餘年在台之統治,不啻是
和民進黨的主張相互呼應。從此以後,「本土」意識也迅速蔓延到執
政黨內部。由於部分高層領導人士及民意代表之推波助瀾,「本土
化」、「台灣化」的呼聲可謂此起彼落、不絕於耳。結果近年來中上
層黨政人事之調動,乃至於公立大學校院長之選舉,皆已呈現出「非
台籍人士莫屬」之傾向。

　　這一排斥國語、獨尊台語之現象,固然多少表達出台灣籍居民
對政府長期壓抑台語之反應,以及他們要求當家作主的強烈欲望,可
以令人理解。但此種心態一經民進黨及野心家的煽情鼓動之後,已有
形成全面排斥「外省人」乃至「客家人」的風氣,難免在全省的範圍
內,挑起了語言羣之間的舊恨新仇。且不論國民政府在台灣四十多年
的功過應如何分析,以及以省籍作為選拔人才之先決考量是否符合現
代化國家之基本條件,「統獨之爭」及其所引發的「省籍情結」及緊

張關係，已經嚴重危及台灣社會的和諧和安定，而且造成四十年來所未有的國家認同危機，則是不爭的事實。

　　換言之，台灣籍居民多半傾向支持「台灣獨立」（台獨）或「獨立台灣」（獨台）之終極目標，至少也是擁護「全盤台化」的政策。而外省籍和客家籍的居民因為首先被排擠（或自覺被排擠）於「本土居民」之圈外，難免對當前政府之認同程度大幅下降，其中被迫主張和大陸統一甚至儘速統一者恐也大有人在。心懷恐懼、積極移民海外、以求自保者則更日益增多（其中也包括不願看見台灣社會日亂、兩岸關係惡化的大量台籍居民）。至於與本省籍通婚的外省籍居民以及他們的下一代，則被這股排外浪潮衝入進退維谷的兩難困境，從而產生另一種認同危機。且不論這些人的計畫如何，他們內心之潛在不安與恐懼感，已經構成整個台灣社會不穩甚至政治騷亂的一大危機。到底所有外省人及客家籍的居民，還是佔全台灣人口的四分之一強，不可謂少。若再加上不同省籍通婚的居民及其後代，總數甚至可達全台人口的三分之一。無論如何，任何社會只要有百分之一的人口極端不滿現狀，便可能製造恐怖，釀成動盪。一旦省籍關係繼續惡化下去，台灣的少數族羣為了維護本身的事業、生存或尊嚴，在無路可退的情況下，恐將不惜訴諸流血暴力的手段，拼死力爭。果真如是，誠非台灣兩千一百萬居民之福。

　　以上的推測，乍看之下似乎危言聳聽。但「二二八」事件之前的暴動，又何嘗不是無人料到的突發事件！？再證諸許多亞非新興國家內部之長期暴亂，以及蘇聯集團解體後各國相繼出現的內戰，族羣之間因語言、文化、種族、或宗教之衝突所引發的流血事件，真是自古屢見，於今尤烈。又有誰人敢說台灣必然是一例外！？值得強調的是，台灣四十餘年來已因語言的統一，而達成向所未有的族羣融合、社會祥和目標，為何偏偏要在此多難之秋，重新挑起各語言羣的差別，而走回分裂甚至仇視的舊路?!從國家現代化的過程來看，這顯然也是毀棄已有成就的倒退和危險做法。總之，即使上述這些情況可以

避免或預防，本土意識所必然激發的排「外」（省）情緒，以及台語運動所必然延伸出的貶抑「國語」傾向，勢將導致台灣社會之分裂，從而令台灣自陷於內憂外患夾擊之極大危境。

四　台灣的抉擇：認同國家或走向分裂？

語言和文字原是促進人際溝通、族羣團結的工具，但同時也是製造分裂及仇恨的利刃，其正反兩面之影響，皆和種族、宗教不相上下。這也是何以所有國家在追求現代化的過程中，皆必須力求統一語文的原因，而且往往不惜為此付出昂貴的代價。中國何其不幸是一個多民族、多語文的國家，因而隱含了許多潛在的分裂因素。但漢族又何其有幸擁有一套共通的文字，使得由漢族長期主導的中國社會，終於維持了一定程度的民族意識及國家認同的觀念，也使得中國社會不致分崩離析、走向滅亡。近百年來，國民政府和中共政權又在統一中國語文方面，不約而同地做出可觀的努力，因而各自強化了海峽兩岸中國人的國家意識，也同時充實了整個中華民族的生命力，使它不易再受外族欺凌或同化。

事實上，正如新加坡的情況一樣，不論是大陸或台灣所推行的「國語」政策，其內容對絕大多數的漢族居民而言，皆是一中立的語言。雖然官話在發展的初期，確實多少是代表統治階層的語言，但經過一千年的演化之後，已具有其獨特的音義和風格，且對所有長江以南的方言羣，更是一完全超然的語言。換言之，「國語」並不是「外省人」的母語，也不等於「北京話」，而是對所有方言羣皆屬超然中立的語言，也是所有方言羣表達中文最為方便和高雅的溝通語言。也正因為如此，這一政策才能順利地為所有的方言羣所接受。而這一政策之實效，也已證明了它並不妨礙方言的繼續使用，反而有利於各族羣之溝通及融合。這還不算，不論是大陸的「普通話」或台灣的「國語」，都代表了一個豐富的文化遺產，並受到國際社會的肯定。基於

以上種種原因，「國語」繼續作為兩岸漢族的共同語言，委實有其不容取代的地位和價值。

但海峽兩岸長期的分裂，加上台灣政治之日趨民主化，卻使得台灣固有的偏狹地域觀念(此種觀念中國大陸各省也皆存在)在一九九○年代從新抬頭，從而危及台灣社會內部的和諧。其實，所謂「統獨之爭」和「省籍情結」，追根究底，便是源於不同語言羣相互之間固有的猜忌或排他性。而這種猜忌和排他性又可能因為某種爭議或人為的挑撥，而回頭加深彼此之間的裂痕。換言之，「統獨之爭」多少源於「省籍情結」，而「省籍情結」又因「統獨之爭」而惡化，形成惡性循環。再質言之，台籍居民當家作主的意識及願望，似乎只有通過「台語優先」或「台灣人第一」的手段及政策，乃至於「獨立建國」的口號及目標，始可儘早及徹底地付諸實現。但「台語優先」之作法及「台灣獨立」的理念，其本身又必然蘊含了十分濃烈的排「外」(即外省籍及客家籍)情緒，從而激發所有非台籍居民的憂患意識及恐懼心理，甚至迫使後者不得不採取或傾向於支持「中國統一」的立場，以示抗拒並求自保。兩種語言羣之心態既然迥異，自不可能再有共同的國家意識。

最不幸的是，「統獨之爭」和「省籍情結」之出現，固然不可排除外來的刺激因素(例如中共的壓力及英、美、日等國的暗中鼓動)，但此二互為表裏及因果的現象，卻是主要經由野心政客所蓄意挑起，並成為他們譁衆取寵、奪取權位的策略及旗號，終至越演越烈，難以收拾。因為台灣社會經過四十年的發展，早已進入一個族羣高度和諧的境界，非但省籍之隔膜減至最低，國家認同的意識也升至最高，因此再行分裂，原非自然的現象。退一步言，即使「省籍情結」四十年來從未真正消失，國家認同也是一向「表」大於「實」，一九八七年以來，台籍人士已經快速躍居黨政軍高層之領導地位，並在中央民意代表全面改選之後，佔有國會中絕對大多數議席。在台籍居民已經取得政壇主導地位之後，顯然只有尚未取得理想權位的野心

政客(不論在朝在野)，才會刻意鼓吹徹底「本土化」或「台灣化」的政策與做法，以利取代仍在政壇高層活躍的極少數外省籍人士，或進一步拓展個人的政治前途。

或謂台語是台灣絕大多數人的母語，理應恢復其應有之地位。但其實未必如此。由於國語政策之推行迄今已達半世紀之久，不僅外省籍、客家籍及原住民已完全溶入使用國語者的範疇，而且絕大多數的台籍居民，也成了國語的熟稔使用者。正是因為國語教育的成功，所以今天才會出現許多不諳台語的外省籍人士，也才會有不少台籍的後裔說台語不流利的現象。我們即使根據最近官方的人口資料，姑且假定台灣地區所有六十歲以上的住民(不分族羣)，五十年來都是生活在完全閉鎖的環境中，因而只說台語，不懂國語，則全台灣也不過兩百二十萬人左右，僅佔總人口的百分之十一，即尚不及外省籍或客家籍居民的人口比例。(註3)無論如何，為了牽就這些少數人的語言習慣而提倡台語或排斥國語，顯然並不符合公平的原則或實際的需要。

事實上，可以想像到的是，即使是今天六十歲以上的台籍居民，絕大多數在一九四五年台灣光復時，不過十來歲，即使不再接受任何教育，經過五十年的耳濡目染，對於國語和中文的掌握，必然也已達到相當的程度，至少是超越了他們曾經學過的日本語文。因此，若說國語和中文已是台灣地區使用人數最多的一種語文，絕不為過。一九九六年總統大選期間，朝野三組超過七十歲的候選人，皆能以流利的國語演講，便是最佳證明。由此看來，今天繼續維護國語的優先地位，只不過是維護半世紀以來的教育成果罷了，對所有的族羣都是一既公平又合情合理的政策。

最重要的是，半世紀的國語政策，在台灣已經發揮了團結族羣、認同國家的顯著功效，尤應值得珍惜。從國家現代化的角度來看，台灣也因語文的統一而進入一個許多國家欽羨的發展階段。到底「國語」較之台語或任何其他方言，皆具有顯著的中立性及更大的包容性。它和中國文字也有最為直接、密切的配合關係。正因為如此，

它才能發揮融合各方言羣、團結社會、凝聚共識的龐大效力。反之，台語雖然代表絕大多數台灣居民的母語，但是終究不能擺脫其僅屬於一個族羣和地域的本質，因而在一個仍屬多方言、多族羣的台灣社會，「台語優先」的意識及口號，或「只講台語」的運動，必然引發其他方言羣(雖然在人口上僅佔少數)的反感及抗拒，從而產生分裂社會、破壞認同的後果。因此，台灣若自毀四十年來因言語統一而成就的強大內在凝聚力及國家認同感，必將導致「外患未至，內亂先生」的局面，肯定有害於台灣全體居民之安全及福祉，絕非任一族羣或政黨之福。由此觀之，台灣居民不論朝野或省籍，又豈可毫無戒懼之心乎！？

　　誠然，若從另一個角度看，台灣為了抗拒大陸的「統一」壓力，似乎確有突顯本身獨立自主地位、培養及強化台灣本土意識之需要。而達成這一目標最為方便有效的策略，顯然便是排斥所有代表中國大陸(或所謂的「中國」)的事物，或至少將「台灣」和「中國」明確地區分開來。近年台灣的語言使用本土化趨勢，也許正是因此而衍生。但認同國語只是種文化行為，並不代表認同中國大陸的政權，否則英語國家、拉丁美洲和阿拉伯世界早就結合成為一個國家。南北兩韓、馬來西亞和印尼、德國和奧地利等同文同種國家，也早已統一。更有甚者，問題出在台語不論以何標準來看，仍是漢族的一種方言(因為所有漢人的語言都是單音節，也即是一音一義一字)，也即是廣義「中國話」的一種，更和海峽對岸福建南部的方言完全相同。相對於台灣的山地話而言，台語本身更是和「國語」一樣，同屬「外來語言」。何況台語的內涵完全係以中國文化為範圍，用詞更擺脫不了中國歷史和文化的主宰。更重要的是，各學者專家所研議的「台文」，迄今仍是以中文(或漢字)書寫較為方便(單音節和同文化也)。由此觀之，提倡台語甚至改用台文，仍舊難以和中國文化和中文劃清界線，更不用說一刀兩斷了。換言之，只要台語的內涵和台文的形式和中國文化藕斷絲連，甚至糾纏不清，通過推廣台語乃至台文的政策，所可

能塑造出的「台灣意識」，仍有其極大的侷限。

正因為如此，刻意追求或塑造「台灣本土意識」乃至「台灣文化」的政策，並不容易達成台灣自中國語文或中國文化分裂出來的目的。任何獨立建國的政治理想，因而也難獲得中國大陸的承認。相反的，這一政策或過程之本身，不僅必將製造台灣內部兩大民族及三大族羣之間的緊張與不和，而且即使是在台籍居民之中，也有佔相當可觀比例的人，仍舊難以擺脫「台灣人也是中國人」的意識或執著。（註4）如此一來，台灣兩千一百萬住民的認同對象，豈非更到了四分五裂、破碎不堪的危險境地？！

退一步言，台灣即使有可能發展出本身相當獨特的語文和文化，也仍然並不意味了獨立建國的政治理想，便可水到渠成。相反的，台灣維護國語和中文的優先地位，也不象徵了贊成海峽兩岸之政治統一。中國統一的大業，更不必因此而終將成功。到底國家的分與合，主要是取決於政治的因素。歷史上從來沒有因為語言文化之差異，而阻撓了國與國之間的兼併，也從未因為同文同種之考量，而防止一國之分裂。中國兩千多年以來的分分合合，蘇聯之由小到大、由合到分、如今再由分向合，便是最佳證明。他如大英帝國之興亡、德越兩國的分與合、朝鮮半島的先合後分等，也無一不是例證。海峽兩岸未來到底是分是合，顯然更需取決於雙方的共識，而非台灣單方面之意願所可完成。如今，鼓吹「台灣意識」的作法既已在台灣造成認同的危機，則重振九○年代以前的語言政策，以確保族羣之和諧，便應是理所當然之抉擇了。

如果台灣真要不惜代價地塑造完全獨立於「中國」的「民族意識」，則應不只是排斥和禁止使用現有的「國語」，並將台語宣佈為新的國語，而且應如馬來西亞、印尼、越南等國一樣，立刻設計和強制推行一套拼音文字，放棄以中文書寫「台文」的努力。如此台灣才有可能在兩三世代之後，和中國文化真正斷絕關係。但這又牽涉到另一系列棘手的問題。首先，台灣的居民有多少人會贊同放棄自己已經

熟練的中文，改用拼音文字？其次，創造全新的一套文字，是否將使台灣人民自絕於台灣本身已有的數百年歷史及文化？或至少將陷台灣人於「無根」的文化真空之中(至少要持續數十年才能累積新的本土文化)？這一全新的語文，又是否有助於維護台灣已具國際性的經濟命脈，更是令人懷疑。最嚴重的是，只要台語的內涵、用詞和語法仍舊是源自中國文化和文字，則誰又有把握這一新創的文化，不會成為中國文化的另一翻版?!果真如是，則與其繼續使用台語或創造一套既無文化根源、又乏國際實用價值的新文字，何不如乾脆捨棄台語和台文，而仿傚新加坡的成例，以英文、日文甚至法文替代台灣的語文，豈非對台灣的前途更為實際有益?!但這一極端的選擇，又是否可能付諸實現？

　　再退一步言，台灣將來即使是走「獨立」的路線，也毫無必要、更不應該以台語取代國語，因為台灣是否可能在政治上長期有效獨立於中國大陸之外，並不取決於台灣是否繼續使用「中國話」和「中文」，而是取決於台灣內部的團結、海峽兩岸關係的穩定，以及國際社會對台灣的支持。而此三條件之中，又以台灣本身之團結最為重要，因為它將直接影響其他兩種條件之有無。而團結的先決條件則顯然是確保族羣之和諧及強化對國家之認同感。就此而言，維護「國語」的優先地位，便更為重要和迫切了。長遠而言，即使台灣保持目前獨立自主的事實，甚至成功宣佈為一新的國家，也不可能、更無必要長期或完全斷絕和中國大陸之間的經濟、政治、文化交往關係。到底台灣和中國大陸只有一水之隔，而非千里之遙，不可能老死不相往來或互不影響。何況這種交往關係之維持及改善，若有相同的語言及文字從中潤滑，必將更有助於一獨立台灣的生存和發展。到底世界上同文同種的國家，皆有血濃於水、相互扶持的明顯傾向，而代表不同種族、文化、宗教或語言的國家，彼此之間則往往容易爆發衝突和戰爭，更是歷史一再證實的現象。

　　固然，台灣的語言本土化傾向，多少是反映出政治上的分裂意

識。但只要政府能夠堅持「中國」是一地理、歷史和文化上的概念，非某一特定政權所可獨享，而中國話和中文則是所有漢族共有的溝通媒介及文化遺產，更非某一特定地區的住民所可獨用，則台灣近年所出現的語言分歧現象，自可迅速消彌於無形，所謂「統獨之爭」的激情，亦將大幅冷卻下來。 總之，台灣在已達成國家現代化最重要的一個目標之後，是否應再走回頭(實際上是倒退)之路，委實令人三思。到底統一語文的工程不是旦夕可成，不應輕易言變。何況破壞容易建設難！中國人(至少漢族)更是一向「分裂容易團結難」。身為台灣的領導人及政府各級首長，尤其有以身作則、多說國語、維護團結之重大責任。反之，提倡台語而排斥國語之趨勢或政策，一旦持續地加以政治化，勢將陷台灣於分裂和孤立之境，後患無窮。但願台灣「本土意識」之情緒化發展，不致完全淹沒了理性！也但願「統獨之爭」及「省籍情結」，不再成為政客爭取選票、奪取權位的方便工具。否則台灣社會如果繼續分化下去，只怕終將「不攻而自亂」，後果委實不堪設想！

註 釋

(1) 根據一九九〇年內政部所作的最後一次統計。見彭懷恩：《中華民國政府與政治》(台北：風雲論壇出版社，一九九三年)，頁八〇～八一。此後為鼓勵各族羣之融合，政府不再公布省籍資料，並在居民的各種身分證件上，以「出生地」取代「籍貫」之記載。

(2) 有關新加坡統一語文的政策，詳見Lim Chong Yah, *Education and National Development* (Singapore: Federal Publications, 1983); Soon Tech Wong, *Singapore's New Education System: Education Reform for National Development* (Singapore: Institute of Southeast Asian Studies, 1988).

(3) 《內政部統計提要》(台北：內政部資料室，一九九四年)，頁五十六～五十七。

(4) 根據台灣近年所作的民意調查結果，認為自己只是「台灣人」的，從未超過四成。其餘的都認為自己是「中國人」或「既是台灣人也是中國人」。近例見《聯合報》一九九四年四月十八日頁二；一九九五年五月十四日頁二，八月四日頁二。

毒品問題，空前嚴重

　　一九九三年五月十二日，台灣警方查獲有史以來最大宗的海上海洛英走私案，從屏東縣東港漁船起出多達三百三十六公斤的高純度海洛英，市價超過新台幣一百億元(相當美金四億元)，震驚全島。同一日，台灣行政院長連戰正式宣佈向毒品全面「宣戰」，發動所謂的「第二次鴉片戰爭」。到底台灣毒品泛濫問題有多嚴重？其原因及社會影響何在？三年多以來反毒戰爭的成效、問題與前景又如何？委實值得所有關心台灣前途的人警覺和正視。本章試就上述各問題，作一整體及初步之研析。

一　毒品泛濫之趨勢

　　毒品問題基本上有兩個相互影響的層面，即走私販賣和吸食成癮。本節先論第一層面。走私和販賣毒品，在台灣還是近十年來的新興行業。主要的誘因有二，一是海峽兩岸社會之自由化及相互開放。一九七九年起大陸對台灣單方面之貿易開放，加上同年台灣開放人民出國觀光，開始造成兩岸走私活動之日益猖獗。一九八七年，台灣又主動開放經由香港與大陸之間的人員及貨物往來，不啻是提供了兩岸三地之間走私活動的更多機會和空間，而香港長期以來原是舉世聞名的毒品轉運重站。兩岸社會之自由化，尤其是威權體制之式微、法治基礎之薄弱、以及貪贓枉法行徑之活躍，皆又進一步助長販毒活動之聲勢。此外，越南在一九八〇年代末期也採行了類似中國大陸的經濟改革及對外開放政策，加上柬甫寨內戰之終結，也使得東南亞的毒梟

和泰北、緬北「金三角」、乃至中國雲南省的鴉片種植者,得到大展
鴻圖的機會。運送毒品出海的管道,更是日益簡便及多樣化,結果造
成整個東亞及東南亞在九○年代前後數年毒品產量猛增、毒販活動空
前猖獗的現象。這一局面也直接導致台灣販毒活動之塵囂日上。(註1)

　　台灣毒品泛濫速度之快,首先可從過去十年來警方查獲毒品數
量之劇增,略見端倪。一九八○年代初期,治安機關每年查獲的烈性
毒品(以海洛英為主)只不過一、二公斤,但已值得媒體大事宣揚。到
了一九八○年代後期,警方查獲的烈性毒品雖已成倍增加,但仍不出
三、數公斤。但自一九九○年起,走私入台的毒品數量開始急劇上
升,一九九一年已逾一百五十公斤,一九九二年,僅僅是七到十一月
的五個月間,便查獲五宗大規模毒品走私案,而且每次皆多達數十公
斤之多,全年查獲量則近三百公斤,相當於過去十五年的總和。(表一
及表二)到了一九九三年,走私或販賣毒品的案件,更是到了幾乎日有
所聞、層出不窮的地步,僅頭四個月便查獲七宗大案,起出海洛英共
二百四十餘公斤。根據同年五月十二日被警方查獲的特大案件中的漁
船主透露,他自一九九○年起,已先後自中國大陸六次走私毒品入
台,每次約重四十公斤,而且次次皆能輕易脫手,牟得巨利,所以這
次才有恃無恐,逕向泰國金三角購買巨量毒品,通過海路運抵台灣。
(註2)結果,一九九三年全年查獲的烈性毒品總量高達一千一百四十
四公斤,超過歷年破獲數量之總和。(表一)

　　一九九四年,由於警方已開始嚴厲打擊販毒活動,全年查獲的
海洛英總量略有下降,但仍多達五百二十七公斤。同年三月一日,警
方並再查獲陸上有史以來最大的販毒案,起出已經運入島內的海洛英
磚一百五十九公斤,當時市價也達新台幣一百億元。(註3)一九九四年
五月中旬,警方又一次查獲陸上販毒特大案件,起出海洛英一百零三
公斤(註4),足見毒品泛濫之現象,還是方興未艾罷了。事實上,早在
一九九三年五月二十日,行政院長連戰便已公開披露,台灣每年單是
自大陸雲南地區走私進口的毒品數量,估計便達三千公斤,佔當地產

表一：台灣地區查獲毒品數量及涉嫌人數，1980－1995

年份	煙毒（包括海洛英之烈性毒品）		麻醉藥品（包括安非他命）	
	嫌犯人數	查獲數量（公斤）	嫌犯人數	查獲數量（公斤）
1980	54	0.008	779	——
1981	136	0.18	1784	——
1982	557	1.75	1444	——
1983	885	1.20	1285	——
1984	652	2.42	1306	——
1985	1014	3.87	1647	——
1986	764	3.15(2.51)	1928	——
1987	997	5.57(4.36)	1759	——
1988	1032	4.14(2.16)	1591	——
1989	1196	4.66(0.92)	1874	——
1990	1446	36.68(8.83)	5078(4400)	787.7(414.37)
1991	4436	154.52(98.01)	25021(24310)	1297.6(1297.6)
1992	6378	278.60＋(72.72)	41557(40741)	913.9(886.9)
1993	19997	1144(814.18)	44872(43998)	5337(963.5)
1994	16145	526.99(523.82)	29139(28721)	6298＋(615.2)
1995(1-6月)	4273	140.50＋(75.36)	21259(13406)	3357＋(608.6)

備註：弧號內分別為海洛英及安非他命數據，但須作以下說明：(1)一九九二年單就報載查獲海洛英大案之毒品數量，便達278.60公斤，遠高於官方公佈的煙毒數量90.82公斤，故採前者。(2)一九九三年報載查獲安非他命總量為5337公斤，亦受官方所承認，但政府公佈數據僅得963.5公斤。部分原因係後者未計入半成品數量，故仍採前者。(3)一九九四年報載查獲安非他命大案總數量已達6298公斤，但警方資料僅得615.2公斤，令人質疑。(4)一九九五年上半年報載查獲之海洛英大案已逾140公斤，安非他命數量也達3357公斤，但警方資料分別為75.36公斤和608.6公斤，顯然偏低。有關「大案」的定義及趨勢，詳見表二。

資料來源：
(1)《中華民國八十三年內政統計提要》（台北：內政部統計處，一九九四年），頁118－121，259，271，280。
(2)《內政統計月報》（台北：內政部統計處，一九九五年六月），頁90。
(3)《警政統計月報》（台北：內政部警政署，一九九五年六月），頁64－65。
(4)《聯合報》1995年5月19日頁6，7月20日頁7。

表二：近年警方查獲毒品大案一覽

日　期	種　類	數　量	來　源	備　註
1990年 6月 8日	安非他命	1080公斤	中國大陸	
1992年 7月13日	海洛英	65.5公斤	泰　國	
1992年 8月 8日	海洛英	27.5公斤	泰　國	
1992年 8月22日	海洛英	61.6公斤	中國大陸	
1992年10月 8日	海洛英	84公斤	泰　國	
1992年11月11日	海洛英	40公斤	中國大陸	
1992年12月29日	安非他命	115公斤	台　灣	
1993年 3月23日	海洛英	70公斤	中國大陸	
1993年 4月 7日	海洛英	22公斤	中國大陸	
1993年 4月10日	安非他命	162.8公斤	台　灣	
1993年 4月18日	安非他命	338公斤	台　灣	半成品
1993年 4月25日	安非他命	300公斤	台　灣	
1993年 4月27日	安非他命	510公斤	中國大陸	
1993年 4月29日	海洛英	35公斤	中國大陸	
1993年 5月11日	海洛英	336公斤	泰　國	
1993年 5月22日	海洛英	16公斤	香　港	
1993年 6月15日	海洛英	18.5公斤	泰　國	
1993年 9月 4日	安非他命	439公斤	台　灣	半成品
1993年10月 7日	海洛英	24公斤	中國大陸	
1993年10月17日	海洛英	49公斤	中國大陸	
1993年10月17日	安非他命	116公斤	台　灣	
1994年 1月24日	安非他命	160公斤	台　灣	
1994年 2月28日	安非他命	1000餘公斤	台　灣	半成品
1994年 3月 1日	海洛英	159公斤	泰　國	
1994年 3月17日	安非他命	496公斤	台　灣	半成品
1994年 5月11日	海洛英	88公斤	泰　國	
1994年 5月19日	海洛英	102公斤	泰　國	
1994年 6月 4日	海洛英	51公斤	泰　國	
1994年 6月15日	安非他命	100餘公斤	台　灣	
1994年 6月19日	安非他命	152公斤	中國大陸	
1994年11月30日	安非他命	2000餘公斤	中國大陸	半成品
1994年12月 3日	安非他命	150公斤	中國大陸	成品及半成品
1994年12月20日	安非他命	40公斤	中國大陸	
1994年12月21日	安非他命	1000餘公斤	台　灣	
1994年12月24日	安非他命	1200公斤	台　灣	
1995年 1月13日	海洛英	21.5公斤	泰　國	
1995年 4月 9日	安非他命	500公斤	中國大陸	半成品
1995年 4月11日	海洛英	15公斤	泰　國	
1995年 5月 1日	海洛英	30公斤	泰　國	
1995年 5月17日	海洛英	24公斤	香　港	
1995年 5月20日	安非他命	400公斤	台　灣	成品及半成品
1995年 6月14日	海洛英	50公斤	泰　國	
1995年 8月22日	安非他命	190公斤	中國大陸	

備註：「大案」指查獲海洛英超過10公斤，安非他命超過100公斤。
資料來源：《聯合報》1990年──1995年8月。

量之三成，但實際遭警方查獲者，僅約三數百公斤，可見問題之嚴重。即使如此，截至一九九四年三月，台灣警方查扣並庫存的海洛英總數，已多達一點四公噸，市價近新台幣一千億元，委實令人嘆為觀止。(註5)

　　由於毒品之大量流入台灣，「台毒」泛濫成災之名不逕而走，在國際媒體中更是不斷受到報導。美國國務院自一九九四年起，更是連續三年將台灣列為亞洲之「毒品轉運中心」及「國際毒梟之避難所」，可見台灣販毒活動之猖獗。(註6)一九九五年初，聯合國「國際麻醉品管制委員會」，也將台灣列為東南亞海洛英毒品的「重要轉運站」之一。(註7)但台灣法務部長馬英九則公開辯稱，台灣毒品的小盤（市面）價格，已超過美國紐約市街頭的行情，足證台灣本身有其龐大的市場，根本沒有再轉運美國或其他國家的誘因。馬英九甚至指出，台灣本身海洛英市場的需求量便達三、四千公斤，遠遠超過實際查獲的數量。(註8)言下大有台灣根本便是吸毒大國，何至肥水外流之意，委實令人瞠目結舌。事實果真如果，豈非更令人心驚肉跳?!

　　但上述數字還是單指毒性較強、費用昂貴的海洛英及其他毒品而已。至於毒性較輕、製作容易、成本低廉的安非他命，其泛濫程度便更驚人了。根據內政部警政署發佈的資料，一九九○年全台查獲的安非他命已達七百八十餘公斤，一九九一年增至一千二百九十八公斤，一九九二年雖減為九百一十餘公斤，但一九九三年卻劇升至五千三百三十七公斤，超越歷年查獲安非他命之總和。一九九四年，單是見諸媒體的大案數量，便在五千七百公斤以上，全年估計則至少為六千三百公斤，幾乎是一九九○年的九倍。(表一及表二)

　　值得注意的是，台灣不是海洛英的原產國，不能自行煉製，只能偷運入口。但安非他命卻是使用化學材料和簡易設備便可製造的毒品，只要取得一般受到管制的麻黃素原料，在任何國家皆可煉製。因此，台灣警方在查緝走私進口的海洛英方面，雖可多少奏效，但對台灣本地製造安非他命的投機者，則防不勝防。而且對進口海洛英之打

擊愈有效,自製安非他命的誘因也愈大。事實上,台灣製造安非他命的地下工廠,自一九九○年起仿若雨後春筍,遍地開花,幾乎到了無所不在、查不勝查的囂張地步。到了一九九三、一九九四年,報刊幾乎每兩三天便見警方搗破安非他命工廠的消息,而且這些工廠的產量動輒以噸計,令人怵目驚心。(註9)

這還不算。一九九三年四月,警方首次查獲一起在福建設廠,走私返台的安毒大案,起出安非他命超過半噸之多。(註10)此後便不斷查獲由大陸製造、走私來台的大宗安毒案件。(表二及註11)一九九四年底,南區海防司令部更在屏東海岸查獲安非他命半成品二公噸之多,再次打破歷年紀錄。(註12)甚至連美國國務院,在同年有關台灣毒品活動的報告中,也公開指出,台灣的毒販「不僅在台灣設立提煉安非他命的工廠,同時還投資中國大陸的工廠。」(註13)足證毒販猖獗的程度。據報導,製造安毒所需要的麻黃素,在中國大陸沒有管制,購買容易,而且製造成本遠較台灣為低,因此利潤較在台灣本地煉製更為龐大。此外,廈門地區對台胞又採落地簽證之優遇政策,台灣人民只需持有身分證,便可自由進出大陸,因此經由漁船走私安毒,也是十分方便。凡此種種皆造成毒梟趨之若鶩的情勢,也為台灣毒品之取締工作,增添新的障礙和阻力。(註14)

二 台灣的吸毒人口

吸食毒品的原因顯然比走私或販賣毒品複雜許多。但就台灣言,基本上仍可歸因於經濟生活之富裕及社會風氣之奢靡,加上正當及室外休閒活動之缺乏、學校及社會教育之不足、相關法令之疏漏、醫療設施之不健全、乃至賭黃黑活動之歷久不衰等,也都構成重要的刺激因素。雖然台灣對吸毒人口一直缺乏完整的評估方法,但是單從警方查獲的嫌犯人數,已可看出趨勢。一九九○年以前,不論是違反「肅清煙毒條例」(即運賣或吸食海洛英、鴉片等烈性毒品)或「麻醉

藥品管理條例」（即製造或使用包括安非他命在內的輕性毒品）的人數，皆無甚波動，且兩者之總數仍在三千人以下。但一九九〇年起，兩類嫌犯人數皆呈急速增加之勢。違反「肅清煙毒條例」者，由一九九〇年的一四四六人躍升至一九九一年的四四三六人，一九九二年再增為六三七八人，一九九三年更是猛增三倍有餘，達一九九九七人，為歷年最高峰。一九九四年稍減，但仍有一六一四五人。違反「麻醉藥品管理條例」者之人數增幅，則更驚人。一九九〇年已有五〇七八人，一九九一年達二五〇二一人，一九九二年再升至四一五五七人，一九九三年續增至四四八七二人，也是史無前例之新紀錄。一九九四年雖有減少，但仍有二九一三九人。(表一)單從上列兩種數字看來，一九九四年台灣被正式查獲的吸毒人口，便已多達四萬五千人。但據警方保守的估計，每抓到一個吸毒者，至少有五個溜掉。(註15)若以此推算，則一九九四年台灣的吸毒總人口，當已在二十七萬人上下。

我們再從向警方正式登記在案的吸毒人數之增加趨勢，也可獲得佐證。據台灣法務部統計，一九五五年到一九八〇年之間，全台灣已登記的吸毒者(包括服刑毒犯在內)，每年平均只有五百十九人。但從一九八一年到一九九〇年，此一數字跳升至每年二千八百人，而一九九一年到一九九四年之間，更是暴增至每年三萬餘人。換言之，自一九八〇年到一九九四年的十五年之間，台灣吸毒人口至少增加了五十七倍以上。(註16)據估計，登記有案的吸毒者，又僅佔所有吸毒人口的十分之一。依此推算，台灣在一九九四年年底的吸毒總人口，應也在三十萬人左右，與上文之推算結果極為接近。此外，我們若從檢警單位近年來送往衛生機構檢驗涉嫌吸毒者的尿液樣數目，也可看出吸毒問題之嚴重。早在一九九一年，這類送檢案件已達一萬八千餘件，一九九二年再暴增至六萬四千六百餘件，一九九三年更破十萬件大關。一九九四年數字雖有下降，但仍多達八萬四千餘件。而此四年中受檢案件呈毒品陽性反應者約佔百分之六十，即有至少十六萬人吸毒。(註17)

我們可再根據毒品流通的數量，估計台灣的吸毒人口。以海洛英言，其毒性是鴉片的一百倍，一般吸食者每次只需使用零點零一公克，即可解癮。換言之，每一公斤可讓十萬人吸食或注射一次。若以法務部長馬英九在一九九五年初之估計，即全台灣海洛英市場本身之需求量至少是三千公斤，則當可供三億人施用一次。假定使用者每日吸食二次止癮，則可供四十一萬人吸食一年之久，足見其泛濫之程度。再看安非他命，吸食者每日使用量平均以零點一公克計，僅僅是一九九四年全年查獲的安毒總量六千三百公斤，便可供十七萬二千人吸食一年之用。這還是最為保守的估計，因為根據上文所示一九九四年的數據，事實上吸食安非他命的人數，至少多出吸食海洛英者百分之七十八。但無論如何，若說以上兩種毒品的吸食者總數，在台灣很可能已經超過五十萬人，絕不為過。由此看來，台灣縱非毒品轉運中心，也肯定是吸毒大國了。

事實上，早在一九九三年五月，行政院長連戰已公開承認，全島販毒和吸毒的人口，已達十六萬人左右。僅僅一年之後，法務部長馬英九又公開表示，台灣地區毒品泛濫的情況，已達到「空前未有的程度。」他並推斷全台之吸毒人口至少在二十萬人以上。(註18)到了一九九五年初，台灣高等檢查署署長劉景義，在公開記者會上更進一步宣稱，台灣吸毒人口已逾三十萬人，比清朝林則徐禁煙時代還要嚴重。(註19)換言之，台灣官方估計的吸毒人口，在僅僅兩年之間便幾乎翻了一翻，而且與本文所作的推算，極為相近。依此保守的三十萬吸毒人口計，則全台灣平均每七十個人(包括老弱婦孺)中，便至少有一名癮君子，可見毒品在台灣確已到達泛濫成災的地步。

吸毒人口之急劇增長，本身原已可慮，但其分佈狀況又有低齡化及大眾化之趨勢，更加令人心憂。尤其是安非他命，由於製造方便，成本低廉，又和海洛英同樣是一本萬利，但售價僅為海洛英的三十分之一，可以更為大眾化的價格爭取廣大消費市場，因此不僅毒販趨之若鶩，而且迅速獲得台灣青少年及一般羣眾之青睞。結果，不僅

吸食安非他命的人數急速增加，而且吸食者的年齡也逐年下降。據統計，一九九〇年以來，警方緝獲的安毒人犯之中，至少有四至六成為青少年。其中未滿十八歲的少年犯，不論在人數或比例上竟然皆和青年犯旗鼓相當，更是令人怵目驚心。早在一九九〇年，警方查獲的安毒嫌犯中，便有多達百分之六十六點八係十二歲至二十三歲之青少年。其後這一比例雖連續四年有下降之趨勢，但從未低過百分之四十。事實上，青少年犯比例上之縮小，乃是因為安毒犯總人數之激增所致。因為一九九〇年青少年安毒犯還只有二九四一人，一九九一年暴增至一萬四千七百餘人，一九九二年再躍升至二萬二千五百餘人。一九九三、一九九四兩年由於反毒運動之影響，青少年安毒犯雖稍減少，但仍在一萬一千人至兩萬人之間。一九九五年上半年，青少年安毒犯的比例，又有回升之趨勢，足見安毒在青少年人口中之蔓延，仍在持續之中。(表三)

表三：安毒嫌犯年齡分佈情況，1990－1995

年份	總人數	百分比	少年犯	百分比	青年犯	百分比
1990	4400	100.0	1415	32.2	1526	34.7
1991	24310	100.0	6788	27.9	7916	32.6
1992	40741	100.0	10558	25.9	11954	29.3
1993	43998	100.0	8659	19.7	11780	26.8
1994	28721	100.0	4556	15.9	6988	24.3
1995(1–6月)	13406	100.0	2055	15.3	3404	25.4

備註：滿十二歲未滿十八歲者為少年，滿十八歲未滿二十四歲者為青年。
資料來源：《警政統計月報》(台北：警政署統計室，一九九五年七月)，頁64。

　　另外根據台灣省教育廳一九九二年對全省(尚不包括台北、高雄兩直轄市)高中及國中學生所進行的尿液篩檢，結果發現竟有一萬二千名學生有吸食安非他命現象。同年台南縣衛生局和教育局抽驗六千餘名中小學生中，也有四十五名國小學生有吸食安非他命現象，可見

安毒已蔓延到十二歲以下的兒童。(註20)又根據國立陽明醫學院一九九三年對全台灣一萬二千餘名十二至十八歲在校學生及社會青少年所進行的抽樣檢查，結果發現多達百分之一點三的青少年濫用藥物，其中又以安非他命居首，比率高達百分之七十五點四，其餘也包括使用海洛英、大麻等的個案。(註21)單以這一年齡層(十二至十八歲)的總人口約二百三十萬人推算(註22)，則全台灣吸食安非他命的青年人口，便達三萬人。

　　一九九四年八月，專門為陸軍篩檢新兵濫用藥物的陸軍八一八醫院醫師指出，自一九九三年夏季起至一九九四年夏的一年之中，他們到各地篩檢的結果，約有五分之一的新兵(十八至二十歲)曾有過服用毒品的經驗，其中包括海洛英和安非他命，但以使用安非他命的人數為最多。若以此數推測，每年入伍的三軍新兵總人數十四至十七萬人之中，至少又有三萬人左右已有吸毒經驗。(註23)以此數字推算，則全台灣同一年齡層男性之吸毒人數，則可能多達十二萬人。(註24)由此觀之，林則徐在十九世紀所擔憂的「國將無可禦敵之兵」一現象，大有可能在九〇年代末期的台灣出現！

　　這還不算，一九九三年七月初，台北縣警局首次查獲摻有毒品的檳榔，且係由一檳榔連銷店供應路邊攤販，可見毒販已開始滲透和毒化台灣近四百萬人口的龐大「紅唇族」，也使得吸毒問題，有迅速泛濫至「全民上癮」的重大危機。(註25)同年(一九九三)九月，台北縣板橋某國中吸安女生甚至向警方坦承，國中校園內吸安、販安的情況相當普遍，只要是校園吸安族，大都可以打聽出買「安」的管道。警方根據此一女生之線索，便已掌握國中吸安學生近五十名。同縣一國中校長則懷疑已有人以威逼利誘的方式，幕後操縱國中學生吸安販安，非校方能力所可控制。(註26)到了一九九四年六月，報刊開始報導不少國中、高中學生，甚至已到了相互以安非他命「待客」的地步。一九九五年九月，警方又查獲一起販賣安非他命的青少年集團，九名嫌犯中竟有七人未滿十八歲，最小者年僅十三歲，而查獲的安非

他命市價卻高達百餘萬元，更是匪夷所思，嚇人聽聞！(註27)

　　一九九五年四月初，高速公路警察局也發表了一份調查報告，其中指出女性吸毒者之人數，在最近三年中成倍增長。一九九二年吸食或販賣安非他命的男女嫌犯比例還只是十五比一，但一九九三年降至八比一，一九九四年更只有五比一。即使是海洛英，男女吸食者的比例也由一九九二年的九點五比一，劇降至一九九四年的四點二比一，足見毒品蔓延之迅速。同一研究報告又指出，過去查獲安毒的嫌犯，以居住在台北、高雄、屏東、彰化等走私活動頻繁的縣份為主，但最近一年有向嘉義、台南等其他縣份迅速發展的趨勢。而且購買安非他命已不需循特殊管道，幾乎到處皆可輕易取得，又可見毒品泛濫之幅面，已到無孔不入的地步。(註28)

　　再者，就吸毒者的職業分佈情況言，毒禍也有朝各階層蔓延的趨勢。根據警政署對一九九三年所查獲安毒嫌犯之調查，有百分之三十六點八係無固定職業，居第一位。其次是藍領勞工階層，佔百分之二十六點四。但以婦女為主的「家庭管理」類，竟然也高居第三位，佔百分之十三點五。其他人數較多者尚包括金融及商業界人士(百分之七)，農漁牧業者(百分之四點一)，學生(百分之四)，交通運輸人員(百分之三點五)。他如公務人員、醫藥界、社會服務業等皆佔一定比例。反而理容業、舞女、娼妓等吸食安非他命者，總共僅佔百分之零點六三。(註29)可見過去一般人認為是黑道人物或風塵女郎專利的東西，在短短數年之間，便已發展成為各行各業皆難倖免，而且是男女同享、老少咸宜的大眾化商品，委實令人無限憂心忡忡。

　　更糟的是，吸食安非他命的癮君子，又有逐漸成為毒性更大的海洛英吸食者的趨勢。根據法務部調查局所發表的資料，一九九〇年治安機關送檢的尿液樣本中，每千件有百分之七十被驗出含有安毒，只有百分之十被驗出含有海洛英。一九九一年，含有海洛英的尿液增至百分之十五，一九九二年急增至百分之三十七，到了一九九三年再跳升至百分之五十以上。含有安毒件數的比例雖然保持穩定，但其中

有半數以上也有吸食海洛英的現象。可見吸毒人口毒癮升級之明顯趨勢。(註30)上述各種數據也足以充分證明，台灣毫無疑問已成世界「吸毒大國」，前景委實堪慮。

三　毒禍成災的社會影響

　　煙毒犯和吸毒人口迅速增長之直接後果，必然導致各種刑事案件之增加。因為販毒活動必須依賴黑社會之支持或以暴力為後盾，而吸毒者為了滿足毒癮，更必須設法獲取大量的金錢以購買毒品，因此除了同時參與販毒活動之外，也唯有從事貪贓枉法、色情賭博、招搖撞騙、乃至竊盜搶劫、勒索殺人等暴力犯罪活動。結果，吸毒和販毒、毒品問題和其他犯罪活動，必然相互刺激，形成惡性循環，從而嚴重影響社會治安。前文所提台灣高等檢查署署長劉景義在一九九五年初的公開談話中，便坦白指出，由於毒梟販售毒品的管道遍佈全台各角落，因毒品而衍生的其他犯罪活動已日益嚴重，使得台灣治安形勢每況愈下。(註31)

　　事實上，由於違反煙毒條例和吸食安非他命的人犯急速增加，全台灣的刑事犯罪人數自一九九○年起也開始直線上升，由該年度的八萬六千九百餘人，激增至一九九一年的十四萬五千餘人，一九九二年的十七萬二千餘人，一九九三年的十七萬七千餘人，不僅增幅之大屬於空前，而且年年刷新歷史高峰紀錄。一九九四年刑事人犯數目雖下降至十五萬三千餘人，但一九九五年仍無明顯的改善跡象。(表四)其實，早在一九九一年，台灣犯罪人口佔總人口的比例，已高居亞洲各國之首，即平均每一百四十人之中(也是包括老弱婦孺)，便有一名罪犯，足見治安形勢之險峻。(註32)此後連續三年台灣犯罪人口之增長趨勢，必令台灣繼續維持絕對領先的地位。

　　值得注意的是，台灣的刑事案件，多年來皆是以偷竊、賭博、色情為首。從一九八三年到一九九○年之間，因違反「肅清煙毒條

表四：台灣地區刑事嫌犯部分類別，1988－1995

年份	總人數	百分比	竊盜犯	百分比	煙毒犯	百分比
1988	81503	100.0	25929	31.8	2623	3.2
1989	86900	100.0	28665	33.0	3070	3.5
1990	86723	100.0	24129	27.8	6524	7.5
1991	145442	100.0	31631	21.7	29457	20.3
1992	172551	100.0	34360	19.9	47935	27.8
1993	176748	100.0	32656	18.5	64869	36.7
1994	153097	100.0	30786	20.1	45284	29.6
1995(1-6月)	76331	100.0	16898	22.1	25359	33.2

備註：「煙毒犯」包括違反「麻醉藥品管理條例」者。
資料來源：《內政統計月報》(台北：內政部統計處，一九九五年七月)，頁85，90。

例」和「麻醉藥品管理條例」而被查獲的嫌犯，更從未超過同年度犯罪總人數的百分之七點五(最高為一九九○年)。但一九九一年起，這一比例開始大幅攀升至百分之二十點三。一九九二年，警方查獲的毒犯人數，更首次躍居各種刑事犯之首位，甚至超越了一向居於鰲頭的偷竊犯。毒犯佔全部犯罪人數之比例，則升至百分之二十七點八，一九九三年再增至空前未有的百分之三十六點七。一九九四年查獲的人數雖稍下降，但仍佔全部刑事犯的百分之二十九點六。而這一比例到了一九九五年上半年，又再度回升到百分之三十三點二。(見表四)換言之，全台灣犯罪人口中，每三人之中便有一個是毒犯，足見毒品問題影響社會治安的嚴重程度。

事實上，由於毒犯人數之激增，他們在全台灣各監獄中所佔的比例，也出現驚人的成長速度。一九八九年，被定罪入獄的毒犯總數仍僅佔全部受刑人的百分之十六點七，(註33)一九九○年急升至百分之二十二，一九九一年為百分之二十八，一九九二年再升至百分之三十八點三。到了一九九三年年底，全台服刑罪犯之中，已有百分之五十四(即大多數)和毒品有關。一九九四年底，這一比例再上升至空前

未有的百分之六十三,顯然並未因為政府的反毒運動而受到有效的抑制。一九九五年上半年更達到歷史的最高峰──百分之六十三點八。(表五)換言之,目前全台在監刑犯每三人中便有兩人是因毒品而入獄,誠為舉世所罕見。而一九九一年到一九九五年六月之間新增加的刑事犯十三萬餘人中,竟有多達五萬八千餘人係煙毒犯,佔全部新增人犯的百分之四十三以上,也是令人嘆為觀止的世界紀錄。(見表五)

表五:毒犯佔全台受刑人之比例,1990−1995

年份	總人數	煙毒犯	百分比	新入監受刑人	新煙毒犯	百分比
1990	22934	5045	22.0	21123	2689	12.7
1991	23036	6457	28.0	20833	4081	19.6
1992	29539	11308	38.3	24805	8346	33.6
1993	39843	21531	54.0	34129	17012	49.8
1994	42696	26891	63.0	36043	19678	54.6
1995(1-7月)	41158	26262	63.8	18634	9315	50.0

備註:「煙毒犯」包括違反「麻醉藥品管理條例」之受刑人。
資料來源:《法務統計月報》(台北:法務部統計處,一九九五年七月),頁17,19。

表六:台灣地區刑事嫌犯年齡分佈情況,1990−1995

年份	總人數	百分比	少年犯	百分比	青年犯	百分比
1990	86723	100.0	17286	19.9	14322	16.5
1991	145442	100.0	25472	17.5	27548	18.9
1992	172551	100.0	30719	17.8	31423	18.2
1993	176748	100.0	30780	17.4	29748	16.8
1994	153097	100.0	28378	18.5	23638	15.4
1995(1-6月)	76331	100.0	14695	19.3	11579	15.2

備註:少年犯為滿十二歲未滿十八歲者,青年犯滿十八歲,未滿二十四歲。
資料來源:《中華民國台灣地區警政統計月報》(台北:內政部警政署,一九九五年七月),頁10−11,52。

　　這還不算。在所有刑事嫌犯之中，青少年嫌犯的人數，也由一九九〇年的三萬一千六百餘人，躍升至一九九三年的六萬零五百餘人，增幅高達百分之九十一。而一九九〇年至一九九三年連續四年，未滿十八歲少年犯的所佔的比例，竟然又和青年犯並駕齊驅，而且自一九九三年起更年年超越青年犯，可見犯罪年齡和吸毒年齡同步下降的明顯趨勢。(表六)事實上，我們若仔細比較一下表三和表六的數據，便可發現單是涉嫌吸食安非他命的青少年犯，在全部青少年刑事犯人口中所佔的比例，有急劇上升的現象。一九九〇年時，這一比例尚不及十分之一，一九九一年激增至四分之一強，一九九二、一九九三兩年更超過了三分之一。一九九四年由於政府的掃毒運動，下降為五分之一強，但迄一九九五年六月並無進一步下滑的趨向，足見問題之嚴重。(表三及表六)

　　刑事犯急劇增加的結果，也使得全台灣各監所無不人滿為患，形成戒護上的嚴重負擔。據統計，一九九三年九月底時，全台灣十九處大小監獄和二十四處看守所、觀護所共應收容之人犯總數，僅為三萬四千三百十八人，但實際收容人數竟達五萬二百六十五人，即超收了一萬五千九百四十七人，而且人犯數目仍以每月至少八百人之數目遞增。(註34)監所原是各種罪犯交流經驗、結夥成團之絕佳場所，其供不應求的結果，不僅形成無數安全死角，而且由於毒犯所佔的龐大比例，顯然更有擴散毒品市場、強化毒犯團伙之直接效應。一九九四年，受刑人之家屬已開始公開反應，各地監所皆有不吸毒的罪犯，被毒犯脅迫吸毒，進而受到勒索之情事。同年七月底，台北監獄及台北看守所更爆發警員及管理員勾結煙毒要犯、協助私運毒品入獄之驚人案件，足見毒品泛濫之程度和毒梟神通之廣大。(註35)由此看來，台灣各監所大有可能成為培養新毒犯的大本營，其影響委實不堪設想。

　　毒禍蔓延的更嚴重後果，是重大刑事案件之劇增。近十年來，台灣社會日益混亂之事實，已是有目共睹。尤其是黑道日益囂張、黑槍泛濫成災、地下兵工廠林立的現象，幾乎是和毒品蔓延的趨勢，同

步前進。而查獲毒品之同時，更往往也查獲非法之槍械。雖然近年警方公佈的刑事案件數據，由於普遍匿報（也即是台灣媒體所詬病的「吃案」）之現象，已不足以充分反映事實的真相，但仍可看出日益險惡的治安環境。據統計，在各種重大刑案之中，便以違反槍械管制條例者之增幅為最大，查獲嫌犯人數由一九九一年的一五二四人，增至一九九四年的三一七二人，超過了一倍以上。而一九九○年到一九九四年五年之間查獲的非法槍枝，則超過了六千枝，子彈更多達十餘萬發，誠非八○年代以前任何人可能想像到的可怕局面。(註36)即使是台灣的法務部也公開承認，「槍毒合流」已成為當前台灣刑犯罪之一大趨勢，足見毒禍與重大暴力犯罪活動之密切因果關係。(註37)

其實，九○年代以來，台灣各地日益頻繁的強盜、搶劫及殺人案件，皆不斷出現槍枝之使用。黑道派系火拼、警匪爆發槍戰的案例，也已屢見不鮮。這些現象與「台毒」之蔓延，必有一定牽連。而台灣各大城市一日多起、方興未艾的青少年飛車搶劫活動，更必然和毒禍難以擺脫關係。曾幾何時，一度以社會穩定、民生安樂為傲的台灣，到了九○年代卻變成盜匪遍地、刀光血影的國度！

四　反毒戰爭的困難與前景

根據警方公佈的最新數據，一九九四年和一九九五年上半年查獲各種毒品的數量及涉案人數，已有持續下降的趨勢，多少證明三年多的肅毒運動，已收到一定的成效。但值得注意的是，近兩年來，官方公佈的這類數據，往往和媒體之報導，出現可觀的差距。即使單是根據報刊披露毒品大案所作出的統計數字，已遠遠高出官方的資料。(見表二附註)一些負責檢驗毒品的機構，甚至已不願再提供有關的重要數據。凡此種種，皆不得不令人懷疑，台灣政府當局是否已蓄意開始隱瞞毒品問題之真相，以便維護國際形象、安定社會人心。果真如是，則近兩年來毒禍在台灣繼續肆虐的程度，恐仍十分可觀。官方的鴕鳥

心態，只可能降低朝野對毒品問題的警覺性，從而助長毒禍的氣燄，實非台灣之福。

即使是根據官方一九九五年的資料，烈性毒品的流通數量和吸食人數雖已下降到一九九一年的水平，但查獲安非他命等麻醉藥品的數量，卻仍接近過去三年的數字，而吸食者的總人數則更超過了一九九四年，而與一九九三年的歷史最高峰數字相當，可見「安」毒蔓延之範圍，仍有持續擴大之趨向。(見表一)事實上，各種毒犯在一九九五年上半年的總人數，也有超過一九九四年的形勢，其佔所有刑事嫌犯之比例，更回升到接近一九九三年的最高水平。(見表四)再看一九九五年新入監的各種毒犯，不論在人數上或比例上又皆超過了一九九三年，並和一九九四年相當。(見表五)由此觀之，「台毒」蔓延的趨勢，顯然依舊十分險峻，只不過近兩年有偏向販售和吸食安非他命之現象罷了，前景仍然十分可慮。

因此，儘管台灣的「二次鴉片戰爭」已經進行了三年多，並在短期中多少取得一些成效，但前途仍然荊棘遍地，困難重重。毒品在台持續泛濫、終至成災之現象，顯然必須首先歸咎於法令不夠嚴峻和執法不嚴。一九九二年以前，違反煙毒條例之罪行原應以「唯一死刑」處罰之。但總共只有九人被槍決，而且是集中在戒嚴時期、毒品問題仍屬輕微的一九七一年到一九八〇年。(註38)據統計，自一九八二年至一九九二年十年之中，共有二千零五十二人嚴重違反了煙毒條例，即從事製造、販賣及運輸毒品或鴉片，但由於刑法第五十九條授予法官「酌量減刑」之裁量大權，結果竟然在毒品日益泛濫的年代，實際上卻無一人被判死刑。(註39)其中一九九二年全年受審的煙毒犯(包括吸食者)一萬六千餘人中，獲得交保者竟多達七千七百餘人，幾佔全部罪犯的半數，更是令人難以置信。(註40)而在交保的煙毒犯中，又每有在短時間再被查獲多次者，但卻每次皆可順利獲得交保的禮遇，可見執法之寬大。(註41)

事實上，為了配合戡亂時期之終止，台灣立法院已在一九九二

年七月，將違反煙毒條例之處罰「唯一死刑」，改為「死刑或無期徒刑」，也同時廢止貪污可判死罪的條文，實不啻給予有意犯罪或已犯此類罪者，進一步大開方便之門，提供他們更大的犯案空間，更難遏抑毒品泛濫之問題。後因台灣國際販毒活動之猖獗，販毒罪是否應該恢復「唯一死刑」之問題，雖一度引起爭議，但法務部僅決定要求法院從重量刑，而未作修法考量。(註42)結果，一九九三年及一九九四年，台灣監所也僅各處死了一名毒犯，雖已打破十三年未判死刑的紀錄，但顯然遠不足以遏抑毒風之繼續蔓延。即使是最近三年(一九九二至一九九四)毒品蔓延最為迅速的這段時期中，檢警單位起訴在案的重大煙毒犯六千六百二十八人中，也只有區區三百七十九人獲判無期徒刑，佔全部判罪人數的百分之五點六而已，委實難以產生嚇阻效果。(註43)

正因為台灣現有的法律，對販製或運輸毒品以及包庇毒販者的量刑太輕，必然又回頭造成有法不依、執法不嚴、甚至違法不究的副作用。何況毒梟所擁有的金錢引誘和暴力脅迫威力，原非任何其他犯罪集團所可望其項背，更非一般善良守法之士所可能抗拒。若以世界各地毒販勾結警方的一貫技倆和悠久傳統觀之，加上台灣警方長期包庇賭、黃等非法活動之歷史，縱容甚至包庇販毒活動者絕對不乏負責查緝的檢警單位及人員。其實，一九九○年以來，報刊已不斷出現負責緝毒的檢警人員本身交結「道上兄弟」、吸食毒品、甚至包庇毒販的報導。到底有多少檢警人員涉入吸毒、販毒乃至走私毒品的活動，恐需大規模的肅貪運動始有可能加以揭發。也許這正是毒品泛濫問題查不勝查、而且愈演愈烈的關鍵原因。(註44)

事實上，前文所述法院量刑太輕或寧縱不罰的現象，已不得不令人懷疑，台灣司法的公正性，是否也早已被毒品所污染。以台灣近年貪贓枉法、官商勾結現象之普遍，司法黃牛活動之猖獗，以及民意代表濫權違法之嚴重程度看來，這又是一個極可能為真的推斷。不僅司法界索賄受賄之現象，多年來皆是公開之秘密，早在一九九三年

底，民進黨立法委員姚嘉文更向法務部反應部分(中央級)民意代表有吸毒情形，甚至還有一位中央級民意代表疑似吸毒而暴斃，可見販毒集團已經滲透最高的立法機關。(註45)一九九四年五月，多次指揮偵破大型販毒集團的台北士林分檢署檢查長吳國愛，更公開指出，由於法令不夠完備以及「民意代表之介入」，使得販毒集團在一九八九年至一九九〇年之間開始得以日益坐大，並且運作日趨國際化。(註46)同年十月，警方終於偵破一中央級民意代表涉嫌國際販毒案，逮捕屏東縣籍民進黨國大代表徐炳豐等十四人。(註47)在此前後數月，警方又陸續查獲地方民意代表多人吸毒之案件，足見上述推斷之正確。(註48)

其實，今日台灣的各級民意代表，乃是呼風喚雨、包庇違法的特權階級。除了極少數之外，他們處處干預行政、阻擾執法，而且是包賭、包黃、包罪、包工程之首腦人物。在此惡風劣習之下，我們實在很難想像只有上述一名國代涉入有暴利可圖的販毒活動。尤其是中央級民意代表兼擁立法、修法之大權，果真遭受毒品的污染，勢將阻礙反毒立法之進程，從而進一步助長毒禍之蔓延，後果委實不堪設想。也許這也正是台灣遏抑毒禍的嚴刑峻法遲遲未能制訂的根本原因。

毒禍在台蔓延迅速的另一個主要原因，是現有的勒戒機構及設備嚴重不足，遠遠無法應付吸毒人口的需要，更趕不上吸毒人口之增加速度。毒品原是上癮容易戒食難的東西，除非衛生及司法單位之大力配合，否則即使有心戒毒之人，也是難以達成目的。就衛生單位而言，截至一九九四年五月底為止，全台公立醫院的「勒戒病床」，加上其他一百零一家私立醫院治療藥物濫用的病床，總共不過三百八十張，根本無法應付近三十萬的吸毒人口，而且不可能在短期中大幅增設。(註49)在司法單位方面，直到一九九四年初，法務部始指定屏東監獄專門收容海洛英吸食犯，宜蘭和嘉義兩監獄專門收容安非他命吸食犯，以減低吸毒犯之「散毒」效應。但真正的戒毒村由於所需的

工作人員甚多，迄今仍在籌設階段，即使在規劃中的兩個戒毒村完工啟用，也遠遠不足以收容全台灣現有的二萬六千餘名煙毒犯。(註50)

結果，戒毒的工作，幾乎是完全仰賴民間戒毒中心。但這些中心往往因為設備簡陋、水平低落且收費昂貴，而成效不彰。據報導，民間戒毒中心每一療程(十至十五天)收費高達十萬元，甚至有不少病患因用藥過量或不當而致死亡。更糟的是，竟有毒販專門在戒毒中心兜售毒品之情事。有些居心不良的戒毒所，甚至主動提供毒品，引誘吸毒者繼續吸食，以賺取更大的利潤。(註51)在戒毒既難又無門的困境下，吸毒者自難免身陷苦海，一犯再犯，甚至以毒養毒或以罪換毒，而維生計，造成毒禍持續擴大之現象。

查緝不易，執法難嚴的另一根本原因，是難以拒毒於海外。到底毒品係體積微小、但又一本萬利的商品，不論是個人攜帶或夾藏於船隻、貨物之中，皆十分方便，容易矇混過關。尤其是台灣對外交通及經貿活動日益頻繁，旅客出入年以千萬計，地理上更是四面環海，平常出海作業的漁船便在萬艘以上，但負責巡邏海岸的警艇，反而僅得區區數十艘。因此可謂時時處處皆是發橫財、牟暴利之機會。何況「人為財死，鳥為食亡。」自古已然，於今金錢掛帥的時代自更熾烈。因此，縱使有如新加坡嚴刑峻法且執法如山之國家，也仍然無法完全杜絕毒品之流通，更遑論法治基礎薄弱、官商勾結普遍、特權思想泛濫的台灣了！

事實上，單是漁船及旅客夾帶毒品闖關的技倆，在台灣已經到達出神入化、防不勝防的地步，更不用說若再加上以金錢、特權甚至黑道打通關節的威力了。更有進者，目前台灣的販毒活動，不僅已經國際化，而且有集團化之趨向。主事販製毒品的大毒梟，已開始學會遙控的技巧，負責運送或走私毒品者，則多半係重金聘僱之工具人手，即使事敗，也不致惹禍上身，最多不過損失一次交易而已。因此，除非打擊販毒的活動獲得台灣鄰近國家之全力配合，已經難以奏效。但香港、泰國之販毒活動，歷史悠久而且聞名世界，毒梟之勢力

更是根深蒂固。大陸的販毒活動則又有後來居上、日益猖獗之勢。如何可能在英國行將撤離香港、而大陸治安又日益敗壞的外在環境下，有效遏抑台灣內外的毒品走私行徑，委實是台灣政府面臨的極大挑戰。

　　一九九三年五月，台灣當局雖已在查獲有史以來最大宗的海洛英走私案之後，公開誓言向毒品宣戰，但究其政策內容，則仍舊偏向消極的防堵和檢舉，在積極強化反毒教育和貫徹嚴刑峻罰方面，則並無明顯的改變。(註52)以今日台灣販毒、吸毒活動之猖獗，本已必須賞罰並行、多管齊下，始有可能期望奏效，但以台灣目前法令不嚴、執法又寬的現狀來看，這場「二次鴉片戰爭」恐將事倍而功半，無以遏抑「毒禍」之繼續蔓延。其實，近年「台毒」蔓延速度之快及幅面之廣，不僅反映了台灣社會風氣之靡爛和敗壞，而且也顯示出台灣法治不張、特權泛濫、財團干政、黑道橫行等腐敗的政壇積習，結果使得如此嚴重的社會問題，竟然非但無法受到迅速遏抑，而且反而愈演愈烈。若以近年毒禍蔓延的速度計，恐怕不需十年，台灣縱使不致淪為萬劫不復的「癮君子國」，社會也必將陷入空前未有的亂局，從而危及政權之穩定。由此觀之，台灣政府是否能在最短時期之中，力挽狂瀾，至少遏止毒禍之擴大，又可回頭視為台灣當局有否除污掃弊、自我革新之決心及能力的重要指標了。

註　釋

⑴ 有關東南亞販毒形勢之新變化，詳見 *Far Eastern Economic Review*, June 3, 1993, pp.26－27。根據同一報導，中國大陸在一九九二年八、九月間，曾出動數千名軍隊及坦克部隊，圍攻雲南省邊境一販毒大本營，且為期長達兩個月之久。又據北京《中國青年報》一九九五年八月十二日之報導，中國大陸登記有案的吸毒者已逾三十八萬人。單是雲南省便有十萬名癮君子，各大城市的吸毒人口仍在持續增加中。見《聯合報》一九九五年八月十三日頁十。

⑵《聯合報》一九九三年五月十二日頁一。

(3)《聯合報》一九九四年三月二日頁一。

(4)《聯合報》一九九四年五月二十日頁三。

(5)《聯合報》一九九三年五月二十一日頁六；一九九四年三月三日頁七，六月二日頁
三十九。

(6)《聯合報》一九九四年四月六日頁一；一九九五年二月十日頁三；一九九六年二月
五日頁七。

(7)《聯合報》一九九五年二月二十八日頁九。

(8)《聯合報》一九九五年二月十日頁三。一九九六年法務部調查局局長廖正豪也有同
樣談話。《聯合報》一九九六年二月二十八日頁九。

(9) 例見《聯合報》一九九三年九月五日頁七，十月十八日頁七，十二月四日頁七；一
九九四年一月二十四日頁十四，三月一日頁七，三月十八日頁十四，六月十六日
頁七，十二月二十二日頁七。

(10)《中國時報》一九九三年六月九日頁十三；《聯合報》一九九四年四月二十三日頁
七。

(11) 例見《聯合報》一九九四年六月二十日頁七，十一月十五日頁五，十一月十六日頁
一，十二月二十一日頁九，十二月二十六日頁七。

(12)《聯合報》一九九四年十二月一日頁十。

(13)《聯合報》一九九四年四月六日頁一。

(14)《聯合報》一九九四年十一月十六日頁一。

(15)《聯合報》一九九四年五月二十八日頁三。

(16)《聯合報》一九九五年四月十日頁三。

(17) 數據取自行政院衛生署麻經處。另見《聯合報》一九九三年五月十二日頁三。

(18)《聯合報》一九九三年五月二十一日頁六，十一月十日頁一；一九九四年六月二日
頁三十九。

(19)《聯合報》一九九五年一月十一日頁九。

(20)《聯合報》一九九二年六月十四日頁十四。

(21)《聯合報》一九九二年十月七日頁七；一九九三年五月十二日頁三。

(22)《中華民國八十三年內政部統計提要》(台北：內政部統計處，一九九四年)，頁五
十六～五十七。

(23)《聯合報》一九九四年八月三日頁三。

(24)《中華民國八十三年內政部統計提要》，頁五十六～五十七。

(25)《中國時報》一九九三年七月五日頁七。

⒇《聯合報》一九九三年九月五日頁七。

⒄《聯合報》一九九四年六月二日頁三十九；一九九五年九月十四日頁十六。

⒅《聯合報》一九九五年四月七日頁十六。

⒆《中華民國八十二年台灣刑案統計》（台北：警政署刑事警察局，一九九三年），頁一七四。

⑶《聯合報》一九九三年五月十二日頁三，五月十九日頁七。

⑶《聯合報》一九九五年一月十一日頁九。

⑶《聯合報》一九九二年七月二十二日頁二。

⑶《台灣法務統計專輯第十期》（台北：最高法院檢查署，一九八九年），頁一四二～一四六。

⑶《聯合報》一九九三年九月三十日頁七。

⑶ 該案涉及人數達十三人之多。見《聯合報》一九九四年七月三十日頁九，十一月十二日頁七。

⑶《法務統計月報》（台北：法務部，一九九五年一月），頁四十四；《警政統計月報》（台北：內政部警政署，一九九五年三月），頁六十六～六十七。

⑶《聯合報》一九九五年五月二十三日頁六，八月二日頁十六。

⑶《聯合報》一九九三年十月二十二日頁三。

⑶《聯合報》一九九三年五月十二日頁三。

⑽《聯合報》一九九二年九月二十六日頁六；一九九三年五月二十日頁七。

⑾《聯合報》一九九三年六月六日頁六。

⑿《聯合報》一九九三年十月二十二日頁三。

⒀《法務統計月報》，一九九五年一月，頁一四四。

⒁ 見《聯合報》一九九三年三月二十九日頁十四；一九九五年六月二十九日頁七。

⒂《聯合報》一九九三年十二月二十四日頁七。

⒃《聯合報》一九九四年五月二十日頁三。

⒄《聯合報》一九九四年十月十四日頁一，十一月三十日頁二。

⒅《聯合報》一九九四年五月二十日頁三，九月十五日頁十六；一九九五年一月十九日頁十六，七月二十日頁十。

⒆《聯合報》一九九四年五月二十八日頁三。

⒇《聯合報》一九九四年二月五日頁七。

⒀ 例見《聯合報》一九九三年九月二十三日頁三十六；一九九四年五月二十八日頁三；一九九四年九月十日頁七；一九九五年八月二十三日頁九。

⑸2 一九九二年十一月至一九九四年底的兩年之中，各級法院雖已判處近三十名煙毒犯死刑，但迄一九九五年六月底止，僅有三人被真正處死。《聯合報》一九九五年六月二十日頁三。以過去十餘年的紀錄觀之，絕大多數死刑犯仍將通過人情關說、乃致金錢之賄賂、甚至黑道之威脅，在上訴後達成最終減刑而免一死的目標。

暴力現象，泛濫成災

一九九五年八月十三日，美國著名的哥倫比亞廣播公司，在其極具影響力的電視節目「六十分鐘」中，以長達十三分鐘的時間，播放了台灣立法院、國民大會以及台北市議會「動手不動口」的種種火爆及流血場面，令人不忍卒睹。播報記者在頻頻搖頭之餘，只能以「最粗暴的」國會形容之。節目播出之後不過四天，八月十七日和十八日連續兩天，台北地區的兩家計程車司機，由於兩名司機之間的小糾紛，而迅速擴大成為雙方千餘輛車之間、也是台灣有史以來規模最大的集體械鬥。衝突雙方人馬使用汽油彈、瓦斯彈及各式刀械相互攻擊打砸，造成三百餘輛計程車受損，五十多人受傷。最令人困惑的是，警方雖然佈署數千名警力，但卻僅能作壁上觀，不敢加以干預。(註1)為此暴亂事件，各國旅行業者甚至立即紛紛向台灣政府電詢觀光活動之安全性！

以上兩則新聞不得不令人質疑：台灣社會的暴力現象，到底泛濫到何種程度？九○年代的台灣治安，已經惡化到什麼地步？其原因和前景又是如何？本文試作一初步及整體的分析。

一　從國會肢體衝突到街頭羣衆暴力

台灣的暴力泛濫現象雖非源自國會，但卻是以國會為最顯目的呈現場所。而國會內之暴力(美其名曰「肢體語言」)，又回頭直接助長整個社會的暴力傾向，更是無人可以否認。其始作俑者則是民進黨的立委朱高正，在一九八七年二月二十四日跳上立法院主席台搶奪麥

159

克風的事件。此後立法院便不斷上演形形色色的肢體衝突鬧劇，而且流風所及，國民大會、台北市議會、乃至各縣市議會也相繼效尤，構成台灣議壇獨有的當代世界奇觀。根據一學者的統計，單是立法院自一九八七年二月至一九九一年九月底止，便共發生肢體衝突三十餘次，(註2)各種罵架更是不計其數。到了一九九二年以後，立法院和國民大會更是幾乎每會必打，每打必傷。若說台灣的國會殿堂已淪為各政黨公開對罵和武鬥的表演場，實不為過。

值得強調的是，國民大會在一九九一年年底、立法院在一九九二年年底全面改選之前，國會殿堂由於「萬年議員」之長期霸佔，致使增選的少數議員無力改革，終於導致反對黨之強力抗議和暴力自救，尚是可以理解和體諒之現象。但兩院會全面換血之後，肢體衝突卻仍然絲毫未減，反而愈演愈烈，便不得不令人質疑國會成員之素質和背景，以及國會暴力所反映出台灣整個社會的亂象了。最糟的是，肢體抗爭原是民進黨的政治訴求手段，但流風所及，其他政黨成員也迅速相繼效法，而且從國會殿堂向街頭巷尾蔓延，結果造成社會秩序大亂的局面。

值得注意的是，二屆立委全面改選之後，由於國民黨年邁立委全部退下，並由新血上陣，因此罵架和打架行動已非民進黨之專利，國民黨也不再處於挨打的守勢。以下僅略舉數例：一九九三年五月五日，國民黨籍立委韓國瑜因不滿民進黨立委陳水扁對退伍軍人出言不遜，將發言台掀翻並將陳打傷送院急救。同一日，國民黨籍立委林明義主持經濟、預算聯席委員會議中，因不滿民進黨立委蘇煥智幾度辱罵，而跳下台將蘇痛毆一陣。一九九四年九月六日，民進黨立委陳婉真更公然恫嚇閣揆，在發言後持鋤頭柄走向受質詢的行政院長連戰作勢要打，幸而迅速被其他委員及時制止，未釀成禍。一九九五年四月二十五日，外交委員會開會中，民進黨立委魏耀乾不滿議程安排，霸佔主席台在先，推倒主席台在後，又高喊：「今天就要用暴力」、「把你們幹掉」等語，並拿起一部法律書籍打傷上前勸架的國民黨籍

立委魏鏞。同年七月十八日，國民黨籍立委林明義又因不滿民進黨立委黃昭輝的發言，衝上發言台對黃連揮九拳。十月九日，國民黨籍立委王國清，因不滿某民進黨立委強佔發言台，而爆發兩人拳腳交加的全武打。以上已可顯示國會殿堂之無法無天。

　　個別國會議士動輒惡言相向、拳腳相對的場面固已防不勝防、屢見不鮮，改選後的第二屆立法院更頻頻出現集體毆鬥、打群架的曠世奇觀。例如一九九三年六月二十三日，立法院表決核電四廠的預算時，民進黨立委為達有效阻撓的目的，竟然將反核群眾帶進立法院鬧場，結果造成朝野流血衝突，六人必須送醫急救的荒謬場面。同年十二月，在野兩黨立委因反對國民黨立委強行通過三種法案，而三度連袂和執政黨立委爆發嚴重肢體衝突。不僅議場中叫罵喧鬧之聲不斷，茶杯書本亂飛，而且雙方拳腳交加，台上台下打成一團，議場設備破壞殆盡，簡直形同戰場，並且造成多人受傷。電視機前的觀眾更是看得口呆目瞪！(註3)一九九四年六月底和七月初，民進黨立委因反對核四電廠之預算案，又連續數度和國民黨立委大打出手，雙方多人掛彩。(註4)一九九五年七月十三日，為了阻撓國民黨再次強渡關山通過一爭議性的法案，四名新黨男女立委也和國民黨立委扭打成團。

　　台灣立法院的險惡程度固已世界第一，但國民大會的暴力現象也絕不遜色。一九九二年三月二十日，全面換血後的二屆國大第一次臨時會甫行開幕，便發生使用語言和議事程序之爭，朝野代表叫罵之聲不斷，進而釀成武鬥。此後一個多月會期之中，民進黨人動輒杯葛議會，威脅退會，並不時霸佔主席台，打砸麥克風及桌椅，甚至推倒國旗等，造成議事經常癱瘓。四月十七日，民進黨籍代表因不滿國民黨人拖延審核總統副總統直接民選的修憲提案，而進行鬧場，結果雙方代表大打出手，導致三人當場被毆成傷，必須送醫急救。一九九三年第三次臨時會四月九日起至三十日不過集會二十一日，但卻幾乎無日不見朝野罵架、議事中斷之現象，並且五度爆發集體武鬥，導致多人受傷。四月十五日，民進黨國代張川田更無緣無故公開揮掌打了總

統府資政被提名人──考試院院長邱創煥。全會並在民進黨佔據主席台、議事癱瘓之亂象中閉幕。

一九九四年六月國民大會第四次臨時會的場面，由於多項修憲案之提出而更加混亂。不僅流血衝突連續不斷，議程經常癱瘓，而且集體武鬥之中，部分旁觀的國代或高喊「打給他死！」或開黃腔「助興」，水平之低落，舉世無匹。六月三日，民進黨籍女國代蘇治洋在國民黨籍女國代郭素春發言中，又無緣無故上前打了後者一巴掌，立刻引起朝野全武打。兩天之後，國民黨籍女國代李碧梅在亂軍之中，也掌摑民進黨籍女國代王雪峰，以為回敬，因而再度引爆一場男女大混戰，蔚為當代議壇奇觀。(註5)七月二日，修憲進入二讀會議之前夕，國民黨國大黨政協調工作會主任謝隆盛甚至表示，如果民進黨在二讀會中繼續強力抗爭，國民黨不僅將動員對抗，而且嚴重時「打到死都沒關係」。足見「戰情」之慘烈。果然在七月底，執政黨和民進黨的國代，因表決修憲而爆發了連續數波的主席台搶奪戰，台上台下打成一團，多人掛彩。結果民進黨終因寡不敵眾，決定退會，但在撤離會場之前，仍不忘打砸主席台及桌椅設備，以洩其憤！(註6)

由於立法院和國民大會的不良示範作用，台灣省議會、台北、高雄兩市的議會，乃至其他縣市議會，自一九九〇年起也頻傳叫罵、拉扯、搶奪麥克風、丟擲茶杯或高跟鞋、甚至議員互毆成傷的事件。(註7)一九九四年十一月四日，台南縣長陳唐山在縣議會被質詢時，更因解釋政策不能令議會滿意，不僅遭議員們拍桌怒罵，而且被主持會議的副議長拆掉縣長席銜牌，強行拉出議事堂，因而又在台灣議會史上寫下趕縣長出議會的新一頁！

在國會肢體衝突不斷及惡化的影響之下，台灣百姓動輒集體抗爭、暴力自救的趨勢，也是日益頻繁。據內政部的統計，「聚眾滋擾」的活動，在一九八八年已有一千四百餘宗，一九九一年激增至三八四六宗，一九九二年再升為四二〇五宗，一九九三年達六六一五宗，一九九四年更躍升至一萬一千二百九十四宗，足見街頭暴力滋長

之迅速。(註8)在八〇年代，聚衆活動尚僅是民進黨的政治性抗爭手段，但流風所及，到了九〇年代已演變成為民間團體、甚至地方居民維護私利、抗拒公益的慣常形式，而且日益泛濫。他們或反對某種政策，或阻撓某一公共工程，或要求某種補償，或抗拒警方取締不法，但不論動機何在，方式總是吶喊叫罵、霸佔道路、阻斷交通，而且動輒蛋、石、棍、棒齊飛，造成警民流血衝突，甚至釀成命案，足見百姓目無國法之程度。

例如一九九一年十月三日，台北縣貢寮鄉民衆因反對核電四廠之興建，向警方丟擲汽油彈，並有人駕車直闖警方之封鎖線，造成警員一死十八傷之慘劇。同年十月二十五日，民進黨「台灣建國組織」因不滿警方拆除其招牌，聚衆六十餘人在黨籍立委陳婉真率領之下，乘坐載有汽油、磚塊、木棍、鐵器之「戰車」，直衝台中市司法大廈，並同時以石塊、強力彈弓攻擊坐鎮警員，導致六名員警受傷。一九九二年四月十九日，民進黨黨員為訴求開放總統直選，而佔據台北車站前之廣場達六天之久，最後警方強力驅散時共有四十六人受傷。同年五月，高雄市小港區居民百餘人為抗議中國石油公司大林廠污染居住環境，而包圍廠房達二十四天，終於爆發流血事件，警民雙方受傷者近百人之多。(註9)

此後兩年，全島各地便不斷爆發抗拒興建垃圾場或抗議污染源的暴力抗爭和警民衝突事件。一九九三年六月二十五日，為了聲援立法院辯論核電四廠的預算案，朝野兩黨人馬六百餘人在立法院外發生激烈毆鬥，其中一方並以扁鑽、棍棒、鐵條、瓦斯攻擊鎮暴警察，造成二十七名員警和十名羣衆受傷。一九九四年六月三十日和七月十二日，立法院展開「核四」預算最後攻防戰之際，反核團體及「全民」計程車司機先後兩次共出動數千人，在立法院和總統府前示威及抗議，並以石塊、鐵釘樁等分別攻擊鎮暴警察和憲兵，造成三十六人受傷，九輛政府車輛被砸毀，簡直形同暴動。一九九五年九月二十七日，高雄市仁武鄉居民為抗議垃圾焚化爐之興建，甚至發動國小學生

近百人罷課上街遊行示威，更是令人難以置信！

　　值得注意的是，在近年來多次的羣衆滋擾和警民流血衝突事件中，台北縣市的計程車司機皆扮演了十分凸出的角色。尤其是反對派色彩濃厚的「全民」計程車，幾乎出現在台北地區的每一次羣衆抗爭事件中。台灣的計程車原來已是「馬路之王」，以橫衝直撞、高速飛車而著稱於世。台北的計程車司機更是動輒霸佔道路，包圍政府機構，進而出手傷人，甚至集體械鬥，因而直接助長暴力之泛濫。一九九四年七月三十日，台北縣三重市非法地下電台「全民之聲」遭到警方全力拆除時，數百名「全民」計程車司機和羣衆持械趕到「護台」，甚至向警方丟擲汽油彈，結果造成十八名員警受傷，一輛警車被毀。兩天之後，為抗議「全民之聲」被迫停播，千餘名「全民」計程車司機和民衆，持械衝擊行政院新聞局，並以汽油彈、硫酸彈攻擊鎮暴警察，同時以磚頭、石塊、棍棒打砸行政院門窗，焚燒附近路邊車輛，造成近五十名警民受傷，二十六輛汽車被毀的空前暴力事件。十二月二十二日，台北市「全民」計程車行又因一名司機被刺身亡，而集結百餘輛計程車包圍中山區警局及發生血案的統一飯店。這些司機和數百名聲援的羣衆並以石塊、酒瓶和汽油彈攻擊趕來戒備的千餘名防暴警察，結果發生嚴重流血衝突，造成警民三十餘人受傷，至少四十輛汽機車被砸毀。本章開頭所引述、發生於一九九五年八月中旬的計程車司機千餘人集體械鬥事件，範圍更是遍及台北縣市，不僅警方完全無力制止，居民更是聞風喪膽。其所造成的無政府狀態，委實令人心寒。

　　在各種選舉活動期間，這種「羣衆式」的街頭暴力事件，尤其是集中和持續地出現。羣衆不僅對持不同理念的候選人，在公辦政見發表會上極盡鼓譟及破壞之能事，而且對彼等的支持者、代表機構和競選總部，也常不分青白，施加暴力。觀衆互毆或圍毆候選人之情事尤其普遍。各候選人不僅生命屢遭威脅，而且競選總部更常受到不名歹徒之縱火或暴力攻擊。一九九二年十二月立委選舉期間，民進黨候

選人陳水扁、呂秀蓮等率領九輛宣傳車，先後強行衝入國民黨中央黨部及郵政黨部，公然搶走大批黨員資料及文件，更是目無法紀。(註10)

一九九三年三月十四日，「國民黨新連線」(即「新黨」前身)的立法委員多人在高雄市準備舉行的演講會，竟受到民進黨立委所發動的萬人示威抗議。他們不僅癱瘓市區交通，而且砸毀「新連線」所租用場地的設備，甚至將載運「新連線」立委的廂型車團團圍住，以木棍、鐵鎚、石塊等加以攻擊，多名立委及警員受傷。若非警方的貼身護衛並及時以鎮暴車送走這批「不受歡迎」的人物，「新連線」的立委恐怕早已死於非命。但民進黨的立委事後反譴責「新連線」立委使用「語言暴力」，再去高雄「還是一樣款待！」

一九九四年九月二十五日，已成立的新黨立委再次回到高雄市舉辦政見說明會，民進黨在中央級民意代表的率領下，再次聚眾開車闖入現場鬧場，並以雞蛋、木棍、鐵條企圖阻止說明會之進行，結果雙方支持者爆發嚴重肢體衝突，混戰中有警民至少八十餘人受傷，八輛宣傳車被焚或砸毀。僅僅兩天之後，新黨在台北新莊市舉辦的說明會，再度遭到支持民進黨群眾之鼓譟和鬧場。新黨省長候選人朱高正的護衛及副省長候選人姚立明並遭不明歹徒毆傷。十月二日，新黨在台南市的說明會又遭民進黨的支持者鬧場，群眾並揚言要留下朱高正「修理」，再次發生流血衝突。嗣後省市長大選的前一個月中，更不斷發生各候選人競選總部遭民眾打砸、縱火之事件，被害者包括高雄市長候選人吳敦義(國民黨)、湯阿根(新黨)，台北市長候選人趙少康(新黨)、陳水扁(民進黨)，及台灣省長候選人宋楚瑜(國民黨)。(註11)

十一月二十三日，總統府資政郝柏村到高雄市擬為新黨立委候選人造勢，卻被民進黨立委候選人以大批車輛及人群圍困在高雄圓山大飯店之內。新黨被迫召集大隊人馬前來解圍，引發雙方再次流血衝突，近十人受傷。台北市新黨和民進黨的支持民眾，更是多次發生流血衝突，一般駕車人甚至在車頭懸掛新黨的旗幟，也有被歹徒毆打的危險，可見台灣暴力橫行、無法無天的程度。(註12)

　　但這還不算。投票完畢開票之後，落選的候選人又每每聚眾抗議鬧事，指責選舉不公，不能接受失敗的事實，往往再次造成警民流血衝突。早在一九八九年年底的三項選舉開票過程中，便有台南縣兩千多名群眾因嫌開票速度太慢，而砸毀計票中心、押走選委會主委及總幹事、並搶走八個鄉鎮市投票箱的稀世奇聞。(註13)此後幾乎每次選舉，皆出現落選人率眾包圍開票所或選委會抗議之情事。一九九一年十二月二十一日，彰化縣一國大代表候選人便因不滿選舉結果而率眾衝入二林鎮七個投票所，公然圍毆監察人員並破壞錄影器材設施。一九九二年十二月立委選舉後，嘉義市立委落選人何嘉榮，也因不滿選舉結果，而聚集千餘人包圍地方檢查署，並以雞蛋、石塊、沖天炮攻擊警方，造成十五名員警及多名群眾受傷。一九九三年台南市長民進黨候選人蔡介雄，雖以五萬五千餘票之巨大差額落敗，但仍不服選舉結果，率領數千名群眾數度衝擊台南市地方法院、地檢署和警察局，結果和警方發生流血衝突，而導致至少十八名員警受傷。(註14)一九九五年十二月二日，第三屆立法委員選舉過程中，嘉義縣一投票所也發生監票員被某候選人唆眾圍毆成傷之事件。凡此種種，皆可見台灣百姓唯我獨尊、法紀蕩然、根本不知民主、自由或人權為何物之可怕程度。

二　暴力充斥的社會

　　但國會殿堂的肢體衝突和群眾式的街頭暴力事件，僅僅是台灣社會暴力泛濫的表象和一面罷了。其實，台灣在九〇年代之中，整個社會已被一股乖戾肅殺之氣所籠罩。根據警方的數字顯示，在解嚴（一九八七年）之前，台灣地區的暴力刑事嫌犯每年多在四、五千人以下。但在一九八八年急升至七千一百餘人，一九八九年再增至八千九百餘人，一九九〇年更突破一萬人。一九九一年和一九九二年兩年，由於行政院長郝柏村之大力掃蕩犯罪活動，暴力刑事案件數目分別回

落到九千餘件和七千二百餘件，但仍無法下降到一九八八年的水平。
一九九三年起，暴力刑事犯的人數又呈年年上升之趨勢。一九九五年
勢將再創新的高峰紀錄。(表一)

　　從各類暴力犯罪的分佈及變化趨勢又可看出，是以強盜搶奪活
動最為猖獗，至少佔所有暴力嫌犯的三成以上。尤其是自一九九一年
起，不僅人數是年年翻新紀錄，而且比例也急速上升。到了一九九五
年上半年更高達百分之四十三，超過二千二百人。第二猖獗的是故意
殺人犯，自一九八八年迄今，僅僅在一九九〇年到一九九二年三年之
間人數低於恐嚇取財案，最近三年也是持續上升。一九九五年上半年
已佔所有暴力嫌犯的四分之一強，共計一千三百餘人。若合併計算上
述兩類惡性最大的暴力犯罪人數，則目前每年已近萬人，共佔所有暴
力案件的百分之六十八點五。換言之，每三個暴力嫌犯中便有兩名是

表一：台灣地區暴力犯罪嫌犯分類小計，1988－1995

年份	嫌犯總數		恐嚇取財		擄人勒贖		強盜搶奪		故意殺人		強姦輪姦	
	No	%	No	%	No	%	No	%	No	%	No	%
1988	7106	100.0	1256	17.7	222	3.1	2962	41.7	1947	27.4	719	10.1
1989	8921	100.0	1103	12.4	331	3.7	4826	54.1	2051	23.0	610	6.8
1990	10091	100.0	3294	32.6	372	3.7	3692	36.6	2047	20.6	686	6.8
1991	9435	100.0	3400	36.0	276	2.9	2955	31.3	2126	22.5	678	7.3
1992	7216	100.0	2182	30.2	208	2.9	2316	32.1	1875	26.0	635	8.8
1993	8206	100.0	1853	22.6	238	2.9	2993	36.5	2295	27.9	827	10.1
1994	8837	100.0	1741	19.7	226	2.5	3673	41.6	2348	26.1	849	9.6
1995 (1–6月)	5166	100.0	1031	19.9	94	1.8	2219	43.0	1316	25.5	506	9.8

備註：警方所界定之「暴力犯罪」範圍已失之寬大，數據並未包括犯下「傷害」、
　　　「過失殺人」、「公共危險」、或違反「槍砲彈藥刀械管理條例」等罪之嫌
　　　犯。
資料來源：《內政統計月報》(台北：內政部統計處，一九九五年六月)，頁87。

搶劫犯或殺人犯，可見暴力犯罪在台灣有惡性日大的趨勢。(表一)即使是居第三大類的恐嚇取財案件，在一九九○年和一九九一年也創下了歷年之最高峰，犯案人數超過三千人，幾乎是一九八八、一九八九兩年的三倍。一九九二年後雖然有顯著下降之趨勢，但惡性更大的強盜搶奪案件，卻相對地逐年大幅遞增，可見恐嚇取財活動之惡性化。強姦輪姦婦女之嫌犯則自一九八八年以來，人數也始終居高不下，每年在七百人左右，一九九二年起則呈年年上升之勢。擄人勒索之案件每年也在二、三百宗之間，遠遠超過了解嚴前每年不及一百件之紀錄。凡此種種，皆顯示台灣治安之惡化程度。(表一)

但實際的情況，又要比上述這些數字更為嚴重，因為在一九九五年六月之前，警方在處理各種刑案──尤其是未釀成人命的暴力犯罪案件──之時，長期有「吃案」(即匿報、少報)的現象，而且形成根深蒂固的制度，使得所有刑事案件的數據大幅偏低。根據警界資深人士透露，刑事案件的「吃案」比率，甚至可能高達百分之九十。若以此推算，則台灣暴力犯罪人數，目前每年應在十萬人以上，令人心驚膽戰。(註15)僅以搶劫案為例，一九九五年七月一日起警方開始實施報案三聯單制度，使得基層警員不易「吃案」之後，僅僅半個月之內，全省由北到南有十六個縣市(尚未包括台北市)，便共發生了四百五十餘起搶劫案，即平均每日三十宗以上。有些城市甚至一夜多起，令警方疲於奔命。(註16)但警方則宣稱，這半個月之中的搶案，實際上並無顯著增加跡象，只是據實呈報罷了。換言之，這一數字不過是正常情況。以此估計，全台灣近年來每年搶案平均至少已在一萬宗以上，令人怵目驚心。

但暴力犯罪在台灣，又不只是數字之持續升高而已，更可怕的是作案活動之殘酷性、集團性、無目的性和槍械化，以及對公權力之正面挑戰。例如結夥搶劫在戒嚴時期簡直是罕見的奇聞，但在八○年代末期和九○年代上半期，則演變成幾乎是慣常的強盜模式。近年來警方更屢破連續作案數十起的大型強盜集團，人數多者可達十餘人。

它們橫行台灣南北，打家劫舍，如入無人之地。有些強盜集團更設定特定目標，專業化作案，對象包括銀行提款人、高級轎車、女性機車騎士、別墅、公寓、銀樓、超級市場、電動玩具店、帶勞力士名錶者、甚至晨運老人、落單學生等，幾乎無人可以倖免被搶的威脅，而且即使是在鬧市中也不例外。（註17）

　　伴隨著搶案而來的自然常是殺人行徑。八〇年代末期之前，台灣殺人案之發生，往往是情變及報仇的結果，只因謀財而害命者必然成為轟動一時的特大案件。但自解嚴以後，謀財與害命連袂發生，已是司空見慣的新聞。兇犯不僅常因小錢而殺人，而且往往手段殘忍，動輒分屍毀跡，甚至滅門洩恨。綁架勒索不遂而撕票的案件，更是屢見不鮮。在一九九五年九月底及十月初，台灣北部連續發生兩宗擄人勒索未遂而撕票之大案中，犯案者竟然全是青少年，更是令人髮指。（註18）

　　同樣可怕的是因細故或無緣無故而傷人或殺人，尤其是以不滿被人超車或阻礙超車，而將他人車子攔下毆人毀車之事件最為普遍，也被喻為典型的「車匪路霸」。（詳見下節）一九九四年十二月十八日，台北市一家人因先按喇叭而求安全超車，而被前車追上，不僅打砸車窗並且傷及妻小，若非路人及時報警，一家三口早已死於非命。僅僅三天之後，台北一計程車司機因停車在某夜總會所霸佔的馬路車位，而遭人圍毆，終致釀成命案。一九九五年四月八日，高速公路上二名貨車司機因不滿公路局客車變換車道，而將客車攔下，當著二十多名乘客前砸毀車燈及擋風玻璃洩恨。同年十月十四日，一羣機車騎士因被一輛小轎車擦撞，而不由分說將轎車駕駛人拖出圍毆致死。十月二十日，一輛小轎車在高速公路上，更因不滿一民營客車超車，而向客車開槍亂射，擊毀車前燈，但倖無人受傷。凡此種種，皆可見台灣馬路紀律無法無天的程度。

　　事實上，今天在台灣，任何人若膽敢獨力干預任何明顯的違法行徑，皆有遭受恐嚇、毆打、甚至殺身的危險。即使是堂堂正正的執

法人員，也不能例外。一九九二年四月十四日，台灣高等法院審理一件土地糾紛時，出庭的原告男子林朝源不滿被告委任的連姓律師雄辯滔滔，當庭抽出預藏的菜刀將該律師砍傷。僅僅十天之後，四月二十五日，高等法院審理一謀財害命案時，原告親友也因痛恨被告律師之辯辭，而在辯論結束後圍毆該律師。一九九四年十二月下旬，台灣高等法院台中分院法官張良華因處理官司招致人怨，竟被暴徒潑撒毒液而致右眼失明。一九九五年一月十日，更有煙毒犯之親人因不滿檢方所判徒刑，而雇用四名殺手連開十二槍，重傷高雄地檢署檢查官張金塗。以上兩案一時造成全台司法界人士風聲鶴唳，紛紛要求警方提供保護，但仍不時傳出歹徒恐嚇司法人員之情事。許多檢調人員甚至因此成批請辭審辦重大刑案之職位，但求保全身家性命。(註19)

因不服警員之取締而向警察公然施暴的行徑，則更是不勝枚舉、處處可見。僅舉數例如下：一九九二年十一月七日，桃園縣大園鄉七名員警因取締非法賭狗場，遭百餘賭客及觀眾包圍，並「封鎖」道路，準備「修理」警員，最後警方被迫鳴槍自衛始脫困境。一九九三年七月二十一日，彰化市警方據報某醫院販賣毒品注射針劑，派員前往查證時，非但不得要領，反被醫院負責人糾眾脅迫，將查訪警員圍毆成傷。一九九四年八月三十一日，新竹市一市民因不滿警方取締違規的法事活動，而聚眾十餘人將四名警員圍毆成傷。一九九五年三月二十五日，台中市一警員抓賭撲空後，反遭追打並被亂棍打死。同年九月二十八日，警方在一民宅查槍抄出子彈，反被住戶親友咬定蓄意栽贓，並遭居民百餘人包圍威脅。十月四日，嘉義地區兩警員處理一起青少年羣聚事件時，反被六、七人攻擊刺傷。以上這些案例雖僅滄海數粟，但已不得不令人質疑，台灣是否已淪為一流氓社會?!

暴力泛濫的結果，甚至連三軍部隊也不能倖免。自從一九九三年年底媒體揭露陸軍少校龔穗生和海軍上校尹清楓因捲入軍購弊案而先後離奇死亡、且因官官相護而遲遲無法破案之消息後，軍中老兵凌虐新兵致死、或上官迫害下兵之事件，開始不斷曝光。僅僅是一九九

五年一至九月，出現在媒體的大案便包括六名入伍新兵含冤暴斃，其中至少兩人並已證明係遭袍澤圍毆凌虐致死。(註20)據報導，這些還只是冰山的一角，因為據統計，一九九○年代頭五年入伍的新兵，有二千三百人在軍中死於非命，即平均每三天便有兩人暴斃。(註21)雖然死亡的原因可能很多，但根據「福爾摩沙文教基金會」的調查，當過兵的人有六成之多認為軍中存在不當的管教，其中除了最常見的「體能折磨」之外，「拳打腳踢」竟也高居第二位，足見暴力行為在軍中之普遍，許多青少年今日更視服兵役為畏途。(註22)一九九五年九月，嘉義監獄一名囚犯也被發現暴斃獄中，經家屬陳情及媒體披露之後，檢方調查結果，竟然也是被獄中管理人員連同其他囚犯共十人之多，集體將被害人吊銬，活活打死！嗟呼，台灣社會無視國法和人權的暴力犯罪行為，真已恐怖到了極點！(註23)

三　黑槍泛濫、槍聲不斷

　　暴力充斥最嚴重的現象及後果，該算是黑槍之泛濫了。和走私、販毒等活動一樣，台灣黑槍開始泛濫也是始於解嚴之後。一九八六年，全年查獲的各式非法槍枝還只有六三三支，一九八八年突增至二四一九支，一九八九年更狂飆至九千八百餘支。一九九○年起，黑槍之數字雖然大幅起落不定，但每年仍多在二千支以上，一九九二年更高達七千八百餘支，令人怵目驚心。(表二)尤其值得注意的是外來軍用制式槍枝之泛濫，反映出走私集團之猖獗和神通廣大。一九八七年全年查獲的制式黑槍尚僅一六七支，一九八八年激增為四三一支。此後兩年更劇升至一四五○支和一九七二支，為歷來之最高峰，造成一時黑道分子擁槍自重、槍擊案件頻傳、治安急速惡化的現象。一九九一年，警方採取多項肅槍措施，並加強緝查，結果走私制式槍枝數目降至七九四支。但好景不常，一九九二年起又再回升至一千支以上，而且連續三年有逐年增加之趨向，足見黑槍泛濫之形勢仍在持續

表二:台灣地區查獲非法槍枝及彈類數目,1988－1995

年　　份	各式槍枝總數	制式槍枝	其他槍枝	各種彈粒
1988	2419	431	1988	15283
1989	9853	1450	8402	90751
1990	3245	1972	1273	54588
1991	1472	794	678	38490
1992	7820	1004	6816	43304
1993	3056	1028	2028	47406
1994	2861	1286	1575	45354
1995(1-6月)	1046	571	475	47975

備註:「各種彈類」包括手榴彈及炸彈,皆以顆粒合併計算。
資料來源:《警政統計月報》(台北:內政部警政署,一九九五年七月),頁66－67。

之中。(表二)

　　但以上數字仍未必反映出實際情況,因為若從警方歷年查獲的各式子彈數目來看,除一九八八年到一九九〇年三年之中,是多少和查獲黑槍總數相稱之外,一九九一年起不僅總數居高不下,而且還有逐年持續增加之勢,足見黑槍的數目必無可能如表二所呈現的大幅減少現象。尤其是正規子彈的數目,自一九九二年起增幅十分顯著,到了一九九五年上半年,已達四萬二千餘粒,超越了以往任何一年的紀錄。若以一支槍平均搭配五粒子彈計,則單是一九九五年上半年,便應至少有近萬支黑槍在市面流通,是警方所查獲數字的九到二十倍!(表二)即使這一推估稍嫌誇大,黑槍的火力也必然是不斷加強,對社會治安同樣構成日益龐大的威脅。事實上,根據省員謝章捷等三人於一九九五年底的估計,台灣黑道擁有的槍械至少可以裝備一個師,警方則更有查不勝查之苦,足見黑槍泛濫之地步。(註24)

　　值得注意的是,一九九三年以前,走私來台的黑槍主要以中國大陸為產地,並僅限於紅星、黑星等手槍。但近年這類槍枝所佔的比

例逐年下降，來自其他各國的槍枝則相對增加，威力也日益強大。到了一九九四年，警方查獲的走私槍枝，已出自世界各地著名的槍械廠，不但種類繁多，而且包括火力強大的AK47步槍、衝鋒槍和手榴彈。甚至只要國外一出品新槍，台灣的不法之徒就有辦法運入，神通之廣大，令人嘆為觀止。(註25)早在一九八九年三月間，警方便查獲一十餘人走私集團，以漁船自大陸偷運黑星手槍三百把，子彈一千發，創下空前紀錄。一九九一年十二月四日和十七日，警方又先後查獲歐美進口手槍十四把，子彈一千三百餘發，以及可改造為真槍的玩具手槍一千三百五十把和可製成真子彈的彈殼一萬餘枚，又是一種新紀錄。

此後數年，警方每年皆查獲多起大型軍火走私案，顯示槍械彈藥之泛濫，有持續擴大之趨勢。例如一九九三年四月十日，海岸巡防司令部在基隆港一貨櫃中，查獲來自菲律賓的制式手槍一百五十七支，子彈一千二百發。一九九四年五月二十四日，台中憲警查獲一漁船自大陸走私來台黃色炸藥三公噸，引爆雷管三千枚，更屬空前。同年二月十一日，警方又查獲一更大的走私槍械集團，起出各式槍枝一百六十餘支，子彈一萬發，再破歷年紀錄。一九九五年四月六日，高雄縣警方更查獲以貨櫃走私入境的三萬發各式子彈，其中包括衝鋒槍子彈以及國際法禁用的達姆彈(體內爆炸開花)，總重達四百餘公斤，超過了一九九四年查獲彈藥總數的一倍有餘。據報導，為了搭配這批子彈之使用，警方研判犯罪集團很可能已經走私數以千計的各式槍械入境。而如此龐大的械彈走私案件，又顯然需賴海關人員之包庇，始可得逞。由此可見問題之嚴重。(註26)

除了境外貨源不斷以外，同樣令人憂心的是台灣島內的地下兵工廠，自九〇年代以來，也如雨後春筍，不斷出現。早在一九八〇年代末期，這種以簡易車床及工具改造或打造短槍及子彈的工廠，便已出現，經警方一度強力查緝而收斂一時，但一九九〇年起又舊燼復燃，而且規模與技術更日益翻新。一九九一年十二月七日，警方在台

南市查獲一五金加工廠,「代客」打造各式子彈成品一萬六千餘發,半成品五千一百餘發,另有空彈殼一萬二千一百個,彈藥數目之大,向所未見。一九九三年十月二日,警方在宜蘭又破獲一大型地下兵工廠,以精密電腦製造各式槍械,每八小時便可完成一枝槍管,現有成品更多達數十枝,也是空前。一九九四年一月十一日,台中縣警方也破獲另一種特大地下兵工廠,專門進口鋼質玩具槍改造為火力強大的槍械,共搜出各式長短槍枝多達二百八十五支,子彈近二千發,創下歷年單宗非法製造槍械之最高紀錄。同年十一月十五日,桃園縣警方甚至查獲一陸軍軍官盜賣軍用手榴彈十五顆,開始暴露出台灣軍方也有軍火外流之情事。一九九五年九月二十七日,警方在台南市一大百貨公司之舖面,甚至查獲明賣玩具、私賣黑槍並公開替人打造及改造槍枝之案件,更是匪夷所思。

　　黑槍持續泛濫的結果,使得台灣社會自九〇年代以來,各地再度頻傳槍擊事件。除了黑道分子火拼情事早已司空見慣之外,搶劫勒索、追討債務、綁票殺人、威脅恐嚇,皆出現動輒掏槍開火的現象。據警政署統計,單是一九九五年一至七月半年之間,台灣地區持槍犯案的件數便多達六百七十五宗,即平均每天至少三宗以上。(註27)結果,警方在執勤或辦案的過程中,尤其是在查緝嫌疑罪犯及非法活動之時,愈來愈難避免使用槍械。於是警匪槍戰便成了九〇年代台灣屢見不鮮的景觀。據統計,僅一九九一、一九九二兩年,警方必須開槍緝捕的重大槍擊殺人犯,便多達十餘人次,其中尤以一九九二年四月十一日之警匪槍戰最為激烈。當天凌晨,台北市警局出動幹警百餘人,緝捕犯下三十三宗重大刑案、殺死六條人命的通緝犯陳新發及其黨羽。雙方槍戰近一小時,警方發射子彈近兩千發,並投擲七枚震撼彈,始將三名歹徒擊斃,戰況之慘烈,為台灣數十年所僅見。無獨有偶的是,同年六月十七日,高雄市警方也因緝拿殺人要犯許俊賢,而與匪徒爆發長達一小時餘之大型槍戰。其間許犯並投擲三顆手榴彈,炸傷警員七名,結果迫使警方發射三枚震撼彈,射擊二百五十發子

彈，始將匪徒擊斃，也創下高雄市之空前紀錄。

　　此後數年，如此大型之警匪槍戰雖已少見，但槍戰之頻率卻仍居高不下，而且依然次次槍聲隆隆、驚險百出。例如一九九三年一月二十三日，警方在台中縣龍井鄉追捕煙毒犯時，爆發警匪槍戰，雙方開槍共四十餘響後，歹徒始中彈就捕。同年三月二十四日，台中縣豐原地區再次爆發警匪槍戰，警方開槍二十九響始將二名歹徒制服。一九九四年二月三日，新竹市也因拘捕通緝槍擊犯而爆發警匪槍戰，警方開槍近四十響，但仍遭受傷歹徒逃逸。一九九五年八月九日，台南市爆發的警匪槍戰中，警方開槍五十三響，始將八名匪徒逮捕。同年九月三十日，台南縣發生的另一次槍戰中，警方開槍八十二響，始將歹徒擊斃。

　　但歹徒開槍，又不僅是犯案、拒捕或討債、尋仇的結果，而且已到了示威盡興、但逞一時之快的地步。以往擁有槍械的黑道分子，若非事關生死存亡，絕少動槍。到了九○年代，由於槍械得來容易，幾乎處處可聞槍聲。不僅商業競爭常見槍聲，擁槍者酒不盡興，要開槍示威，喝得高興，也要開槍示爽。餐館舞廳服務不週固然要開槍，遇有爭執更要開槍。甚至一般百姓在馬路上走路或開車，也是殺機四伏，一不小心便隨時可能遇到兇神惡煞。例如一九九三年一月十三日，嘉義市一民宅無緣無故於清晨遭人開槍射擊十八響。一九九四年七月七日，四名歹徒進入台北市一大廈向某公司大門連開四十五槍示威，所幸無人傷亡。同年十二月二十七日，台中市某商人因疑超車而引起另一輛轎車之追殺。兩名歹徒不僅將該商人痛毆一頓，而且開槍打死前座上僅三個月大的男嬰。一九九五年六月十三日，台北縣板橋市守護光復大橋的一名憲兵，無冤無仇、無緣無故地遭歹徒開槍射殺，隨身佩槍亦被取走，更是駭人聽聞。凡此種種，皆顯示台灣槍擊事件之惡質化。

　　最令人感到譏諷的是，甚至在台灣近年引以為傲的選舉活動之中，槍擊事件也是頻頻出現。不僅派系傾軋常傳槍聲，而且毫無背景

的候選人，也往往受到槍擊的威脅或槍殺的惡運。其實，早在一九八九年年底的立法委員、省議員、縣市長三項選舉期間，便因派系鬥爭、勒索威脅或逼迫退選，而不斷發生槍擊事件，而且至少有兩名立委候選人遭人開槍狙擊，殺成重傷。其中一人更顯然是因為打出「反黑制黑」的口號，而遭暗算。結果，警方必須特別抽調一萬五千名警力維護各地之秩序，甚至全面提供各候選人貼身警衛、防彈衣和警報設備。(註28)此後每一次選舉，警方儘管在事前進行多次「掃黑」行動，傳喚數以百計的「情節重大」流氓到案，在選舉活動進行期間則動員數以千計的警力，保護各地的參選人，但仍無法避免槍聲隆隆、刀光血影的恐怖氣氛，也未能防止候選人屢遭槍擊之事件。而且跡象顯示，愈是基層的選舉，槍擊的事件也愈多，足見黑槍和暴力泛濫之普遍性。一九九三年年底的縣市長及縣市議員選舉，更有人喻之為槍林彈雨、赤裸裸的叢林之戰，足見無法無天之混亂程度，更蔚為二十世紀末之世界奇觀。令人不可思議的是，一九九四年三月一日，即使是各縣市議會自行選舉議長之日，警方也必須出動大批警力，全面駐守各地議場，用以防範暴力。其中單是「選舉槍聲」最為響亮的雲林縣，動員之警力竟多達兩千名，更是當代議壇奇觀。同年年底的省市長選舉期間，不僅每場候選人的政見發表會，警方皆須出動千名以上警力，荷槍實彈，如臨大敵，而且在講台上候選人之周圍，尚須豎起一道防彈玻璃，以策安全。

　　這還不算，由於黑道在九○年代中普遍介入各種選舉，以及黑社會人物之成功參選，黑槍和槍擊事件在台灣政壇上竟也層出不窮。早在一九九二年七月十日，台南縣議會副議長吳木桐便因涉嫌教唆殺人，而被警方查獲身懷兩枝左輪另加一枝九○手槍及十五發子彈。一九九三年三月十八日，高雄縣議會副議長吳鶴松也被警方查獲擁有二把衝鋒槍、八支手槍以及一百二十九發子彈，而且十把槍全部上膛，隨時可以射擊。一九九四年三月十六日，更有台北市黑道出身的某新科議員，率眾持槍暴力討債押人的事件。同年十二月八日，警方在省

議員當選人羅明旭的工作人員住處，也搜出制式手槍五把，子彈四十九發。一九九五年六月一日，警方路檢時又查獲台北市議員李正權座車司機持有九〇手槍兩把，子彈三十五發。一九九四年十二月十三日，屏東地區甚至發生縣議會議長鄭太吉涉嫌槍殺他人命案，震驚政壇一時。一九九五年十一月十五日，已升任為高雄縣議會正議長的吳鶴松，則因派系恩怨而遭槍殺，更開啟了政治暗殺成功之首例。凡此種種，皆顯示黑槍及暴力危害台灣社會之嚴重程度。

由於暴力犯罪和槍擊事件之泛濫成災，台灣地區每年因遭暴力攻擊而傷亡的人數，近十年來直線上升。據統計，自一九八四年到一九九四年十年之中，全台灣被槍擊死亡或受傷的人數，多達八千餘人，平均每年八百餘人。黑槍泛濫的程度，已到了人人自危、聞槍色變的地步。(註29)

四　青少年暴力犯罪日益嚴重

如果官方公佈的數據，至少還可以大體反映台灣治安形勢變化之方向的話，則更令人憂心的是，自一九八八年以來，在所有暴力刑事嫌犯中，未滿二十四歲的青少年，竟然佔了四成以上。一九八八、一九八九兩年更高達六成左右。一九九〇年到一九九二年三年之中，顯然由於政府大力整頓治安的結果，這一比例略有下降，但一九九三年起又有年年大幅攀升的趨勢，一九九五年上半年甚至再創高峰，足見問題依然嚴重。更可怕的是，未滿十八歲的少年犯(包括未滿十二歲的兒童犯)，不論在人數或比例方面，皆又始終超越過青年犯(十八至二十三歲)，並且至少佔所有暴力犯的五分之一。一九九二年以來，更是連續三年大幅成長，並在一九九五年上半年創下史無前例的百分之三十五高峰紀錄。換言之，目前台灣的暴力犯之中，每三人便有一人是未成年的少年，思之令人不寒而慄。(表三)

再看少年犯的類別，竟然除了一九九一、一九九二兩年之外，

表三：台灣地區暴力嫌犯年齡層分佈，1988－1995

年份	嫌犯總數		18歲以下		18－23歲		24歲以上	
	No	％	No	％	No	％	No	％
1988	7106	100.0	2160	30.4	2048	28.8	2898	40.8
1989	8921	100.0	2734	30.6	2642	29.6	3545	39.7
1990	10091	100.0	2670	27.4	2287	22.7	5134	50.9
1991	9435	100.0	2200	23.3	1775	18.8	5460	57.9
1992	7216	100.0	1547	21.4	1323	18.3	4346	60.2
1993	8206	100.0	2001	24.2	1540	18.8	4665	56.8
1994	8837	100.0	2767	31.3	1846	20.9	4289	48.5
1995 (1–6月)	5166	100.0	1807	35.0	-------	-------	-------	-------

資料來源：《內政部統計月報》（台北：內政部統計處，一九九五年六月），頁88－90；
　　　　　《中華民國八十三年內政統計年報》（台北：內政部統計處，一九九四年），
　　　　　頁292－296。

表四：台灣地區少年暴力嫌犯類別，1988－1995

年份	嫌犯總數		恐嚇取財		擄人勒贖		強盜搶奪		故意殺人		強奸輪奸	
	No	％	No	％	No	％	No	％	No	％	No	％
1988	2160	100.0	622	28.8	29	1.4	1003	46.4	355	16.4	151	7.0
1989	2734	100.0	428	15.7	41	1.5	1673	61.2	440	16.1	152	5.5
1990	2670	100.0	986	36.9	40	1.5	1154	43.2	382	14.3	108	4.1
1991	2200	100.0	1132	51.5	35	1.6	666	30.3	265	12.0	102	4.6
1992	1547	100.0	636	41.1	27	1.7	518	33.5	278	18.0	88	5.7
1993	2001	100.0	530	26.5	6	0.6	836	41.8	469	23.4	160	8.0
1994	2767	100.0	553	20.0	12	0.4	1314	47.5	665	24.0	223	8.1
1995 (1–6月)	1807	100.0	417	23.0	3	0.2	892	49.4	372	20.6	123	6.8

資料來源：《內政統計月報》（台北：內政部統計處，一九九五年六月），頁88－90。

也是以搶奪強盜活動為首，少則佔百分之三十，多則高達百分之六十，而且自一九九二年以來，也是連續三年節節升高，一九九五年上半年已近所有暴力犯罪人數的一半。故意殺人者雖然略遜於恐嚇取財類，但在比例上卻是幾乎連續五年大幅上揚，到了一九九四年已高達百分之二十四，和成年殺人犯相比毫不遜色。換言之，少年暴力犯中殺人犯便佔了大約四分之一。若再加上搶奪強盜犯，則共佔所有少年暴力犯罪的七成左右，甚至超越了同類成年犯的比例，足見惡性重大暴力犯罪有迅速低齡化之顯著趨勢。（表四）

以青少年為主角的「街頭暴力」，其最令人怵目驚心的表徵，應推近年台灣各地層出不窮的所謂「飛車搶劫」和「飆車族」殺人現象了。雖然飛車搶劫事件並非青少年的專利，但犯案者絕大多數卻係青少年所為。他們多半是利用偷來的機車做為工具，或將車牌卸下或貼上膠布，當街飛車搶奪婦女皮包或財物，或結夥在金融機構門口尋找獵物，必要時甚至蓄意撞倒對方機車，連車一起搶走。到了一九九四年，飛車劫匪已不斷出現集團化趨勢，形成強盜集團，打劫的對象更擴大到銀樓、便利商店、電玩場所等，幾乎無所不在，有些更是打家劫舍，甚至劫財又劫色。使用的兇器則到了經常包括手槍或炸彈的兇惡地步。更有甚者，這種搶案的出現地區，已不分大城小鎮，而且遍佈台灣南北。許多城市甚至一日多起，防不勝防，查不勝查，居民無不聞搶色變。

僅以近一年為例。一九九四年八月五日，桃園市警方查獲一由六名國中生組成之強盜集團，專向超市下手，已作案十餘宗。十月十五日，台中市也查獲一八人少年強盜集團，專門打劫電玩店和超市，兩個月中作案四十餘件。一九九五年一月十七日，警方在中部破獲一青少年強盜集團，成員多達十八人，三個月內犯案四十六件。同年七月四日，台南市警方查獲六人強盜團伙，專駕機車搶劫，作案四十餘件，而六人之中竟多達四人為國中一年級學生。同月二十五日，台北縣三重市又破獲少年強盜集團，涉及二十餘宗搶案。七月底，警方在

台北市又查獲三人青少年強盜集團，專門打劫旅舍，犯案十餘件，其中一人年僅十四歲。八月四日，嘉義警方也查獲一七人少年犯罪集團，專門製造假車禍而行真搶劫，橫行中南部各縣市。十一月十二日，高雄市警方甚至破獲一起由中正國防幹部預備學校學生四人和一名已遭退學的同學所組成的強盜集團。他們自九月起利用假日連續犯下二十餘起搶案，並且持槍拒捕，經警方開槍二十響擊傷其中一人倒地後始緝拿到案。可見即使是管訓嚴格的軍事學校，也難逃社會暴力狂潮之侵蝕。由此看來，單是青少年強盜集團活動的密集程度，已經直接對台灣的治安，形成極大的威脅，更遑論其他類型的犯罪案件了。

但除了飛車搶劫和強盜行徑之外，集團性的飆車活動也是罪惡之淵藪。飆車原是青少年尋找刺激的新鮮玩意，在八〇年代末期開始流行。起初還僅限於成羣結黨、呼嘯街頭、擾亂交通、妨礙安寧而已。但不久因滲入賭博和幫派色彩而迅速變質。從一九九二年起，這些青少年不僅不服取締，而且開始用強力彈弓射擊各種大樓玻璃門窗取樂，進而騷擾獨行婦女，結夥搶劫行人。最近兩年則演變到恃衆傷人、集體械鬥、持械搶劫、甚至公然追殺查勤警員的囂張地步。一九九四年九月十一日凌晨，十餘名飆車青少年在台中市大肚山地區無故連續持刀砍傷六、七名路人，震驚全台。但這卻只是一連串類似案件之始而已。九月十五日，台北縣八里鄉九名飆車惡少因邀過路六名青少年飆車被拒，憤而將六人亂刀砍傷。同一日，花蓮市七名飆車族因不滿一貨車司機超車而將後者砍斷左手。九月十七日，彰化地區也發生十二名飛車少年無故砍傷兩名機車騎士案。四天之後，台北縣三重市也發生飛車青少年砍傷七名路人案。一九九五年二月十三日，彰化地區再發生十名飛車青少年連犯二案、砍傷五人事件。九月二十四日，高雄市又有四十輛飆車追殺兩名路人成傷。十月二日，新竹市更發生數十名飆車族集體械鬥事件。

總之，自一九九四年起，台灣全島由北到南有如染上瘟疫一

般，接二連三地出現飆車族街頭逞兇、向路人施暴的案件，而且開始釀成命案。例如一九九四年九月二十五日，花蓮市三十餘名飆車族在路上砍殺四名高中學生，導致一死三傷。十月十八日，宜蘭縣羅東市十三名飆車少年圍毆另五名少年，造成一死四傷。十一月二十日，雲林縣台西鄉也發生八名飛車少年無故追殺另五少年，造成一死四傷案。同年十一月三十日，台北市更發生十一名飆車少年圍毆四名機車騎士、且將其中一人殺死棄屍、拆車滅跡案。一九九五年六月二十一日，高雄縣橋頭鄉又有二十餘名飆車青少年圍殺另一少年致死。九月四日，彰化市也發生十餘名飆車青少年瘋狂砍殺其他機車騎士，造成一死一傷慘案。據報導，單是一九九四年一至九月，全台灣便發生四十五起青少年飆車殺人事件，造成六人死亡，八十一人受傷，一百四十四人被捕。但到了一九九五年，台灣的飆車族更演變成以「出草」殺人為樂的「暴走族」，令人聞風喪膽。(註30)飆車族之恐怖，可見一般。

　　最令人髮指的是，這些青少年「車匪路盜」砍殺無辜的動機，竟然往往只是「一言不合」，甚至「一眼不順」，或荒謬到僅僅是「心情不佳」、「殺人散心」的結果。而被捕之青少年，對自己的兇行更往往毫無悔意或懼心。一九九四年十一月十四日，台南市四名涉嫌砍殺五名無辜路人的青少年被捕後甚至告訴警方：「這次殺人事件太小，應該做一件全省最大的，才夠轟動。」一九九五年十月十七日，台北市警方逮捕兩名飛車搶劫的少女後，兩人一副毫不在乎的模樣，並在偵訊中嬉鬧笑罵。兩案少年目無國法又恬不知恥之程度，令人浩嘆。

　　這還不算，飆車青少年不僅以殺人取樂，而且公然挑戰公權力。一九九四年下半年起，全台各地皆發生飆車族以暴力對抗警方之兇惡事件。是年中秋夜，高雄市大批飆車族率先以沖天炮攻擊新興分局五福二路派出所，引發全省同族之相繼效法，此後各地取締飛車的警察單位，不斷傳出受到攻擊之事件。一九九四年十一月六日，花蓮

市二十餘名飛車惡少，便在沿街瘋狂打傷路人之餘，圍毆攔查之警員。一九九五年四月九日，高雄市警方因取締已嚴重妨害交通和安寧的狂飆飛車，而遭受投擲汽油彈之恐嚇，新興分局副局長並被飆車惡少蓄意撞倒，分局則遭「蛋洗」。同年六月五日，台中市飆車族百餘人因不滿警方之取締，連日以石塊攻擊警察機關及設備，並砸毀一輛警車洩憤。一星期後，台中市又有兩名警員因取締飆車而被惡少撞斷下肢。同月十七日，台南縣十三名飛車少年因怨恨警方取締而尋仇，將一刑警圍毆成重傷。六月二十六日，高雄市出動上千名警力取締飆車族時，再度受到沖天炮之攻擊。同日清晨，台中市又有兩名警員因攔查飆車青少年而被蓄意撞傷。同月十八日到二十四日之間，台中市更出現全省規模最大、且持續最久的飛車狂飆現象。數以百計的飛車惡少，公然霸佔某些路段，表演集體超速、齊闖紅燈等特技，不啻視法律如糞土、警察如無物。最後警方忍無可忍，先後兩次出動多達二千名的警力，荷槍實彈，強力掃蕩，始於一夜之間扣押飛車百餘輛，但已釀成流血事件，並有十名警員掛彩。而被捕的青少年一百四十四人中，竟有一○八人未滿十八歲，最小年齡僅十三歲，不禁令人搖頭嗟嘆。(註31)

更可怕的是，青少年暴力犯罪活動，也和成年暴力犯罪一樣，有日趨「槍械化」之現象，尤以最近兩年為甚。他們不僅在集體械鬥中是刀、棍、槍、彈齊飛，而且在搶劫、殺人案中也頻頻出現使用槍枝之情事。據報導，過去槍械是黑道老大、亡命之徒的專利，但現在連在街頭混飯吃的青少年，甚至仍舊在學的中學生，有辦法的話都會弄把手槍「防身」或壯膽。(註32)一九九五年四月三十一日，台灣全省八縣市警方聯袂執行「旭日專案」，專門掃蕩深夜逗留不良場所或結隊飆車的青少年。結果一夜之間，不僅扣留人數多達二千五百人，而且查獲各式刀械、手槍、甚至美式手榴彈，令人難以置信。難怪槍擊案件的嫌犯，近年又有持續低齡化的危險趨勢。

由於絕大多數青少年暴力犯都是在學學生(註33)，加上青少年受

到社會暴亂現象耳濡目染之影響，因此暴力犯罪必然也多少污染了原本純潔的校園環境。結果，與前述各種少年犯罪現象同步滋長的，還有方興未艾、遍及全省的校園暴力事件，並以國中的情況最為嚴重。除了恐嚇、勒索和圍毆情事在國中學生中早已司空見慣之外，甚至還有因無法忍受迫害而自殺者。據教育部登記有案、也因此十分保守的資料，從一九九三年九月到一九九四年八月一年之中，全台各級學校發生的暴力傷害事件已達九十六件。(註34)但警方則認為這一數字還不到實際案例的百分之一，原因是各校之匿報現象嚴重。不同學者的調查也顯示，單是國中學生便有四至五成在校曾遭暴力威脅或傷害。(註35)校園暴力事件嚴重者包括集體械鬥、挾持施暴、擄人用刑、圍毆校長、甚至以刀械攻擊教師等駭人聽聞之事件。一九九五年十二月，台北市成淵國中更爆發至少六名男生集體對全班女生長期進行勒索、性侵犯和毆打的空前醜聞。(註36)

　　但少年暴力犯又不只限於男性，也包括不少國中女生甚至國小學生。一九九五年十月三十日，台南縣白河國中發生十一名女生圍毆另一女生成傷案，便是近例。僅僅是前一天，十月二十九日，新竹市警方甚至查獲一國小五人勒索集團，專門向同學及鄰居兒童下手。其中首謀者年僅十二歲，最小成員僅十歲，足見學風普遍敗壞之程度。結果，為了維護校園安全，近年各縣市國中每須要求警方到校巡邏，畢業典禮時更請警方調派警力到校坐鎮，以防萬一。足見問題之嚴重程度。(註37)事實上，由於暴力犯罪——尤其是青少年暴力犯罪——之持續上升，若說九〇年代的台灣治安，已到江河日下、混亂至極的地步，並已直接危及經濟之成長及社會之穩定，絕不為過。

五　掃蕩暴力現象之困境與前景

　　暴力充斥台灣社會的主要原因，首推解嚴後威權體制之式微及各種嚴刑峻法之修刪。除了一般百姓不再受軍法審判之外，刑法第一

百條有關內亂、外患罪之修訂，違警罰法之廢止，國家安全法、集會遊行法、刀械管制條例等等之「自由化」和「人性化」，處處擴大了百姓違法亂紀的空間。尤其是結夥搶劫、擄人勒索、輪姦婦女、販毒走私、非法擁有或製造槍械等重大罪行，在八○年代中期以前，幾乎皆是以死刑或唯一死刑處罰之，如今卻皆大幅減輕，使得不法之徒作案之膽量日大，徘徊在法律邊緣的百姓也往往不惜鋌而走險。不幸的是，台灣社會的自由化和民主化，又是在社會風氣已趨靡爛、法治觀念依舊淡薄的年代出現，尤其是在美式頹廢思想大舉入侵、賭黃毒罪日益猖獗的情勢下推動，難免更大幅增加了暴力犯罪的誘惑和機會。

但國會中的肢體衝突和街頭上的羣眾抗爭，其開始及蔓延顯然也必須歸咎於民進黨的示範及鼓動。從一九八六年朱高正在立法院搶奪主席麥克風開始，到一九九一年底所謂「萬年國會」成員的全部退職為止，民進黨人在國會為爭取民主和正義所作的肢體抗爭，尚可令人理解和體諒。但一九九二年國會完全換血之後，民進黨籍立委及國大代表卻仍因少數不敵多數，繼續進行肢體抗爭，而且不斷引發流血衝突，則顯已有違民主程序之基本遊戲規則，導致以暴易暴之惡性循環，並在國會中蔚為風氣，形成傳統。而他黨爭相效尤的結果，終致造成今天難以收拾的地步。

更糟的是，不僅國會亂象對一般百姓有強烈的示範作用，使他們錯認暴力抗爭乃是維護個人或集體利益最為有效、並且合法的手段，因而動輒走上街頭，而且民進黨人長期暴力抗爭的成功，又使得支持該黨或不滿現實的羣眾有恃無恐。就此而言，九○年代起民進黨人在草根階層勢力之迅速滋長，以及其領袖人物對羣眾運動之持續偏愛和大力鼓動，更造成羣眾式的街頭暴力一發不可收拾之後果。九○年代以來的羣眾式街頭暴力運動，絕大多數係由民進黨人所主導或支援的事實，當可證明民進黨對台灣民主運動的「暴力化」，絕對有難辭其咎的責任。顯然的是，街頭暴力抗爭既已形成風氣，則又有刺激他種暴力活動及暴力犯罪行徑之效應。

正因為民主和暴力的界限早已模糊，而民主和人權的口號又響徹雲霄，加上民進黨的日益壯大（尤其是自二屆立委選舉一舉奪下五十席之後），因此，警方對聚眾滋事的暴亂事件，自解嚴以來，每每基於確保台灣政治安定的考慮，長期採取姑息的態度和策略，不願嚴格執行既有的法律規章。而羣眾式街頭抗爭之屢屢「政治化」，又回頭促使維護公權力的警方不敢輕舉妄動，從而益加縱容暴力之蔓延，形成惡性循環。本章所列舉之政治性大型街頭暴力事件，其實每次均有上千名甚至數千名警力在場戒備，但卻不敢對施暴的羣眾進行強力驅散，或對滋事者立即加以逮捕，或在事後積極提起公訴，或予以有效懲處，反而警方總是大事化小，小事化無，自取其辱，甚至造成人員之傷亡。世上恐怕也只有台灣一地的警察，對付百分之百、如假包換的暴徒，是採取「罵不還口，打不還手」（美其名為「政治中立」）的荒謬態度！難怪台灣的街頭暴力抗爭事件愈演愈多也愈烈了！事實上，迄今所有羣眾暴亂事件的首謀或從犯，幾乎無一真正受到法律的制裁，更令人懷疑今天的台灣，是否還有是非、公理或正義?！

但公權力之公然遭受踐踏，從而助長社會暴力之傾向，又不只源於警方之容忍和「觀望」態度，以及百姓視暴力自救為伸張民權當然手段之心理，而且更因台灣社會的特權泛濫現象而持續加深。就此而言，必須特別強調的是，基於歷史的原因，國會殿堂的議士，在台灣一向是種特權階級。流風所及，地方議壇的成員也在較低的不同層級上，行使類似的特權。這種特權尤以包賭、包黃、包罪、包工程最令民間詬病。這些特權行徑以及其所衍生的特權心態，在解嚴之後，由於「民意」之高漲及各級議會權力之擴大，而益形突顯和囂張。其實，上文所提警方的高度「自我克制」功夫和「息事寧人」策略，在相當可觀的程度上，便是因為羣眾運動的主導人或支持者，已是國會殿堂或地方議會的尊貴之士，不可須臾得罪也。尤其是各級警政預算的編列和通過，更是全部掌握在這些議員大人的手中。而各級議會動輒威脅削刪警方預算之事實，也確實迫使警方不得不投鼠忌器，三思

而後行。結果,特權心態自然益加猖狂,暴力現象也必更形泛濫了。

可以想見的是,警方在執法的過程中,若對仍居少數的民進黨議員,尚且必須敬畏三分,其對執政黨議士的可能反彈,顧慮自然更為龐大了。同樣可以想見的是,如果警方對大型、人盡皆知的街頭羣眾暴亂事件,皆不敢採取強烈的制裁行動,對於其他個人或小集團性質、較不惹人注目的暴力犯罪案件,便更有可能因為各級議員的關說或干預,而往往不敢究辦了。這也是台灣警方自解嚴以來長期「制度化」「吃案」現象嚴重、而且難以真正改善的根本原因之一。在有法難依、執法難嚴、違法難究的情況下,試問台灣社會中的暴力衝突事件和暴力犯罪活動,又如何有可能有效地受到遏抑?!

公權力不張和特權泛濫的結果,也直接造成黑槍之充斥台灣社會及黑道勢力之日益龐大,從而又使得暴力問題更趨嚴重。黑槍之大批出現而且始終無法有效遏抑,根本原因除了嚴刑峻法之不再以外,走私管道之多樣化,以及官商勾結、貪贓枉法行徑之制度化,皆有推波助瀾之效應。近七、八年來台灣走私、販毒、吸毒活動之猖獗,也使得私梟和毒販日益依賴槍械之掩護,甚至同時走私及販賣毒品和槍械。而各級民代長期包賭、包罪之惡習,更令人難以相信他們會捨棄參與不僅利潤龐大、而且可以自壯聲勢的軍火走私生意,或至少運用他們的特權,從事各種關說和包庇的勾當。在法治基礎日愈動搖的客觀環境之下,台灣查緝黑槍和軍火販子的工作,便如查察違建、貪污、賄選、色情及毒品一樣,始終難以見效了。

在法治不張、黑槍泛濫的情況下,黑道勢力也必然如魚得水,日益膨脹。根據刑事警察局對一九九四年掃黑行動之「總體檢」結果,台灣地區的幫派、團伙已多達一千二百三十六個,成員更高達一萬餘人。他們往往獨霸一方,為非作歹,並且暴力介入選舉,造成台灣黑槍泛濫、治安持續惡化的主因之一。(註38)但據媒體報導,單是「竹聯幫」在台灣全島的成員,一九九二年底便近三萬人之多,可見警方的統計數字嚴重偏低。(註39)其實,在今天的台灣,不論大城小

鎮，擺個地攤都要向黑道磕頭，足見黑社會之無所不在。早在一九九三年三月，統計資料便顯示，單是台北市的五萬餘名計程車司機之中，便有一萬五千人有犯罪前科，幾佔三分之一。（註40）難怪台北地區的計程車如此猖狂了。又根據國防部副部長趙知遠十月中旬在立法院所透露的數據，每年入伍新兵十四萬人之中，有刑事犯罪紀錄的便佔了百分之十一以上，即多達一萬五千人。（註41）一九九四年四月二十三日，總政戰部副主任施佐京中將更首度被迫承認，國軍現役將領中有六名是「青幫」分子，其中五名是海軍將領。但當年立委陳水扁所獲的資料卻顯示，單是海軍中高階軍官中，「青幫」分子便多達四十人，其中並且包括七名將領。（註42）將軍之背景尚且如此可疑，中下階軍官和黑道的廣泛牽連關係，可想而知。由此看來，軍中不「黑」也難矣！更難怪新兵離奇死亡之案件，又多在海軍中發生了。

最可怕的是黑道分子逐一從政，由早年為人「抬轎」、「護航」的角色，逐漸變成九〇年代的「坐轎」人物，不僅取得了繼續為非作歹的護身符，而且可以堂而皇之地主導決策和立法。這種黑道漂白的現象，在基層行政單位尤為普遍。新黨立委朱高正便曾誓言，雲林縣的鄉鎮里長，無一不是黑道出身。此言即使有所誇大，卻已令人心驚膽寒。雲林縣如此，其他縣市自不可能清白到什麼程度。事實上，媒體、警方及政界皆已公認，中南部縣市的黑道漂白現象更為普遍，人數也更多。

更有甚者，台灣黑道漂白的現象，近五年來還有由基層單位日益向上攀升之趨勢。據內政部警政署的統計，一九九四年初全台灣各縣市新當選的議員八百五十人之中，竟有多達三百人有犯罪前科紀錄，其中包括七十八名曾經提報為「情節重大流氓」、也即是百分之百的黑道人物。以上兩種人的比例，皆堪稱世界第一，也是台灣地方議壇所僅見。（註43）根據非官方的統計，縣市議員係黑道出身或與黑道有密切關係者，應在百分之三十到四十以上。而鄉鎮級代表出身黑道者則更高，甚至有多達九成者。（註44）又根據媒體非正式的統計，

一九九四年二月台省新當選的二十一縣市議會正副議長四十二人中，竟有多達二十一人具有黑道背景，幾已席捲半壁議會江山。其中有黑道背景的議長，更超過了所有議長之半數以上，足見黑道勢力之龐大。(註45)據報導，中央級的民意代表（立委和國代）和黑道掛勾的情形，較之地方民意代表毫不遜色，尤其是中南部選出者。只不過他們的「道上身分」更高，警方更不敢公佈有關他們的任何資料罷了。(註46)

　　早在一九九三年三月，「竹聯幫」著名分子號稱「冷面殺手」的劉煥榮，因為先後槍殺五條人命被處死罪，但在三審定讞等待槍決時，卻有朝野兩大黨的立法委員二十餘人為他求情，籲請總統特赦，顯已暴露出黑白同道的馬尾。詎料求情不成，劉犯被槍決後，親友不但為他舉行極備哀榮的公祭，而且黑白兩道的頭面人物多達千人到場致祭，其中單是中央級民意代表所送的輓聯便超過四十幅。而台灣省議會議長簡明景、台北市議會議長陳健治、國大代表林淵熙所送的輓聯竟然分別是「英年早逝」「長才未竟」和「典範猶存」！足見台灣黑道勢力已龐大到被歌頌的地步。更有甚者，殺人犯的治喪委員會主任委員竟是甫被總統提名的一位監察委員，整個委員會則囊括了黑社會、影藝界和文化界的知名人物三百餘人，甚至連泰國的「毒品之王」昆沙也掛名其中！黑白不分之程度至此，豈能不令人吐血?!(註47)

　　無獨有偶的是，一九九五年十月二十六日，台灣黑社會「四海幫」一重要人物在台北市舉行的喪母之祭，場面更是驚人。不僅到場致意者數以千計，而且堪稱冠蓋雲集。這還不算，單是遊行的車龍和馬隊，便長達數百公尺，結果交通為之阻塞，公車為之改道，而且還有一律身著黑色中山裝的道上弟兄數百人，在場維持秩序，絲毫沒有隱藏身分的意圖。更有甚者，贈送輓聯、扁額、花籃者，竟然是上起總統李登輝、副總統李元簇、總統府秘書長吳伯雄，下至國會及各級議會各黨各派之成員，以及黨政耆老及各界要人，足見台灣政界黑白掛勾的程度，已到了匪夷所思的地步。(註48)一九九六年一月十一日，因黑道恩怨而被狙殺的「四海幫」大哥陳永和、藺磊洽在台北舉

行喪禮，場面之大再破歷年紀錄。單是幫內到場的弟兄便達四千人之多，其他幫派前來致祭者也逾三千人。甚至連日本黑社會的「山口組住吉會」，也派人率眾來台上香。加上黨政商各界的頭面人物，總人數更超過一萬人。而且各幫各會皆是大張旗幟，並由龍頭級人物領隊進場，浩浩蕩蕩，旁若無人。出殯之隊伍，則包括「賓士」及「凱迪拉克」豪華驕車百輛開道，另加花車、馬隊、機車隊，前後連綿一公里以上，交通再次為之阻塞，路人更是無不側目。而全部過程之中，警方雖為防患幫派血拼而派員到場，但卻只有區區數十人，相對之下完全不成比例，結果僅能在旁觀禮，聊備一格而已！(註49)

　　黑道全面介入政治的結果，必然造成台灣政壇上也是充斥了乖戾之氣，因為黑道分子雖然經過漂白，堂堂以民意代表的身分出入議場，但彼等好勇鬥狠、動輒出口傷人、動手打人、甚至掏槍開火之惡習，終究難以收斂或改變。其對人權和法治的真正涵義，以及民主政治和暴民政治之分野，則更是一無所知。因此一遇理念相悖或意見不合的人，或少數不敵多數之時，便必然以暴力相向。而受害者縱然原非黑道出身，但在忍無可忍或必須自衛的情況下，也終究必須被迫還手，乃至結交道上弟兄，因而造成惡性循環。如此一來，黑白同道，不是狼狽為奸，便是經常大打出手了。難怪國會殿堂上拳打腳踢、乃至全武打的戲碼，非但歷久不衰，而且是愈演愈精彩了！

　　針對黑道分子近年來不斷通過選舉而漂白、從而更無忌憚地張牙舞爪現象，法務部和最高檢查署自一九九四年起不斷提出各種修法之具體建議，禁止有流氓前科或犯刑事罪的人參與選舉，或取銷已當選者之資格。但所有這些建議，迄今仍有待立法院之審核和通過。但根據「國會觀察基金會」早在一九九三年七月所舉辦的「立法院第二屆第一會期總檢討」座談會的結論，立法院之所以議事品質低落，肢體暴力不斷，乃是因為它早已淪為「激進政客、金牛、黑道老大」的「競技場」。(註50)所謂「激進政客」，原本具有暴力傾向，而金牛則更是每每和黑道掛鉤。試問在此情況之下，任何有效反黑、掃黑的

立法行動，能有多少成功機會?!即使有幸通過這些反黑條款，在「黑道治國」、甚至整個台灣已變成「黑社會」的局面下，這種法律又有多少付諸執行的可能?!由此看來，台灣的各種暴力犯罪現象，在可以預見的未來，恐怕只有日益嚴重，幾乎看不到一線轉機了。(註51)

青少年暴力犯罪案件之急增，本質上也是台灣社會日益乖戾以及政治風氣持續敗壞之結果。從賭、黃、毒、黑活動之泛濫，到偷、搶、奸、殺行徑之層出不窮；從國會肢體衝突之連綿不絕，到百姓暴力自救之頻頻不斷；從法律規章之難以貫徹執行，到政府公權力之屢遭公然踐踏，可謂處處皆是青少年模仿學習的榜樣和步入歧途的陷阱。但除此之外，公共文康設施及正當娛樂場所之嚴重不足，又進一步剝奪了青少年身心健康發展之機會。大眾交通系統之大幅萎縮，更首先迫使青少年使用機車代步，從而迅速染上台灣馬路原已無法無天的習氣，最後又進一步大膽走上為非作歹的道路。試問在客觀環境如此惡劣之情況下，又如何有可能僅僅依賴學校教育的力量，有效遏抑青少年的暴力傾向和犯罪趨勢?!

總之，台灣社會暴力充斥的現象，乃是多重因素相互刺激及影響的結果，因此已不可能以純粹治安的問題視之，或使用普通的藥方及策略有效因應和解決。美國著名的政治學家韓廷頓(Samuel P. Huntington)曾著書指出，落後國家走向現代化的過程中，必須先求制度化(也即是建立法律架構、培養守法觀念、並嚴懲非法行徑)，如此民主化和自由化才有可能走上康莊之坦途，否則政治必然出現衰退和腐化，社會也將呈現混亂與動盪。台灣解嚴前後十年的發展，便多少驗證了這一理論。因為台灣社會自由化、政治民主化的政策，正是在國家法律制度殘缺、百姓法治觀念落伍的環境之下推出，因而迅速遭受各種特權階級和一般百姓所濫用。而這一趨向又回頭阻撓了台灣政治真正民主化和社會邁向法治化的進程，結果形成惡性循環。如今，台灣所面臨之最大困境是，本文所描述的各種社會亂象，已不易通過民主的程序加以掃除，但又必須儘快予以有效遏抑，否則不但

「經營大台灣，創立新中原」的口號沒有可能實現，台灣社會恐將難免進一步的脫序和失控，誠為兩千一百萬居民當今最大之隱憂。

註　釋

(1) 《聯合報》一九九五年八月十八日頁一，八月十九日頁一。為求精簡本章之引註，文中凡是再有提到詳細日期的事件，皆可見次日之《聯合報》，不再註釋。

(2) 見Da-chi Liao, "An authoritarian Regime Legislature's Role in Promoting Democracy: An Examination of the Extra-Institutional Strategies of Taiwan Legislators," 刊於 International Political Science Association (ed.), *Working Papers on Comparative Legislative Studies* (Appleton, Wisconsin: Lawrence University, 1994), pp.203－223。

(3) 《聯合報》一九九三年十二月十四日頁二，十二月十六日頁一，十二月三十一日頁一。

(4) 《聯合報》一九九四年七月十三日頁一。

(5) 《聯合報》一九九四年六月一日頁四，六月二日頁四，六月四日頁四。

(6) 《聯合報》一九九四年七月二十九日頁一～二。

(7) 例見《聯合報》一九九一年十月二日頁四，十月八日頁四，十一月二十六日頁七；一九九三年十二月十五日頁一；一九九四年六月二日頁十六。

(8) 《內政部統計月報》(台北：內政部統計處)，一九九五年三月，頁一○○。

(9) 《聯合報》一九九二年五月二十七日頁一。

(10) 《聯合報》一九九二年十二月十七日頁三。

(11) 《聯合報》一九九四年十一月一日頁一；《中國時報》一九九四年十一月二十三日頁四。

(12) 例見《聯合報》一九九四年十月二十二日頁四，十一月二日頁二及頁十，十一月二十日頁二。

(13) 《聯合報》一九八九年十二月四日頁一。

(14) 《聯合報》一九九三年十一月三十日頁一、三。

(15) 《聯合報》一九九五年五月三十日頁三十九。

(16) 《聯合報》一九九五年七月十八日頁十四。

(17) 例見《聯合報》一九九二年六月三十日頁七；一九九三年九月二十四日頁七；一九

九五年一月二十二日頁十六，六月二十四日頁十六，八月十五日頁十六。

(18)《聯合報》一九九五年九月二十九日頁‥，十月四日頁七。

(19)《聯合報》一九九五年七月十九日頁七。

(20)《聯合報》一九九五年九月九日頁三，九月十三日頁三，九月十四日頁三，九月二十日頁三。

(21)《聯合報》一九九五年八月八日頁二。

(22)《聯合報》一九九五年九月十五日頁六。

(23)《聯合報》一九九五年九月二十五日頁七。

(24)《聯合報》一九九五年十一月十一日頁七。

(25)《聯合報》一九九四年四月二十五日頁三十九；一九九五年一月十日頁七。

(26) 基隆海關集體貪瀆案件之例見《聯合報》一九九三年三月四日頁七，一九九五年一月二十一日頁一。

(27)《聯合報》一九九五年十月二十八日頁七。

(28)《聯合報》一九九五年十一月七日頁一，十一月八日頁一。

(29)《聯合報》一九九四年四月二十五日頁三十九。

(30)《聯合報》一九九五年三月十日頁五。

(31)《聯合報》一九九五年六月十九日頁一、三、十三，六月二十五日頁三。

(32)《聯合報》一九九五年十月二十五日頁三。

(33) 據統計，百分之五十七的青少年暴力犯是在學學生。《聯合報》一九九五年五月十四日頁一。

(34)《聯合報》一九九五年九月二十六日頁九。

(35)《聯合報》一九九五年九月十八日頁七。

(36)《聯合報》一九九五年十二月十六日頁八。

(37)《聯合報》一九九五年十月三十日頁十六。

(38)《聯合報》一九九五年一月十一日頁九。

(39)《聯合報》一九九五年十月三十日頁二十三。

(40) 中廣新聞一九九三年三月十六日播出。

(41)《聯合報》一九九三年十月十八日頁十四。

(42)《聯合報》一九九四年四月二十四日頁二。

(43)《聯合報》一九九四年四月七日頁五。

(44)《聯合報》一九九三年九月九日頁十一。

(45)《聯合報》一九九四年三月二日頁四。

⑷⒍《聯合報》一九九四年三月十一日頁十九。

⑷⒎《聯合報》一九九三年三月十六日頁七，三月二十三日頁七，四月十日頁七。

⑷⒏ TVBS午間新聞，一九九五年十月二十六日播出。

⑷⒐《聯合報》一九九六年二月十二日頁五。

⑸⒪《聯合報》一九九三年七月十九日頁四。

⑸⒈ 台灣地方政界耆老和企業界鉅子有關這類的描寫和談話，例見《聯合報》一九九三年十一月十二日頁二；一九九四年十月二十四日頁十九。

第三篇

獨立或統一？

第一章

冷靜看台獨

　　台灣獨立運動原有數十年之歷史，但自從蘇聯共產集團解體及變色之後，台獨的呼聲在台灣島內更是迅速化暗為明，而且日益高漲。民進黨早在一九九一年便已將台灣獨立建國的主張，寫進黨綱之中，此後又不斷提出全民投票之要求，以決定台灣是否應以獨立國家之新身分和新名稱，重新申請加入聯合國。而所有這些主張，迄今也已獲得執政黨朝野人士相當程度之響應。台灣到底應否獨立，原是一極其錯綜複雜的問題。「獨」派人士咸信，唯有獨立才能使台灣徹底及永遠地擺脫中共的威脅或外力之控制，也唯有改名換旗才有可能突破現有的外交困境。而且如果台灣二千一百萬居民有機會通過公民投票的民主方式，決定自己的命運，則包括中共在內的任何其他政府皆必須加以尊重，無權也不敢冒然否定之。到底這些信念是否完全無懈可擊？本章試先就中共的有關政策、台灣重返聯合國之機率、以及公民投票的可行性及後果三大問題，作出以下分析。

一　中共的台、港政策

　　的確，單從法律的角度看，台灣已完全具有獨立國家的四大必要條件，即人民、土地、政府及主權。事實上，在世界一百九十國之中，台灣的人口高居第四十二位，領土則大過五十餘國，排名第一百三十二位。從歷史的角度看，半世紀以來的台灣也從未受他國所統治，因此理應成為國際社會之正式成員。台灣的經濟力量更是可觀，目前已是全球第十四大貿易國，並擁有僅次於日本的高額外匯存底，

國民平均所得則緊追西班牙、義大利等已開發國家。凡此種種都賦予台灣在國際社會昂首闊步之資格,更遑論獨立了!

　　然而,任何國家爭取獨立,皆必須考慮到其所處的國際環境。台灣如果是遠離中國大陸兩千英里,周圍又無任何大國覬覦或威脅,內政外交也不受到任何國家的干預,則完全有成為獨立國家的客觀條件和自保本錢。但不幸的是,台灣和大陸只有一水之隔,而且不論就領土、人口或軍力之大小言,台灣與大陸的差距皆過份懸殊(領土僅及大陸的二百六十五分之一,人口是六十分之一,武裝部隊人數是十分之一,尖端武器更是彼有我無)。更為關鍵的是,中共對台的基本政策,四十餘年來未有絲毫改變,即使是在一九七九年大陸實行改革開放政策、對台採取和平攻勢之後,仍然一而再、再而三不斷地宣稱:台灣如果宣佈獨立或發生嚴重內亂,或有外國勢力介入,大陸絕不坐視,而且不惜動用武力,以維護領土主權之完整。在此情勢之下,台灣實不應無視於大陸之立場,而輕舉妄動。

　　或許有人認為,中共對台強硬政策之宣示,並不代表中共有真正攻台之意願及能力。有人甚至懷疑中共是色厲內荏,口頭上的強硬姿態乃是用來掩蓋其實際上的軟弱和無力。但問題是,誰又有能力保證中共不致或不敢兌現其一再公開宣示的承諾?事實上,任何對中共外交政策稍有認識的人,皆必須承認,四十餘年以來,北京政府在維護國家尊嚴、主權獨立和領土完整方面,一向是採取十分堅定的立場,而且不論是內外形勢如何險惡,也不論對手如何強大,皆不惜動用武力,對外用兵。所以才有一九五〇年至一九五三年的韓戰(對手是以美國為首的聯合國軍隊)、一九五五年的大陳列島之戰(對手是甫與美國簽訂軍事協防條約的台灣)、一九五八年的金門砲戰(儘管美國總統不斷作出以核子武器攻擊大陸之聲明)、一九六二年的中印邊界戰爭(當時蘇聯已和中共絕裂而且支持印度)、一九六九年中蘇邊界的珍寶島之戰(對手是另一超級大國蘇聯)、一九七四年中越西沙群島的爭奪戰(對手是美國支持的越南)、一九七九年的中越邊界戰爭(對手

是甫與蘇聯簽訂軍事同盟條約的越南）、一九八八年中越南沙羣島之戰（目的在於奪回部分南沙島礁之控制權）。

　　值得強調的是，韓戰是在中共建立政權之初，內部仍未穩定之時發生，金門砲戰是中共已和蘇聯發生齟齬之後發動。中印之戰係印度趁中國大陸連續三年大飢荒之際而挑起。珍寶島之戰則在中共文革內亂的高峰期爆發。而中越一九七九年的大規模戰爭，則是中共決定實行改革開放政策之後所發動。而所有八次的軍事行動，不僅皆和領土完整及國防安全有關，而且不論是從外交謀略或軍事角度來看，也皆對中共構成極大的冒險，可見中共刻意悍衛領土和主權的決心，已到了不惜代價的地步。就此而言，北京的戰略考量顯然有二：一是中國由南到北，由西到東，長期以來皆有帝國主義時代遺留下來的領土糾紛。如果北京對任一糾紛的立場稍有動搖，勢必影響中國在其他領土糾紛上的立場。二是北京相信，任何外國──包括超級大國在內，皆不致因為中國所堅持的有限領土主張──也即是鄰近中國邊界的地區，而冒險和中國爆發全面衝突。基於以上兩種考量，中共即使是在面對超級大國的干預威脅時，也往往無所顧忌了。從北京的角度看，台灣和香港又分別是近代西方勢力瓜分中國的第一和最後一個產物，其最後的歸屬，不僅事關民族之榮辱，更直接影響到中國廣大少數民族地區和漢族之分與合。因此，北京對兩地之強硬立場，顯然又較其他領土問題，只有過之而無不及。

　　事實上，前述中共的八次軍事行動，除了台海戰爭之外，都還是出於偶發的原因，因此事前北京政府並未作出明確和持續的政策宣示或用兵警告。換言之，中共完全可以不打這些戰爭而無損於北京顏面之尊嚴。但中共對台的強硬政策，卻是過去數十年──尤其是過去十七年之中──不斷公開和重覆宣示的「基本國策」，北京勢必難以容忍台灣及美國對此一政策之公然挑戰，因而很可能被迫走上一條它原不願走、也不必走的危險道路。一九九六年三月間，中共只因為強烈懷疑台灣有追求獨立之意圖和傾向，便對台灣近海地區試射飛彈，

當已足見其對台灣問題之重視程度。由此觀之，中共對台全面用兵，絕非不可想像之舉。任何真正促進台灣百姓福祉的政府或黨派，都不該忽視以上的史實和中共的立場，更不應輕易以台灣二千一百萬人民的身家性命進行孤注一擲。

我們不妨再回顧一下香港及澳門兩殖民地問題的解決過程。一九七一年北京進入聯合國之後，立刻向聯合國託管理事會提出要求，取消香港及澳門的殖民地地位，並公然宣示：兩地是帝國主義侵略中國的產物，主權係歸中國所有，只是暫時由英、葡兩國管轄而已，中國政府在時機成熟時便將予以收回，但在收回之前願意保持現狀。當時英葡兩國皆不以為意，認為這只不過是中共無意或無能收回港澳而自圓其說的托辭罷了。到了一九七○年代末期，由於佔香港全境十分之九的新界，租約只剩下二十年不到便將屆滿，英國政府為方便規劃各項公共工程起見，開始向北京政府探詢續約的可能性，根本沒有預料到，一八四二年南京條約及一八六○年北京條約分別割讓予英國的香港島和九龍半島，也有歸屬的問題。由於當時中國大陸通過香港所取得的外匯，佔全國外匯總收入的百分之四十，而香港三十年來又扮演了中國大陸對外的一個重要櫥窗角色，因此，從英國政府以及幾乎所有西方學者專家的角度來看，北京至少對香港的主權問題，必然將要作出相當的讓步。

但是，出乎英國政府和所有評論家意料之外的是，北京政府非但不允許新界進行續約，而且堅決主張收回全部香港地區的主權，其他細節問題則可再行磋商。一九八二年，英國首相柴契爾夫人特因香港問題訪問北京，再次向中共最高階層要求讓步，但北京當局只答允兩國可以開始談判。同年秋天，兩國開始正式談判之後，英國政府仍然試圖以公開承認中國主權，作為交換英國擁有治權的策略，向中國討價還價，以求達到繼續留在香港之目的。結果雙方為此僵持近一年之久，沒有進展。一九八三年八月，中共終於宣佈；如果一年之內中英談判沒有結果，中國將單方面宣佈對香港的既定政策與作法。這才

使英國不再存有任何妄想，決定在一九九七年七月一日將香港完全交還中國。中共則提出「一國兩制、五十年不變」的承諾，以維護香港的穩定及繁榮，兩國並於一九九四年九月達成有關協議。香港問題既然如此解決，澳門這一彈丸之地和遠較英國弱小的葡萄牙，自然更無討價還價的能力。結果中葡雙方在一九八六年進行談判後，迅速達成類似香港的協議。只是澳門正式歸還中國的日期，由於沒有任何條約的限制，較香港稍遲二年，訂為一九九九年十二月二十日。(註1)

　　香港和澳門問題的解決過程及方式，再一次證明了北京政府對維護領土完整的一貫堅定立場，而且不惜付出經濟上的龐大代價。事實上，任何熟悉中國近代史的人，都知道澳門是西方列強在中國的第一個殖民地，而香港則是帝國主義強加於中國第一個不平等條約的產物，而且由此展開了中國對外關係史中長達一世紀、也是最為屈辱的一章。從中共的角度看，除非收回港澳，這一百餘年的奇恥大辱，便不能洗刷乾淨。何況在一九八〇年代初期，中共和蘇聯、印度、越南之領土糾紛仍未解決，台灣之「回歸祖國」更是遙遙無期。如果北京對隨時可以派軍奪下的港澳兩殖民地，皆不能堅持收回的立場，則對其他的領土爭議，便更無討價還價的餘地了。但除此之外，單從地理和戰略的角度而言，收回港澳兩地對中國也有重要的意義，因為兩地正好位於珠江口的兩側，控制了由廣州出海的必經水道，因此不應長期掌握在外國的手中。而香港又不只是中國的南大門，更是全中國的第一良港。控制了香港，便控制了南海出入西太平洋的海上航道。因此，不論是基於歷史、外交或戰略方面的考量，中共都有堅持收回港澳兩地之必要性。

　　根據同樣的推理，則台灣的重要性便更甚於港澳了。因為台灣和中國大陸的分裂，是美國武裝干預中國內戰的結果，因此也可以看作帝國主義介入中國內政的最後一個明確例子。換言之，除非台灣最後回歸大陸，這百餘年的喪權辱國歷史，不可能真正告一終結。(註2)但除此之外，台灣和金門馬祖等外島，在戰略地位上不僅掌控了廈門

和福州的出海口，也掌控了中國南北海上交通的必經水道──台灣海峽，更鉗制了中國大陸東出西太平洋的兩條重要海峽──巴士海峽及琉球和釣魚台之間的無名海峽。因此，不論是中國大陸本身南北向或對外東西向的海上交通，台灣皆位居極其重要的掌控地位。而台灣海峽最窄處僅得六十海里，又是任何國家皆難以有效防禦的距離。過去三十年來冷戰時期兩岸對峙的經驗，更證明了台灣一旦落入敵對政權或列強勢力之手，對整個中國大陸的國防安全，將構成極大的威脅。這便是何以北京政府對台灣的基本政策，四十年來非但從未變更，而且是不斷加以強調的根本原因。任何獨派人士又豈可任意漠視北京對這一問題態度的嚴肅性?！

其實，正因為以台灣本身的力量和資源，不可能和中國大陸相對抗，也不能在大陸的反對之下宣佈獨立，因此任何獨立的傾向或運動，從北京的觀點言，必然反映出至少有另一大國在後慫恿撐腰、明援暗助之事實。而美國自一九四九年迄今始終不斷介入台海局勢、並對台灣長期提供政治支援和軍事承諾之政策，又回頭證實了中共的疑慮，即台灣一直是外國勢力反華制華的前哨基地。因此，中共反對台灣獨立、堅持兩岸統一的立場，又是針對美日等國永遠分裂中國的野心和行動，從而確保全中國的長遠利益和安全。事實上，過去數十年的歷史，也證明了台灣獨立運動，長期以來的確是受到至少美日兩國的鼓勵和庇護。凡此種種，都是任何中國政權皆無法長久容忍之事。在此全盤考慮之下，中共始終不願放棄對台用兵之政策，便是理所當然、難以改變的了。

因此，台灣一旦宣佈獨立，改名換旗，實不啻主動向大陸宣示台灣有恃無恐，更驗證了中共有關西方列強的種種疑慮，因而迫使北京走上一條它原來未必願走、易走但卻不得不走的道路，即以武力解決台灣問題。很顯然的是，如果中共過去在敵我實力懸殊的客觀情勢之下，都敢對美蘇兩大超級強國用兵，捍衛國土及主權；又在國內外形勢大不利於自己的情況下，對印度、越南等國發動大規模的軍事行

動，則台灣一旦正面向北京無數的聲明作出公開、也是攤牌性的挑戰時，中共勢必對台作出強烈的反應，別無其他選擇。如果台灣獨立確是獲得另一大國的軍事支援保證，台灣或尚有可能抗拒中共之渡海攻勢或軍事騷擾。但即使如此，台海仍將出現武裝衝突和緊張情勢，從而陷台灣社會於全面動盪之局面。反之，如果台灣並未獲得任何大國的積極支持，而是在一廂情願的情況下冒然宣佈獨立，則恐更將是飛蛾撲火，自取滅亡。不論如何，台灣的任何政黨，是否能夠承擔台灣獨立之後果，委實值得三思！

　　或許有人認為，中共在一九五○到一九七○年代末期，有整整三十年之久皆未敢對台用兵，今後也無理由輕舉妄動。誠然，在冷戰高峰期間以及北京和華府關係惡劣之時代，中共不論是在外交或軍力上皆無對台用兵的能力。但一九七一年之後的形勢已大為改觀。中共進入聯合國取代台灣席次迄今，已有一百五十六國承認北京政府代表全中國、以及「台灣是中國一部分」的立場，其中包括美英日俄等所有東西方列強。過去二十餘年以來，中共也一再公開宣示，如果台灣宣佈獨立或有外國勢力介入台灣，北京便不惜以武力方式解決台灣問題。另一方面，東西冷戰之結束以及蘇聯之瓦解，不僅使得美國喪失了在他國進行大規模武裝行動的政治環境和民意基礎，而且也為中共除去了來自北方的心腹大患，可以集中力量對付台灣。何況今日中共的核子武力、傳統軍備和經濟實力，皆已非當年的吳下阿蒙。因此，中共在必要之時對台採取軍事行動，將擁有顯著的外交後盾和軍事優勢。他國縱有干預之意圖，也仍有師出無名之困難。到底攻打伊拉克或波希米亞，不能和進軍中國大陸相提並論。即使是美國，又豈能無所顧忌乎？！

　　一九九五年六月以來兩岸關係的演變，更具體地證明了中共對台的強硬立場，始終如一。李登輝總統訪問美國並發表了中共認為台獨傾向十分濃厚的演說之後，北京不僅立即中止兩岸的協商管道，並且開始在台海四週進行了一連串的軍事演習。其中一九九六年三月中

的三次演習，不僅緊鄰台灣本島和金門、馬祖等外島，而且北京甚至作出了最壞的打算，出動核子攻擊潛艇，以防美國的軍事干預。(註3)凡此種種，皆顯示出北京對台使用武力之能力和決心。而台灣獨立如今尚僅是民進黨人之口號，國民黨最多不過是強調台灣已是一個主權獨立國家的事實罷了，但已引起北京如此強烈之反彈。果真台灣宣佈永遠脫離「中國」，中共又豈有可能坐視不理?!

二 重返聯合國之可能性

　　退一萬步看，即使台灣宣佈獨立，中共又無可奈何，甚至「台灣共和國」受到東西方列強之公然支持，其進入聯合國的可能性及受到國際承認的機會又有多大？首先，根據聯合國憲章第四及十八條的規定，任何國家申請成為聯合國之會員國，必須經過安全理事會之推荐。而此一申請又必須安全理事會十五國之中九國贊成，且其中包括所有五個常任理事國(即美、俄、英、法及中共)之贊成票。換言之，台灣不論是以任何名義提出申請，北京在此問題上皆擁有否決之權，從而使得台灣入會的機會降低至零。即使中共犯下當年蘇聯以退席來抗議台灣代表出席安全理事會之錯誤，從而導致美國順利通過出兵韓國、制止北韓侵略之議案，因缺席而未投下否決票，台灣之申請仍需聯合國大會三分之二出席會員國之贊成，始可成功。而以目前聯大有一百五十六國(百分之八十三)承認中共、只有三十一國(百分之十七)承認台灣之形勢看來，投票的結果應是可想而知。

　　固然，有關新會員入會之程序或安全理事會之組織，皆可通過修改憲章之方式加以變更。近年來國際輿論也有擴大安理會成員國數目、尤其是增加常任理事國席次之主張。但根據聯合國憲章一○八條之規定，任何修憲的提案，雖然不必首先獲得安全理事會五大常任理事國之一致贊同，但卻仍需要聯大全體會員國三分之二的同意，然後再經三分之二會員國政府之批准，而後一手續則又必須包括五大常任

理事國，始可成立。由此看來，有關新會員國入會申請程序之修改，任何安理會之常任理事國仍然有權加以否決。

　　事實上，聯合國憲章第二十七條明文規定，除了所謂「程序問題」只需任何九個會員國之同意票即可通過之外，所有其他問題（也即是實質問題或重要問題），皆必須包括五大常任理事國在內的九票，始得成立。又根據這條規定的實際運作經驗，即使某一問題明顯屬於程序問題，但卻受到爭議之時，則針對這一問題之爭議及表決，本身也將以非程序問題看待，也即是賦予所有常任理事國否決眾議之特有權力，然後再正式以非程序問題二度付諸表決。如此，任一常任理事國皆可稱心如意地否決任何不利於己或不願通過之議案。這便是著名的所謂「雙重否決」（double veto）。這也是過去冷戰期間美俄兩國濫用否決權、導致安全理事會議事癱瘓、形同虛設的根本原因。也因為這種特權，安理會擴大編制、或吸收新的常任理事國、或更改議事程序的可能性，便小之又小了。

　　再看有人所提以當年「排我納匪」之方式，作為今日爭取「排共納我」、重返聯合國之策略，也是一廂情願、不明史實之想。因為一九五〇年到一九七一年整整二十二年之久，海峽兩岸在聯合國所爭的不是新國家入會問題，而是「中國」一席應由那一政權代表的資格問題。在那二十多年之中，中共從未以新國家之名義，申請加入聯合國，也充分明白這種申請是完全白費功夫，必然受到美國等西方國家在安理會之否決。共產集團國家有鑑於此，於是轉向沒有否決權的聯合國大會，每年聯合提出由中共代表團取代台灣代表團之議案。但在一九五〇年代，聯合國會員數目尚不足百，且絕大多數是親西方國家。所以上述提案在美國的防備和策劃之下，皆能輕易遭受大會否決。但一九六〇年之後，亞非新興國家大批進入聯合國，而且反美心態強烈，美國逐漸無法掌握聯合國大會的投票趨勢，因此決定改採另一策略，即爭取至少半數以上的會員國，通過中國代表權問題屬於重要問題，因而需要三分之二的多數才能決定（這也符合憲章十八條的

規定），結果尚可順利保住台灣的席位。

但到了一九七〇年代初期，國際情勢逆轉，美國「聯華制俄」的政策已經形成，尼克森總統並在一九七一年夏派遣國務卿季辛吉秘密訪問中國大陸，造成世界性的震撼。另一方面，美國則明白向台灣表示：安理會常任理事國中的「中國」席次，應由中共取代，但美國願在聯合國大會力保台灣的席次，促成「一中一台」的局面。此一政策性之大轉變，在聯合國立刻造成極大的回響，許多國家紛紛決定改弦易轍，準備接納中共、排除台灣。因此，一九七一年九月聯大開會後，一方面由於「中國代表權」被視為代表資格之問題，而非新舊會員國之入會或離會問題，另一方面則因美國的一中一台提案，已無法獲得大半會員國的支持，所以大會即將表決親共國家「排我納共」的議案之前，中華民國代表團見大勢已去，乃決定首先主動宣佈退出聯合國的一切活動（包括安全理事會及聯合國所屬所有專門機構），以避免面對更為尷尬的後果。(註4)

由此觀之，可見國際政治本係強權政治及其重利輕義之本質。台灣既然長期未能實現重新統治中國大陸之目標，則在國際政治舞台之上，自然終究難與中共相提並論。也正因為如此，「中國代表權」的問題，就聯合國而言，早已塵埃落定，不可能重新翻案，何況中國大陸與台灣，在土地面積是二百六十五比一，在人口是六十比一，在核子戰略武器上更是彼有我無。台灣最多只可能以新國家的名義嘗試申請加入聯合國，根本不可能以「排共納我」的策略取代中國大陸在聯合國的地位。但中共和聯合國承認北京的一百五十六個會員國（包括其他四大常任理事國）建交時的協定或公報中，又幾乎毫無例外地作出「台灣是中國的一部分」，及「反對兩個中國、一中一台或台灣獨立」之聲明。在此情況之下，台灣又有多少機會爭取到國際社會廣泛的支持，以扭轉目前的弱勢局面?!即使有絕大多數的聯合國會員國贊成台灣加入，又有何用?!（因為台灣不可能避開安理會之作業程序而成為聯合國大會之一員。）這也是何以台灣自一九九二年起所發動

的三次重返聯合國的運動，皆是胎死腹中，毫無進展的根本原因。

與參與聯合國運動為一體之二面的另一政策，便是爭取外交上的「雙重承認」（又稱「交叉承認」），即各國對分裂國家的兩個政權同時給予承認，並建立正式外交關係。此一現象源自二次大戰後的德國。由於冷戰的關係，東西兩大集團互不承認與對方結盟的西德及東德。但兩德終於在美蘇之妥協下，於一九七三年同時進入聯合國並獲得世界各國絕大多數之外交承認。南北兩韓是第二例子。在一九五〇及一九六〇年代期間，兩韓皆各自宣稱為代表全韓的唯一合法政府，不僅互不承認，而且在外交上也是採取「有你無我、有我無你」的「漢賊不兩立」政策，結果東西兩大集團也是只承認與自己結盟的一方，而不承認與自己為敵的另一方。但自一九七〇年代起，南北兩韓開始有關緩和關係的談判，並鑑於雙方多少勢均力敵的現實，自知不易在國際舞台上長久相互排擠對方，因而協議互不干預承認自己的國家同時也與對方建立外交關係。結果雙方的國際活動空間皆大為增加，並於一九七七年同時成為聯合國大會之觀察員，更於一九九二年同時成為聯合國之正式會員國。

因此，雙重承認的必要條件，顯然是分裂國家的兩個政權必須不再敵對，而且皆願意在外交上接受對方為一對等的政治實體。就此而言，台灣在一九四九年至一九七一年尚未退出聯合國之期間，皆是採取「漢賊不兩立」的政策，完全排除雙重承認的可能性。事實上，在這二十二年之中，北京政權也同樣堅持：所有和中國建交的國家不得承認台灣或必須與台灣斷交。（包括一九四九年的英國、一九六五年的法國、一九七二年的日本等。）一九七二年以後，台灣的政策雖然逐漸趨於彈性，但中共「漢賊不兩立」的立場卻又更趨強硬，且不惜因此而延遲了與美國建交的時間達七年之久。一九八八年以來，台灣雖然已開始實行接受雙重承認的政策，但因中共的立場絲毫未變，所以仍然無法保住與任何決定承認北京國家的外交關係。一九九二年南韓承認中共時，也同時宣佈與台灣斷交，不過是步一九七二年以來

數十個其他國家之後塵罷了。這也是何以正式與台灣維持外交關係的
國家數目持續下降且難以回升的根本原因。

由此可見，雙重承認的目標，和加入聯合國的理想一樣，皆非
一廂情願便可達成，根本的阻力仍舊來自中共。只要一日北京政權堅
持台灣為中國「不可分割的一部分」，不承認台灣為一對等的政治實
體，則台灣不論宣佈獨立抑否，也不論是否改名換旗，皆不可能獲得
與中共建交國家的正式承認。就此而言，台灣與中國大陸之相對形
勢，自又難與兩韓或以前的東西德相提並論，何況中共目前已擁有一
百五十六國對三十一國的絕對優勢，大可不必在此問題退讓半步。相
反的，台灣一旦宣佈獨立，中共勢必警告其他國家不得承認。如此一
來，台灣在國際社會已有的地位，反而將因中共的進一步施加壓力而
更形孤立，甚至連以「中華台北」名義已經參與的國際組織及活動，
也勢必受到打擊和威脅。因此，一個獨立的「台灣共和國」，即使不
立即導致台灣海峽的緊張局面或台灣經濟命脈──外貿──的嚴重窒
息，或台灣內部社會之分裂與不安，也將陷台灣於外交上的新危機。

三　公民投票的問題及後果

除了重返聯合國可以正式達到承認台灣係一獨立主權國家之目
標外，另一個走向台灣獨立、且更具吸引力的方式，是以公民投票決
定台灣的前途。正因為重返聯合國的運動自一九九二年以來幾乎毫無
進展，所以舉行公民投票的呼聲在台灣內部有日益高漲的趨勢。事實
上，目前朝野各黨已經推出各式各樣的公民投票法草案，而且如今看
來至少有一種版本會在新一屆的立法院通過，並終將成為國民大會修
憲的新壓力。其實，公民投票口號之提出，以及公民投票法之制訂，
其目的和重返聯合國的政策及運動一樣，即皆在實現一個獨立自主的
新台灣。只不過兩者的不同處是：前者係通過台灣內部自決的程序宣
示這一目標，後者是通過國際承認的方式，達到同樣目的。對許多人

而言，後一條路既然崎嶇難走，則前一條路自然變成最佳的選擇了。

　　且不論台灣地區全民自決是否必然會導致台灣宣佈獨立，以及台灣在形式上獨立（因目前已有實質，只差宣示而已）之後，是否必然會提升台灣的國際地位或形象，或大幅改進台灣日趨惡劣的生活品質。單就台灣地區進行全民投票、自決前途這一大事，至少有以下涉及理論和實踐兩方面的各種問題，值得探討及深思。

　　首先，公民投票的最大意義和有效基礎，誠然在於民意的充分表達，但其實施對象及範圍必須明確界定，不應有疑。就此而言，民族自決的理論及原則，本是以「民族」為單位。台灣若是以「民族」不同的理由（也即是「台灣人」不是「中國人」的主張），要求與大陸永遠分離，宣佈獨立，則不論從社會學、人類學或歷史文化的觀點來看，皆難以成立，因為台灣百分之九十八點五的居民，皆是和海峽對岸的漢族同文同種同文化。全台灣真正有權根據「民族自決」原則要求獨立自主的，不是絕大多數的漢族居民，而是佔人口不到百分之二的三十五萬原住民。果真如是，則台灣的漢族居民是否有權決定脫離大陸十二億同族居民，至少理論上仍有爭議之處。而台灣兩千餘萬漢族居民投票的結果，是否可以壓倒大陸十二億漢族居民針對台灣問題所作的不同投票結果，亦屬可疑。相反的，即使北京政府可能容忍台灣的漢族居民自決獨立，則基於同一原則，台灣的三十五萬原住民乃至於其他族羣，豈非更有資格要求通過公民投票方式，也宣佈獨立?！果真如此，台灣政府當局又是否也可以容忍這種情勢？（否則便是雙重標準，以大欺小。）

　　其次，如果台灣的居民不是基於「民族自決」的原則，而是根據區域、語言及政治觀念或信仰之不同，進行全民投票，走向獨立，則又應考慮到台灣的人口，並非由單一的語言羣所組成。除了閩南語之外，台灣居民之中，至少還有佔百分之十二左右的客家語系以及佔百分之十三左右的其他外省語系。而其中客家人又有相當明顯的聚落地區（如新竹、苗栗一帶）。外省人則多集中於台北縣市及其他多少可

以分辨的小地區。因此,如果閩南語系的居民有權投票自決前途,則豈非台灣的客家人及外省人,也可基於語言甚至區域的不同,要求自決本身的前途?(彭明敏教授一九九三年初在成功大學的專題演講中便承認:客家人、金門人、馬祖人都有權要求獨立或自治。)如果閩南語系居民挾人口上的絕對優勢,對台灣內部其他族羣要求自治或獨立的意願或行動,加以否定甚至鎮壓,則閩南人本身的自決獨立行動,豈非也將授與中國大陸否決這一行動、甚至對台用兵的絕佳口實?!

　　事實上,早在一九七〇年代初期,當北京和倫敦正因香港問題之解決方式而僵持不下之時,英國政府便蓄意鼓吹「主權在民」之思想,甚至主張通過香港「全民公決」的程序,決定香港五百餘萬民之前途,也即是促成香港走上獨立之路。但這一策略立刻受到中共的強烈反擊。而北京政府當時所提出的主要理由之一便是:香港居民之中多達百分之九十八是漢族,因此根本無所謂「民族自決」問題存在。香港居民果真有權進行「全民公決」,達到「區域性分裂」的目的,則十二億中國人自更有權也以公民投票方式,否決香港人的決定。結果,英國政府終於決定讓步,撤銷原來的如意算盤。由此觀之,台灣若有全民自決的方案及行動,中共必將採取同樣的因應策略,從而導致台海的緊張對峙局面。

　　即使上述的問題皆不存在,中國大陸也不否定公投之結果,還是有針對台灣前途的任何公民投票所提供的選擇是否周延的問題。從邏輯的角度看,任何一種分類法皆應包含相互排斥但又範圍窮盡的命題。公民投票法的提出及制訂,固然是以達到獨立台灣或台灣獨立的目標為前提,但卻是以台灣的主權歸屬何處為基本內涵。因此,有關台灣前途的選擇,顯然不只包括獨立、統一和不獨不統(即保持現狀)三種。它還應包括另一種可能的選擇,即將主權奉獻給另一個國家,使台灣成為另一國家的一部分。(至於是那一個國家,則可以進行第二次公民投票。)這個選擇乍看之下似乎不可思議,但卻完全符合邏

輯，實際上也是和獨立、統一同樣可行、甚至更為理想的道路。反對
這個提議的人，也許會作出強烈的反彈，認為這是違反民族大義及利
益的賣國主張。但台灣要求脫離中國大陸、走向獨立的主張，本來就
已和民族主義一刀兩斷，更違反中華民族(或至少漢族)的整體利益。
若再加上美、日、英、法等外國的公開支持及暗中慫恿，主張獨立的
人豈非原來即有賣國之嫌?!果真如此，則又何需斤斤計較民族主義的
理想或民族利益之現實?!

　　其實，若從非常現實的角度觀察，台灣的居民很可能有相當大
的比例，為了擺脫統獨之爭所帶來的心理困擾及社會不安，而作出加
入另一外國的選擇。單從數十年來台灣的留學趨勢及移民狂潮、台灣
內政外交長期倒向某些外國的情況、以及民間普遍崇美媚日的現象來
看，台灣放棄主權、加入另一強國或先進外國的主張，完全不是荒謬
無稽之談。到底四十五年以來，台灣在美國、加拿大、澳洲等先進國
家的移民，已經超過一百萬人以上。換言之，這一龐大的移民潮，已
經證明了許多台灣的居民，寧可選擇遠走他鄉，做一流國家的二等公
民，也不願留在台灣，做二流(甚至三流生活品質)國家的一等公民。
事實上，這一移民狂潮至今仍舊洶湧澎湃，而且範圍還有日益擴大之
勢。由此可見上述選擇有其極為誘人之處。何況台灣若有大國的軍事
保護及政治監督，則不僅宣告獨立所冒的戰爭風險將一掃而光，而且
整個台灣政壇及社會上的各種弊病及混亂現象，也可獲得迅速和真正
的改善。更重要的是，在美日等任一大國的武裝庇佑之下，中共縱有
犯台之意圖，也不敢再輕舉妄動，豈非一舉而數得?!

　　即使上述的「賣國」選擇，由於當權者「寧為雞頭，不為牛
尾」的心態，而不可能列入台灣居民的考慮範圍，公民投票內容之設
計，仍將是一極具爭議、難以周全的問題。因為不論統一或獨立，對
絕大數的台灣百姓言，很可能皆應該是種附帶條件的選擇，而非單純
的決定。換言之，投票內容之設計，往往對投票之結果具有關鍵性的
影響。事實上，根據過去民意調查之結果顯示，如果經過精心的設

計，台灣居民贊同有條件的統一，完全有可能超越過無條件的獨立。
反之亦然。因此，選票內容之設計，本身便可能引發激烈的政治爭議
甚至社會衝突，從而使得公民投票的活動，意義大失，甚至未蒙其
利，先受其害。即使這種爭議全不存在，而且選擇的範圍也明確簡
單，只包括「獨立」、「統一」、和「維持現狀」三種，公民投票的
結果，仍然未必可以提供決策者一明確的指導準則。因為三種選擇顯
然很可能造成天下三分、沒有一種選擇獲得大多數百姓支持的局面。
在此情況下，即使贊成獨立者獲得最多票數，反對者很可能還是佔絕
大多數。果真如是，則政府又豈可冒然宣佈及執行獨立之政策?!相反
的，如果贊成「統一」的人是較多數，甚至過半數，難道政府就可以
輕易決定將台灣併入大陸?!到底有關台灣前途的抉擇，事關每一個台
灣居民的身家性命及事業前途，是一極為嚴重的事，不可以、也不應
該如選舉公職人員一樣，以得票最高者為勝。

　　如果上述之困境可能避免，或乾脆將公民投票的選擇限於「獨
立」和「統一」兩個極端，而贊成「獨立」者又佔台灣選民之大多
數──例如百分之六十，仍將陷政府於進退兩難之地，因為若不執行
投票結果，顯然有違公投之目的及民主的原則。但若決定執行，必將
導致百分之四十選民的極大恐慌，從而立即危及整個社會的祥和及穩
定。在此情況下，政府是否仍應依順百分之六十選民的意願，在此生
死存亡的大問題上，毅然作出決定，從而完全漠視另外百分之四十民
眾的選擇?!在台灣四週環海、人口外移困難之客觀環境之下，政府又
是否可能為不願冒獨立大險的數百萬居民，安排退路?!甚至應如某些
極端分子之倡議，將所有反對「獨立」的人趕出台灣或送回大陸?!到
底民主政治也還是尊重少數、而非全然抹殺他們權益的制度。我們且
不論如果有百分之四十的人口反對或至少「不贊成」獨立，已將在台
灣立刻造成普遍的不安情緒和對立現象。任何一個國家只要有百分之
一的人民，對政府或現狀極端不滿，便有可能製造引發社會嚴重動盪
或混亂的恐怖氣氛。而根據過去數年來民意調查結果的顯示，偏向獨

立的人口，百分比從未高三成，但已令政府對任何明確主張統一的大陸政策，有所保留。果真有朝一日贊成獨立的人高居七成之時，政府是否便可放膽落實獨立的政策，全無後顧之憂？！

　　最重要的疑問是，公民投票果真顯示出台灣人民要求獨立的意願時，是否便可確保台灣的安全，並迫使中共承認既成之現實？近代有關國家前途的公民投票，皆是在大國聯合監督或保障安全之下，或至少是在一友好和平的國際環境之中舉行，而且沒有產生可怕後果之顧慮。但台灣以獨立抑否作為公民投票之抉擇內容，則必然是在中共武裝威脅的陰影之下進行，並且直接影響到國家的治亂和人民的安危，其嚴肅性和危險性之大，堪稱歷史上所罕見。因此，只要台灣所處的客觀外在環境不變，中共對台的政策如昔，則公民投票這一活動之本身，便將在台灣社會造成極大的震撼，引發百姓強烈的不安。台灣是否有冒此危險之必要或承受這種社會震撼的本錢，皆屬可疑。其實，公民投票即使可能在十分和平理性的氣氛之下推動和完成，其結果又是否足以真正突破台灣現有的外交困境，迅速提升台灣內政的品質，從而將台灣帶入一個美好的新時代？！如果這些問題的答案皆未必是肯定的，甚至是否定的，則台灣是否應在現階段或最近的將來舉行公民投票，決定前途，便值得深思及熟慮了。

四　小結

　　「台灣獨立建國」，原本是一充滿激情、並帶意識形態色彩的論題，不易從完全理性及客觀的角度，進行分析或討論，但在當前台灣自主意識日益強烈、獨立呼聲逐漸高漲的情勢之下，我們又不得不針對這一攸關二千一百萬百姓安危及前途的敏感問題，儘可能冷靜地思考和判斷。根據以上的推論，台灣一旦宣佈獨立，將很難避免台海局勢之惡化，甚至將兩岸帶上戰爭之路。台灣加入聯合國的機率，在可以預見的未來，則等於是零。台灣爭取國際發展空間的阻力，也幾

乎是同樣的龐大。至於以公民投票方式決定台灣前途,更是充滿了陷阱,且很可能陷台灣社會於大亂,何況還有難以執行投票結果的問題。總而言之,台灣追求獨立的理想儘管多麼崇高,但追求這一理想的過程卻是充滿了各種難以紓解的危險困境和無法逆料的後果,我們是否應該不顧一切、不惜代價地走這條路,委實應該再思和三思!

　　其實,台灣獨立即使有充分的理論基礎,也缺乏時間上的迫切性或必要性。在外交上,台灣的命運不可避免地是和中國大陸有著一定的關連性。這一客觀的現實並不能因為台灣單方面的意願或行動可以改變。就此而言,台灣的前途,多少還是繫於台海兩岸關係之繼續改善和進一步穩定。而這一目標則顯然不是台灣走向獨立之政策或宣示獨立之行動所可能達成。再者,台灣的前途也不是可以用投票輕易解決的問題,而是一個如何有效凝聚共識、締造生命共同體、共度難關的複雜問題。何況外交困境之突破,並非掃除內政積弊、提升文明水平的先決條件,反而是其自然之延伸及成果。台灣若不以革新除弊為先,而急於國際上的名分之爭,恐有本末倒置、弊大於利之失。而台灣獨立意識之情緒化發展,更只可能掀起內部族羣之不和與對立,造成「外患未至、內亂先生」的危險局面,絕非台灣兩千一百萬人之福。台灣朝野的政界領袖人物,又豈能不謹言慎行乎?!

註　釋

(1) 詳見張保民:「中英香港政制爭議之剖析」,載於《國事評論》(香港)第二十六期(一九九三年三月號),頁四十八~五十二。

(2) 北京對收回香港和台灣的「歷史使命感」,屢見於其公開之聲明中。例見張保民編:《中國大陸研究基本文件》(台北:人間出版社,一九九四年),第三篇。

(3) 最近三次軍事演習的範圍,詳見《聯合報》,一九九六年三月六日頁一,三月十日頁一,三月十三日頁一。演習期間,北京一再警告美日兩國不得插手。中共特使劉華秋在華府之行中,並向美國清楚表達北京不惜為台灣與美國一戰之決心。美國則在偵測到中共核子潛艇出現台灣東部海域之後,立即將「獨立號」航空母艦

戰鬥羣向東後撤至距離台灣兩百海里處，以避免發生意外。見《聯合報》，一九九六年三月二十日頁二，四月二十八日頁九。

⑷ 參閱 A. LeRoy Bennett, *International Organizations*（ Englewood Cliffs, New Jersey: Prentice-Hall, Inc., 4th edition, 1988）, pp.81－83.

第二章

平心論統一

統獨之爭，在台灣政壇及整個社會已經公開化。台灣正式獨立在現階段以及可以預見的將來，其可行性之微小及危險性之龐大，上章已有詳細的剖析。但一個獨立台灣(也即是「獨台」)的政治實體，卻又是不可否認的既成事實，無需刻意加以鼓吹。因此，所謂統獨之爭，其實只是指這一獨立台灣的政治實體，是否應該和中國大陸所代表的另一個政治實體，相互結合、或至少邁向結合之路的問題，也是海峽兩岸的中國人及社會，在可以預見的將來，是否可能統一成為一個中國、以及如何達成這一目標的問題。

一 中國到底是否應該統一？

首先必須考慮的是：中國大陸和台灣到底是否應該統一的根本問題。反對統一的人，其所持的理由，除了種族、文化相異論顯然不能成立之外，不外乎以下三者：(一)台灣長期遭受「外來」人的統治，其近百年的歷史經驗與大陸迥異，不應再受大陸或大陸人之支配。(二)台灣的經濟發展及物質生活皆遠遠超過大陸，因此大陸沒有資格和台灣結為一體。統一對台灣更是有百弊而無一利。(三)台灣是一奉行民主法治和自由經濟的國家，與大陸的共產極權制度和社會主義，大相逕庭，而且水火不容。

的確，這三大理由皆有相當可觀的說服力。誠然，經過五十年的日本殖民統治，加上一九四九年以後近五十年之久的對立和隔絕，台灣的政府已經難以與大陸分享政治上的權力，更遑論被貶為一個完

全地方性的政府。台灣的居民(尤其是新生的中青代),對大陸在認知的程度上已經脫節,在感情上已覺陌生。四十餘年來以大陸政權為仇敵、「漢賊不兩立」的反共教育,更造成台灣百姓至少在潛意識中拒絕與大陸社會及人民認同的效果。

其次,台灣在政治上長期的穩定,加上不斷提高國民教育的水平,一九六〇年代起又大力發展民生工業和對外貿易,而中國大陸則因一九五八年後長達二十年的政治動盪及經濟停滯,而使得海峽兩岸人民物質生活水平的差距,日益擴大,終於造成今天大陸與台灣國民平均所得相差達十餘倍之多的現象。一個奉行資本主義、自由經濟、生活富裕的台灣,和一個社會主義公有制色彩仍然濃烈、人民依舊相對貧困的中國大陸,自然格格不入,形成鮮明的對照。台灣百姓也自然不願與大陸社會結合,從而犧牲既得的經濟自由,降低現有的生活水平。

第三、台灣長期以來雖然由於安全及政治上的考慮,未能充分實現三民主義及五權憲法的全套理想,但四十多年來至少維持了一個穩定不變的法律架構、行政體系和文官制度,並在地方(縣、市、鄉、鎮層次)的自治方面,很早便已開始了民主化的過程。尤其是一九八七年以後,民主化的速度大幅加快,其層面則迅速升高,並已在兩黨政治的發展方面,開創出嶄新的局面。一九九一年以來陸續舉辦的中央民意代表全面改選及省市長民選,以及一九九六年三月舉行的總統副總統全民直選,更是不斷樹立了台灣政治民主化之新里程碑。凡此種種,皆和中國大陸仍然維持一黨專政、甚至一人專權的落後現象,不可同日而語。以上三大理由也皆使得統一之說,對台灣百姓而言,顯然缺乏足夠的吸引力,並為台獨運動提供了相當強大的理論基礎和有利的主客觀條件。

但凡事皆有正反兩面,應該客觀及具體地加以分析。以上各論點雖然在短期以及可以預見的將來中,對台灣不應該與大陸統一的主張,完全具有說服力,但其本身也並非無懈可擊。首先,台灣在地質

上、地理上、歷史上和人文上，最早皆屬太平洋島嶼之一部分，和千島羣島、日本、琉球、菲律賓、東馬來西亞、印尼、乃至新幾內亞係同一系列的火山沖積岩島，確非亞洲大陸或中國大陸之一部分。台灣原始居民(即現稱「原住民」之祖先)的語言、風俗、文化，也和漢族大不相同。但不幸的是，自十六世紀以來，人口稀少的原住民，便一直無法抵擋先後來自葡萄牙、荷蘭以及中國大陸等龐大「外國」勢力的入侵，並終至淪為殖民地的地位。十七世紀中葉，台灣被清廷劃入中國版圖之後的兩百年中，大批絡繹不絕的大陸移民，更公然主導了台灣的政治、經濟及文化發展。因此，今天所謂的「台灣人」，絕大多數其實都是喧賓奪主的「外人」和「異族」。只有現存三十五萬原住民的後代，才有資格自稱為真正的「台灣人」。

其次，日本在台灣五十年的殖民統治，乃是十九世紀帝國主義侵略中國的結果，也受到台灣人民相當長期的反抗。更重要的是，這段時期並沒有將台灣人成功地蛻變成為日本人。事實上，在日據時期台灣人被視為次等人種或至少二等公民的殖民政策，非但無人可以否認，而且也使得日本對台灣的任何同化政策，不可能成功。一九四五年中日戰爭之勝利以及台灣之光復，對台灣人民是一大鼓舞的現象，更是無需否認的歷史事實。一九四七年固然發生了不幸的二二八流血事件，但與其說它是大陸中國人對台灣同胞歧視的結果，無寧稱這是國民政府中少數腐敗軍政官僚魚肉百姓的積習所造成，而這種軍閥式統治、隨意武裝鎮壓百姓的事件，在整個二十世紀上半葉的中國大陸，皆屢見不鮮。何況二二八事件之前後，大陸省籍人士遭受到「反迫害」的事件及人數，也十分可觀，有待查證和對照。而且整個事件的元兇──陳儀，也早在一九五〇年被繩之以法，槍決以謝天下。

不論如何，如果因為單單一個孤立的二二八事件，便全盤否定了國民政府一九四九年以後在台灣四十餘年的政經建設成就，顯然並非持平之論。誠然，國民黨政府一方面對長期日本殖民統治所可能造成的後遺症，有所顧慮，另一方面又需維持台灣代表全中國的基本政

治立場，因而在選拔人才方面(尤其是黨政軍的高層)，難免有偏愛大陸省籍之傾向及政策，但這也是任何一個政府開始統治任何一個新地區的必然現象，不僅非國民黨所特有，更非中國所僅見。何況由於日本高度歧視性的殖民教育政策，台灣的百姓也必須經過一段時期，才有可能爬上各種權力的階梯。事實上，正是因為國民黨政府在教育和經濟上對台灣籍和大陸籍人民長期平等對待、不分軒輊的政策，才有今天台灣籍人士可能在黨、政、軍、教、經等各界冒尖出頭的結果。而四十餘年來，本省籍與外省籍人士，由於語言上之相互學習及通婚比率之不斷上升，已達到堪稱水乳交融之和諧境界，更是中國歷史上絕無僅有的空前成就。凡此種種，皆足以駁斥台灣人受到大陸人長期剝削、因而必須或應該永久擺脫大陸或大陸人支配的極端思想與主張。

誠然，過去受大陸人統治和未來被大陸控制又是兩回事。但如果政治上的統一，並不是近期所應該或可能實現的目標，則真正值得爭辯的就變成海峽兩岸是否因為近五十年歷史及發展經驗之迥異而永遠分裂的問題。這又涉及上述第二、三兩個反對統一的理由了。單從教育水平和經濟發展的角度來看，台灣的確是走在中國大陸的前面。但即使如此，也無人可以否認，海峽兩岸各有長短。中國大陸在國防及重工業、尖端科技、基礎科研方面所造就的人才以及所達到的自力更生程度，便遠遠超過了台灣，而且為國際社會所公認。中國大陸對傳統中國文化中具有高度民族色彩的醫藥、民俗、歌舞、藝術等的維護及發揚，也非台灣四十餘年來所可望其項背。

事實上，台灣四十餘年來的經濟體制及政策，與純粹資本主義的自由經濟，仍有一大段差距。而中國大陸近十餘年來的改革與開放政策，則已基本砸破了社會主義公有制的大框框，其結果並已開始改變沿海各省市的基本面貌，也使得國民總生產值及平均所得，在一九七九年到一九九五年的十六年期間，分別提高了十四倍和十一倍。(註1)如果目前的政策大方向繼續不變，則中國大陸原來預計在公元二千

年達到國民平均所得一千美元的目標，不僅完全可能實現，而且很可能還會大幅地超越。尤其是中國大陸目前所擁有的勞工低廉、土地公有、政策統一優勢，勢將在公共建設、城市規劃、交通運輸等方面，迅速超越台灣。而北京、上海、廣州等大城市之變化更是驚人。凡此種種皆足以說明大陸和台灣的差距日益縮小，而非不斷擴大。

其實，正因為台灣與大陸的經濟體制已趨相近，加上台灣的優勢乃是在民生工業及產銷技術，而不再是廉價的土地及勞工，海峽兩岸的經濟發展，完全有相互模仿、取長補短、互通有無的可能及必要性。也惟有如此，台灣才可能在國際市場保持強大的競爭力，繼續和亞洲其他三小龍（韓、新、港）以及亞洲一大龍（日本）相抗衡。若再從血緣、文化及地理的角度看，台灣也應該以中國大陸為腹地，才可能維護其經濟的命脈──外貿，並在亞洲地區繼續領先，在整個世界嶄露頭角。（就此而言，由於英國在香港長期的殖民式語文及教育政策，香港的商人今天已經發現，他們的勢力範圍，很難超越說廣東話的兩廣地區。而台灣的廠商則因為對普通話的有效掌握，而能縱橫中國大江南北，無往而不利。一九八七年以後，台灣和大陸的間接貿易，以及台商在大陸投資的數量皆突飛猛進，而且呈現直追香港、後來居上之勢，便是明證。）

再者，在整個世界的經體系逐漸傾向區域性結合的大趨勢下，海峽兩岸在地理上之鄰近及經濟上之互補互惠，不僅顯而易見，而且對台灣和大陸雙方皆有極大的方便及好處。反之，如果台灣刻意限制和大陸經貿之成長及合作，則不啻自願放棄大好的機會，平白讓日、韓、港、新各國，甚至其他東南亞國家，坐收漁人之利，並進而阻礙台灣整個經濟及社會的繼續繁榮與穩定。根本的問題是，如果台灣在經濟方面和中國大陸已經可能建立相當可觀及密切的交流乃至互賴關係，則為何不能在現有的基礎上，進一步相互扶持，擴大合作的範圍，締造「雙贏」的局面，甚至推動功能上的整合，形成一個「經濟共同體」?!反過來說，台灣以其幅員狹小、人口稠密、自然資源短缺

的先天條件，又是否應該或可能長久自絕於大陸之腹地及市場之外，而仍可獨力維持其現有經濟大國之地位，並在全球性的經濟競賽中繼續立於不敗之地?!

再看台灣的政治發展，雖然沒有經過中國大陸的不斷動盪，但法治基礎之建立以及法治精神之培養，卻因政治安全上的顧慮，以及法治教育之長期欠缺，而始終未能成功。整個政治體系的真正民主化過程，也是在最近數年之中才開始步上正途。換言之，台灣的民主及法治經驗，皆仍在摸索、累積之中。到底教育及經濟水平之提高，僅僅構成政治民主化的必要條件，而非充分條件。而台灣社會上的賭、黃、毒、罪及貪贓枉法現象，則不僅因為國會之長期未獲全面改選而根深蒂固，更因為民主化、自由化之政策欠缺民主的素養及法治之基礎和觀念，而導致暴力泛濫、社會脫序之局面。事實上，海峽兩岸之政治及社會問題，由於文化背景及開放政策之相近，在許多方面已形成十分類似之後果，甚至只有程度之別，而無性質之異。已有不少悲觀之論者，將台灣和大陸之現狀，比喻成「和平的腐敗競賽」。證諸於本書第二篇所論台灣之問題及隱憂，誠非虛言。(註2)

何況中國大陸自一九七九年改革開放之後，馬列主義幾乎已遭全體大陸百姓所唾棄。毛澤東式的極權統治模式，也因經濟及外貿活動之劇增，而受到空前未有的挑戰，並且在實際的運作上，已經大幅鬆懈下來。事實上，中國大陸自一九七九年改革開放以來，始終有「上有政策、下有對策」，中央無法掌控地方、地方抗拒中央之長期問題。若說大陸與台灣兩地社會皆已因強人政治之式微，而走向多少混亂、甚至無法無天的局面，絕不為過。這又多少反映出傳統中國文化的龐大影響，使得大陸和台灣皆不易根本改變雙方在政治上「一壓就死、一放就亂」的基本風貌，委實是值得海峽兩岸中國人深思熟慮的另一重要課題。由此觀之，台灣之卑夷大陸，又豈非只是五十步笑百步罷了?!

因此，不論是從歷史經驗、經濟發展、或民主法治的角度來

看，台灣皆沒有持續領先大陸的必然性，也無和大陸水火不容、因而必須永久分裂的理由。相反的，海峽兩岸在經濟發展上的差距似乎愈來愈小，在社會、政治及文化上的同質性則愈來愈高。通過兩岸人民日益密切的交流活動（即使是單向仍遠大於雙向），貿易上的急速擴張，以及政治上的逐漸接觸和溝通，台灣和大陸邁向一種和平共存、和平競爭、對等來往、相互影響（包括良性及惡性）關係的趨向，已經日益顯著而且難以遏阻或扭轉。凡此種種也皆構成了兩岸最後經濟結合及政治統一的有利客觀基礎。我們甚至可以說，不論是從經濟或政治的角度衡量，台灣只有在追求和大陸統一的前題及政策之下，才有真正及長遠的前途可言。因為唯有如此，台灣才能確保本身不受他國威脅或凌辱、以及長久經濟繁榮與穩定的命運。也唯有如此，「經營大台灣」、重建「新中原」或再造「新中國」的口號及政策，才有實質的意義！

　　我們若再從反面來看，則根本的問題是：台灣和中國大陸在政治上一刀兩斷，對台灣有何長遠的大利？首先，台灣目前所面臨的經濟衰退、政治亂象、治安惡化、環境污染等迫切問題，是否在台灣宣佈獨立之後，便可迎刃而解？答案顯然是否定的。再者，台灣的百姓是否應該或可能以永遠只做東亞最小國之國民而滿足？顯然的是，在前述地理、人口、資源等不利客觀環境侷限之下，台灣非但永無可能在世上取得任何舉足輕重的地位，而且永遠將有國家安全之顧慮和資源匱乏之問題。單就國防安全問題言，台灣有否可能長久和中國大陸保持一種「有距離的友好」或「特意的對立」，因而從此不再受中國大陸武力吞併之威脅或他國之政經壓迫及欺侮？這一問題的答案顯然是否定的。即使日本這一先進國家，人口已是台灣的五倍，土地是台灣的十倍以上，而且南北綿延二千海里，並已將全球變為其腹地及市場，但仍因為領土不夠遼闊，資源嚴重不足，而始終有其近憂及遠慮。如此看來，台灣又何能與之相提並論？！

　　事實上，從東亞近四百年的歷史來看，台灣一直是外國覬覦和

染指的一塊土地，也一直難以抗拒外來勢力之入侵或干預。一九四九年以後的三十年中，台灣更是必須依賴美國的軍事保護，始可確保本身的安全。一九八〇年後則需依賴和中國大陸緊張關係之緩和，始能繼續穩定及繁榮。換言之，以台灣面積之小及地位之險，外患之憂將永遠存在，且不因台灣之政治獨立而完全消失。對台灣的安全威脅或侵略企圖，不論是來自中國大陸、日本或其他外國，台灣皆必須尋求另一大國之支援，始能成功地加以抗拒。而正因為海峽兩岸大小實力懸殊，這一威脅如果來自中國大陸，台灣更有淪為他國「次殖民地」的極大危險，從而喪失政治獨立之實質效果。反之，上述外來威脅或侵略若是來自他國，則中國大陸卻是台灣最為方便有力、且最可靠的支援國。但如果台灣單是基於安全的考量，必須或有可能和中國大陸保持相當友好的鄰居關係，則又為何不能進一步在同文同種、原本又同國的基礎上，謀求政治上的統一，從而鞏固和壯大中華民族的整體聲勢?!

二　贊成統一便是投降主義？

　　從另一個角度看，由於台灣和大陸在面積、人口和總體國力等各方面，皆十分懸殊，海峽兩岸重歸統一，似乎顯然是對大陸有利，對台灣有百害而無一利。因此，贊成統一的人，就往往被指為投降主義，居心叵測了。其實，如果中國的統一是一立即必須實現的目標，則必然涉及政權合併、兩岸共治的問題，從而衍生大陸對台灣很可能以大吃小、以強凌弱的危險。果真如是，則統一便的確是種投降主義，根本不值考慮，台灣更不會有人支持。但事實上，目前並不存在這種的統一問題。且不論台灣四十餘年以來是一完全獨立於大陸之外的主權國家，擁有可觀的國防自衛力量，非北京政府所可能予取予求，即使北京決定加速統一的進程，決定以武力攻打台灣，只要台灣朝野有反抗的意願以及拼死自衛的行動，仍舊不出現投降主義的問題。

其實，台灣主張統一的人，不論在朝在野，從來沒有人贊成海峽兩岸立即進行政權之合併。最接近這種論調的人，也只是提出一種聯邦式（federation）、甚至更鬆懈的邦聯式（confederation）政體形式，作為未來統一的可能模式。換言之，在這種體制落實之前，台灣仍舊完全保留現有的國防、外交和內政上的自主權。即使是北京所提出的對台政策及「一國兩制」模式，也是考慮到並尊重了台灣長期獨立於大陸之外的現實，容許台灣繼續享有過去四十餘年所擁有的自主和自治。由此可見，不論海峽何岸，都是把中國的統一，視作一遠程的目標，並不急求政權合併、版圖共治的實現。換言之，北京在目前及可以預見的將來，至少明白自己沒有強迫台灣立即「歸順祖國」的意願或能力，或至少認識到這種強制性的「招降」作法，並不符合國家和民族的整體利益。而台灣則更是沒有無條件「投向祖國懷抱」的傾向或打算，更遑論向北京豎起白旗，表示投降了。

正因為海峽兩岸皆有中國的統一是種長遠理想的共識，也正因為台灣對大陸言，仍是一個實質獨立的政體，且擁有可觀的討價還價籌碼，因此，中國的統一問題應是完全可以談判的課題。而且這種談判至少可以分成事務性、技術性、功能性、政策性、政治性等四、五個階段，由首先解決兩岸交往所產生的迫切問題開始，繼而考慮技術上必要的合作，進而討論社會、文化、經濟等各層面的互補互惠行動，再進入外交、國防乃至內政方面的協調與配合，最後才面對政權之共享及版圖之合併等問題。整個過程的每一階段，顯然都是十分漫長和崎嶇的，而且是愈到後來，愈是艱巨。基於前文所述的原因，沒有人敢說這一談判的過程必然對大陸有利，對台灣不利。何況談判原是一種高度的政治藝術，談判的開始，本身更是象徵了雙方皆不願藉和平以外的方式，解決爭端，也因此必然顯示雙方皆有妥協的心理準備。

且不論有關統一的談判將會持續多久（保守估計至少十至十五年以上），最重要的是，這種談判一旦開始，便可立刻大幅化解台灣海

峽的緊張氣氛，穩定兩岸和平交往的關係，對台灣本身社會的安寧和
經濟的發展，產生立竿見影之效。到底上了談判桌的對手，都不想見
到戰爭發生。而且只要談判仍在繼續之中，也不致發生戰爭。同樣重
要的是，正因為有關統一的談判必然要拖延時日，甚至經年累月，而
無法達成終極的目標，這一談判的過程最後也未必達成兩岸的統一，
反而有可能在「中國人自己解決中國問題」的大原則和融洽氣氛之
下，最後因彼此諒解而分手，達成台灣獨立的相反目標。到底時間還
是化解一切宿願舊仇的最佳藥方！

　　目前的問題在於海峽兩岸對於「中國統一」的目標，已經出現
了歧異的看法。雖然中國大陸仍舊堅持「一個中國」的原則，並表示
台灣只要認同這一原則，其他一切問題皆可商榷和討論，但台灣政府
近年來顯然已不願對這一原則，繼續作出明白有力的承諾。這不僅可
以從台灣持續拒絕直接三通，並於一九九二年起積極推動加入聯合國
的運動看出，也反映在李登輝總統公開視國民黨為「外來政權」、主
動出訪美國、不斷以台語作公開演說、提倡歌仔戲、斥大陸政權為
「土匪」等言論及行動之中。國營電視台則在晚間黃金時段不斷播出
醜化外省人、頌揚台灣人的台語連續劇。民進黨人近年來更是刻意把
「台灣」、「台灣人」、「台語」和「中國」、「中國人」、「中國
話」，清楚區分開來，並將所有不諳台語或台語不流利的外省人，斥
為「中國人」，甚至不時喊出「中國人滾回去！」的口號或舉出這類
標語。一九九六年一月二十四日，李登輝總統在競選連任的誓師大會
上，又再度提醒台灣不可向中共「投降」或「被」中共所「統一」。(註
3) 凡此種種，皆顯示出台灣朝野已逐漸扔棄「一個中國」的理想，轉
而致力於「大台灣」意識之建設。結果今天在台灣，任何贊同統一的
論調，幾乎已完全得不到發表的空間或機會，「台灣本土意識」之高
張，則到了外省人不敢說國語、台灣人不願聽國語的地步。難怪一九
九五年下半年台灣島內出現了國民黨有史以來第二次最嚴重的分裂，
而台灣海峽則又重現了四十年未有的戰爭新危機。

其實，「一個中國」的原則和理想，是否如此難以認同？只要海峽兩岸皆視「中國」為一種族、文化、歷史和地理的概念和範圍，並將政權統一的中國，視為一未來的共同理想，則雙方應不難達成基本的共識。只要台灣和一九四九年以後四十年中一樣，繼續認同自己是上述「文化中國」的一部分，便不致造成今天台灣內部社會不安、海峽局勢緊張的後果。誠然，北京的一向立場：「中華人民共和國是代表中國的唯一合法政府，台灣是中國的一部分。」不能被台灣所接受，但這立場未必完全沒有妥協的餘地，台灣也無需全盤加以排斥，因為只要認同「中國」，則台灣和大陸自然皆是「中國的一部分」。台灣大可堅持：中華民國政府乃是代表台灣地區的唯一合法政府，並以此立場和大陸展開對等談判。此一立場既絲毫無損於台灣的既有權益，又完全符合「一個中國」的原則，則又何樂而不為？

或謂台灣即使提出上述立場，也未必為大陸所接受。但問題是迄今台灣從未有人提出這一政策，或主動設法澄清「一個中國」的涵義，或要求中國大陸對此涵義作出回應。因此我們便不應對假設性的問題，先下斷語。到底談判之本身，便是一個妥協的過程，只要台灣也同樣堅持「一個中國」的理想和原則，便已符合北京的要求，大陸也便無理由指稱台灣在搞兩個中國或一中一台，更遑論對台灣動輒文攻武嚇、威脅用兵了。何況明確認同和宣示「中國統一」的理想和「一個中國」的原則，只不過是回到台灣過去曾經長期一再堅持的立場罷了，又何來「投降」之有?!

但台灣朝野近二、三年逐漸偏離上述立場之事實，仍有追根究底的必要。就此而言，近年台灣本土意識之高漲，可以直接溯自台灣政治之快速民主化，以及第一大反對黨──民進黨的崛起。而此二現象又交相刺激，互為因果。因為民進黨人原本是以「台灣獨立建國」為其基本主張和政治目標，並且在激發台灣中下層草根社會的本土意識方面，一向不遺餘力。一九八七年台灣解嚴之後，民進黨在言論完全自由的新空氣之下，更是全力公開鼓吹台獨或至少「台灣優先」的

思想，因而在各種公職選舉中迅速壯大，並在一九九二年立法院全面改選之後，取得國會三分之一的席位。一九九四年底，民進黨候選人甚至一舉奪得台灣首府──台北市──市長的寶座。即使在同年台灣省長的選戰中，民進黨也取得高達百分之三十五的選票，對國民黨構成極大威脅。

民進黨勢力之迅速壯大，不僅證明了「台灣獨立建國」和「台灣人當家作主」等訴求，對於長期受到外來人統治的台灣人，具有莫大的號召力和煽情性，也對漸居守勢的執政黨形成日益龐大的壓力。為了維護政權之延續，或至少遏抑民進黨勢力之繼續坐大，國民黨遂也不得不東施效顰，取法民進黨人之策略，一方面提出台灣至上、台語優先之各種言論和作法，另一方面則開始公開排斥「大中國」的思想，並刻意延緩海峽兩岸各種交流及談判的進程，以便爭取代表全台灣人口至少百分之七十五的本省籍選民的支持。尤其是一九九六年三月的總統大選，國民黨肯定希望贏得這次史無前例的世紀大戰。在選舉頻頻舉行、而且一次比一次重要的客觀情勢之下，台灣朝野近年來便必然彌漫著一股空前未有、而且日益強烈的「台灣熱」了！

值得深思的是，表面上看來，台灣的民意是推動朝野兩大黨偏離「一個中國」原則、排斥「中國統一」理想的原動力。但「統一中國」原來是台灣四十餘年的基本國策，一個中國的觀念也是通過長期的教育而深植於台灣居民的腦海之中。族羣之差別和舊怨，也經過近半世紀的自由通婚和國語政策，而早已消失殆盡。如果不是民進黨之挑撥在先，國民黨之跟進在後，台灣住民的本土意識和排外情結，絕不會高漲到今天這一地步。台灣社會早已和諧的族羣關係，也不致退化到今天這樣緊張程度。但這形勢既已形成之後，卻又回頭促使朝野兩大政黨進一步推波助瀾，但求爭取或穩固佔選民絕大多數的本省籍票源，而不顧上述形勢所可能帶來的惡果。

因此，反對統一或拒絕認同一個中國的最大受益者，其實並不

是台灣絕大多數的居民，而是政治權力的競爭者：在過去七、八年，一直是台灣最有奪取政權可能的第一大反對黨──民進黨，在目前和可以預見的未來，則是仍舊執政的國民黨。所有的反對黨為了奪取政權，都是不惜以最煽情的口號、主張及承諾，以打擊執政黨並爭取選民的支持。所有權力的擁有者，也都是不擇手段地維護既有的權力。這也是政治的鐵律。從民進黨的角度看，顯然唯有集中全力抨擊國民黨的「外來」根源和「中國」情結，才能普遍激發台灣百姓固有的地域觀念和排外心理，也因而才有可能取得執政的機會。而國民黨在民進黨的壓力之下，也惟有主動大幅強化及提升台灣人的本土意識，才可能除了維護自身政權之外，也同時拒中國大陸於千里之外，從而確保其「寧為雞頭，不為牛尾」的「當家作主」地位。質言之，最高權位的取得或維持，乃是反對黨領袖和當權者最為優先的考量，而且為了達到他們的眼前政治目的，不惜鋌而走險，在台灣社會激起空前未有的族羣對立關係，甚至將台灣兩千一百萬人的命運孤注一擲，把台灣推向戰爭的邊緣。由此觀之，如果贊成統一便是種投降主義，則主張獨立或和「中國」一刀兩斷，豈非至少也應稱之為「冒險主義」？！到底台灣一旦發生動亂或台海出現戰爭，最大的受害者還是手無寸鐵、後退無路、又投靠無門的普通百姓！

但拒絕認同一個中國、排斥統一思想的受益者，又不只限於台灣內部的當權派，或最可能執政的反對黨。正因為台灣和大陸相比是地小勢弱，台灣內部政局以及海峽兩岸關係之演變，始終有一個不可忽略的國際層面。而「台獨」或「獨台」的主張及運動，長久以來皆受到美、日等國的煽風點火和明援暗助，更是衆所週知的事實。由此看來，台灣的反對黨或當權派因台灣獨立所獲之「私」利，恐又不如美日等所得之「國」益為大，因為台灣果真有抗拒與「中國」統一的強烈意願，甚至成功正式脫離中國大陸而獨立，便可在東西方列強的明庇暗護之下，繼續扮演牽制中國大陸的戰略性角色，即不僅掌控中國大陸東出西太平洋的必經水道，而且在必要時重新變成他國反華制

華的前哨基地。如此一來，列強分裂中國的長久夢想，便輕易地達成了一個重要的階段性目標。事實上，自從一九九〇年蘇聯解體之後，美國政壇不斷出現公然鼓吹西藏、新疆、甚至廣東、香港自中國分化出來的各種言論，其目的無非希望看到中國也和蘇聯一樣，淪落到四分五裂的境地。如此美國和西方列強或至少其他英語國家，便可稱霸全球、獨步世界。難怪台獨的呼聲，在幾乎沉寂了二十年之後，又於九〇年代之初期、世界局勢已趨緩和、兩岸關係已經解凍的時代，舊燼重燃了！

因此，台灣和大陸是否可能在短期的未來，就中國統一的問題達成初步的共識，也許已不重要。海峽兩岸對新式帝國主義特意分裂中國領土的野心及行徑，則不可不加警惕。從整個亞洲的局勢來看，台灣也只有在一個大國的武裝保護之下，才有可能和大陸相抗衡。台灣是否寧願做一個仰他國鼻息的獨立小國，甚至進一步再度成為東西方列強反華制華的馬前卒，從而陷整個中華民族於繼續內憂外患的困局，實在值得台灣每一個居民深思。而這一條路對台灣本身的主權完整和政經前途，又有多大好處及弊害，則更是台灣朝野應該再三反省的問題。

三　中國統一的可行性問題

誠然，即使台灣朝野兩大政黨有可能都對「中國統一」和「一個中國」的理想及原則，達成基本的共識，海峽兩岸邁向交流、合作的趨向，以及中國沒有理由不走上統一道路的主張，並不等於說這一趨向必然順利、沒有反覆，這一主張必然前景光明，且終將達成目標。可以肯定的是，政治上或形式上的統一，在可以預見的將來，皆非可行之舉，也不應該冒然促成。事實上，大陸和台、港、澳三地區四十餘年的分裂狀況，對中國和整個中華民族而言，也有當初意想未到的好處。因為有了大陸對台灣及香港的政治壓力和潛在威脅，才使

得台灣和香港兩地政府四十年來，不得不精圖勵治，竭力謀求社會之
進步和經濟之繁榮。（澳門的情況稍有不同，但多少也有類似效果。）
而台灣和香港在六〇年代至七〇年代間各方面的突飛猛進，又直接刺
激了大陸改革與開放的決心。大陸與台灣地區這種富有競爭性的互動
關係，就長遠而論，固然有助於奠定中國重歸統一的客觀基礎，但也
使得三地區任何形式的結合，出現了不可避免的客觀困難及心理障
礙。也正因為如此，北京才有「一國兩制」觀念之提出，並對香港和
澳門實行「港(澳)人治港(澳)」、「五十年不變」等彈性的政策。

　　但顯然台灣的情況又不能和港澳兩殖民地相提並論，因為台灣
是一獨立的政治實體，而且長達四十年之久。因此，海峽兩岸邁向統
一的最根本問題是：一方面兩岸對比的形勢，在許多方面顯然皆對台
灣不利。換言之，由於土地、人口和國力之懸殊，台灣很難以平等的
地位，和大陸討價還價，北京則是不屑以平等的態度對待台灣政府。
但另一方面，台灣既然四十年來已是一獨立的實體，又和大陸社會有
一定的隔膜及差距，在教育的普及和民生之富裕程度上，更確實較大
陸進步很多，則海峽兩岸任何有實質意義的正式談判，卻又皆必須首
先承認台灣的獨立人格及政治尊嚴。也惟有在雙方地位平等的基礎和
先決條件下，台灣政府才可能不僅說服所有的台獨主張者，而且向全
體的台灣百姓證明：台灣同意和大陸談判及其邁向統一的努力，並非
以犧牲台灣人民之利益為代價或條件。

　　就此而言，北京政府一九七九年以來對台政策的一大錯誤，便
是把政治上的統一，看成輕而易舉而且毫無變通餘地的既定方針，甚
至不惜一再申明不放棄對台用兵的可能性，從而予台灣朝野一種咄咄
逼人、有恃無恐、甚至以大吃小、以強凌弱的高姿態印象。這也是北
京政府長期漠視及看輕台灣心態的表徵。殊不知以大陸本身現有的政
治經濟條件，根本還沒有要求台灣「回歸祖國懷抱」的資格。一九八〇
年代初期出現香港前途問題之後，香港百姓對中國大陸所表露出來的
恐懼及抗拒心理，在十分可觀的程度上，也是中港兩地發展差距龐

大、以及香港居民對大陸缺乏信心之事實所造成。但香港到底是彈丸之地，而且民生基本物資幾乎全賴大陸供應，因此簡直毫無討價還價的本錢。台灣則大不相同，北京政府絕對不能以對待香港的態度，看待台灣。否則其一廂情願的想法及政策，只可能對台灣造成心理及安全上的龐大威脅，不僅直接助長台獨的呼聲，甚至可能迫使台灣積極尋找外國勢力之支援，終將不利於統一大業的長遠目標。

北京政府的另一政策性錯誤，便是將政治或至少形式上的統一，當作海峽兩岸結為一體的先決條件，而非其終極目標，因而顛倒了事物發展的自然規律，甚至因此而迫使台灣在統一和獨立之間，立刻作出抉擇。而這種抉擇的結果，也顯然不利於統一。殊不知名分之爭在實質問題解決之前，並無多少意義。到底「統一」的理想和目標，乃是因兩岸分裂分治的事實而產生。如果沒有分裂的現狀，又何來統一的問題？因此北京必須首先承認這一事實之存在，兩岸才有談判的理由和空間。何況海峽兩岸都是同樣的中國人，沒有理由只讓其中一方有名有分，完全否定另一方的類似權利。事實上，由於海峽兩岸社會的長久隔離及政治對峙局面，中國的統一，只能當作一個長遠的目標，通過漸近的手段，才有可能順利和平實現。換言之，政治的結合，必須是在經濟的整合、人員的交流、文化的認同以後之自然結果，而不應當作達成所有這些目的之手段。

正因為中國大陸沒有西德那樣的繁榮與進步，僅憑民族大義之空洞口號及理想，是全然不足以吸引台灣像東德那樣，迫不急待地併入西德的領域之中的。就此而言，北京政府豈能無愧乎?!也正因為如此，北京政府對台灣問題所採取的高姿態，只可能增強台灣對大陸的戒心和抗拒，完全無助於統一的實現。果真大陸因為這一先決條件不獲接受而決定對台用兵，也必將受到台灣百姓的全力反抗，並引起國際輿論之同聲譴責，甚至造成外國勢力重新介入中國內政之不幸後果，從而再次重創中華民族的元氣。值此蘇聯已經土崩瓦解，中美俄三國勢力均衡已遭破壞之際，美國實無再向俄羅斯打「中國牌」之必

要，更有進一步分裂中國的企圖，北京對統一問題的態勢和做法，又豈能不慎乎?!

　　最重要的問題是，北京政府在過去四十餘年之中，始終未能建立一個足以充分提升台灣人民對大陸向心力的政治形象和生活品質，使得台灣人民對統一的口號及前景，一直充滿戒懼及排斥之心理。相反的，大陸百姓嚮往或羨慕台灣物質生活水平的程度，迄今仍舊遠遠超過了台灣百姓期盼成為一「強大中國」之一部分的心態。換言之，北京政府對台灣的號召力，最後仍須以具體及有效的政策改革為基礎，尤其是以儘快同時提升中國大陸之物質生活及法治水平(兩者缺一不可，「民主」尚可稍待)為迫切目標，否則一切有關統一的宣傳，皆將徒勞而無功。就此而言，「統一」的實現，對海峽兩岸又都是一種挑戰，因為在當前的和平競爭形勢之下，雙方皆未取得絕對的優勢，而且就長遠而言也未必對北京有利。固然，全面改變十二億人口的物質及精神面貌，絕非任何政權所可輕易成就之工程。但北京政府至少可以集中力量，在沿海地區及重要城市，塑造一二模範省份及都市，以證明其優越之政治魄力及行政效率。但北京在這方面的表現，迄今卻是仍無說服力可言！(同樣的，深圳和廣州的亂象，對香港居民也形成一大斥力。)

　　固然，北京在對台政策上失之於急躁和跋扈，內部改革開放十餘年之成績則是得失參半。但台灣的大陸政策也不無商榷之處。首先，針對北京所最關切的台獨問題，台灣的國民黨政府必須採取堅定不移、主動出擊的政策，以防止外國勢力再度介入海峽兩岸之爭，從而徹底消除北京政府對台用武的口實和考慮。換言之，台灣政府對台獨運動之縱容乃至鼓勵，或對台灣前途的曖昧態度，不僅將直接強化台灣島內已經呈現的兩極化趨向，間接迫使心懷恐懼的大陸籍同胞，傾向爭取北京政權之保護，也勢必迫使中共堅持其強硬的對台政策，並考慮對台用兵的必要性及迫切性，從而使得統獨之爭，從台灣社會內部的分裂，擴大成海峽兩岸軍事上的再度衝突，甚至演變為國際上

的武裝對抗，終將不利於全民族的長遠和平與安定。

其次，台灣對中國大陸近十餘年來的急速變化，也應採取更加務實及靈活的政策，不需也不應在國際社會的活動中或名稱上，錙銖必較、字句必爭，以求塑造出類似兩個中國、一中一台、或一國兩府等沒有太大實質意義的形象，從而強化北京政府對台灣終極意向的疑慮。台灣近年來積極推動重返聯合國的運動，任何明眼人皆可看出是種追求獨立的作法。至於堅持中國大陸放棄「四個堅持」、要求大陸實現民主政治、完全開放財產私有化等主張，則更是不切實際之舉，也未必符合中國特殊之國情。因為事實上，「四個堅持」早已有名無實，不待台灣之要求。在一人口與資源的矛盾日趨尖銳化的中國大陸，完全奉行西方資本主義的自由經濟制度，是否恰當，也屬可疑。尤其台灣本身所實行的並不是百分之百的自由經濟體制，卻已造成社會財富分配日趨不均的惡果。民主政治在一個擁有二億五千萬文盲的中國大陸，則更不啻是緣木求魚、水中撈月，在可以預見的未來，根本沒有實現的可能。何況民主政治即使在台灣的社會環境中，也已出現行政效率大幅下滑、金錢滲透權力運作、少數財團主宰多數民意、甚至暴力干預選舉的惡劣傾向，其發展方向仍有認真批判、繼續改進之必要。堅持以上所有這些要求，反而可能予北京政府一種沒有誠意談判、不願解決問題之印象，甚至進而迫使大陸採取更為強硬的態度，使得兩岸關係重新陷入危險的僵局。

相反的，台灣可能及應該採行、而大陸也較容易接受、又不影響台灣安全的政策，至少有以下數項：(一)以「一國兩區」取代「一國兩府」的主張，以免予北京製造「一中一台」的印象。在國際上則要求「一國兩席」、並遵循「中國台北」的奧運模式，以儘可能爭取與大陸合作的可能性，並強化海峽兩岸在國際社會上的聲勢。(二)公開宣佈中止已經名存實亡的「三不」政策，儘早正式開放「三通」，並打出「三和」(和平共存、和平競爭、和平統一)的口號，以進一步促進海峽兩岸人員之雙向交流及經貿活動，從而表明台灣願朝統一目

標努力的決心。(三)儘快擴大及提升台灣與大陸官方之接觸及談判層面，以便在涉及海峽兩岸日益增加的各種共同問題上(尤其是日益猖獗的走私、販毒等犯罪活動)，進行必要的合作，並謀求解決之方案。

以上三種做法，看來似乎是遷就大陸，無益台灣，實則不然。首先，台灣自一九七一年九月退出聯合國之後，由於經濟之發展，國際活動之空間在實質上並未持續縮小，反而逐年擴大。可見加入政府性或官方性的國際組織，並非提升台灣國際地位或談判籌碼之必要條件。其次，海峽兩岸早自一九八六年便已開始「接觸」(王錫爵劫機事件)，一九九〇年有所「妥協」(金門協議)，一九九一年起更舉行一連串大型「談判」(辜汪新加坡會談開始)，所謂「三不」政策，更早已成為歷史。而間接的「三通」(通商、通郵、通航)，也在一九八八、一九八九、一九九〇三年相繼實現。以目前台商在大陸投資已逾二百億美元、兩岸貿易年達二百五十億元、人流來往年逾一百五十萬人、信件每月近二百萬件、電話每月超過五百萬通之現狀而言，任何蓄意繼續「避免製造三通假象」之政策及措施，其實皆在掩飾已經「三通」之真相，不僅自欺欺人，也不利於台灣本身之經濟。(註4)所謂「境外轉運中心」之構想，不過是此一「鴕鳥政策」之延伸罷了，而且徒然將兩岸直航之利潤，拱手讓予外籍船隻和航機，委實何苦來哉?!在兩岸關係進一步改善之前，所謂「亞太營運中心」的規劃，則更是海市蜃樓式的幻覺和空想！更有甚者，正因為兩岸民間之「私通」和「直航」，早已造成台灣毒品、槍械及私貨泛濫成災、社會治安每況愈下之險峻形勢，台灣若不能儘快突破現有的談判框架，以更務實之態度積極建立與大陸聯合打擊犯罪之管道，恐將遲早面臨自腐而蟲生、不攻而自爛之危險，對台灣內部之穩定，又有何利?!

誠然，以上各種作法，並非完全沒有副作用，尤其是人員的雙向交流。但所有措施皆可通過有效的監察和管制，而將它們對台灣的利益加到最大，弊害減至最小。其實，兩岸之各種交流，數量已經

十分龐大。在變間接為直接、或化暗為明之後，並不致再有「質」的突變，反而更易加以掌握和規範。何況以現階段的經濟、社會及政治情況相互對比言，在兩岸的和平競賽中，台灣顯然仍舊高居優勢地位，不僅無需擔心大陸對台的「統戰」，而且反而可以充分發揮台灣對大陸的積極影響力和吸引力。海峽兩岸的中國社會，也只有通過進一步的溝通、交流、相互學習和競賽，並在一和平共存、和平演變的環境之下，才有可能達成某一程度的共識或諒解。也惟有如此，和平解決中國統一的問題，才有實際的可行性可言。

誠然，以上所有的建議即使完全付諸實現，台海兩岸的中國社會，也未必一定達成政治統一的終極目標。到底從經濟的整合到文化的認同，進而到政治的統一，其間並沒有絕對或必然的因果關係，更不可能訂出任何時間表。這一過程是否可能及順利實現，尚需取決於中國大陸及台灣兩個社會之間的各種差距，是否確實持續減小還是又重新開始擴大。換言之，如果台灣或大陸任一方的政局或社會漸趨不穩及混亂，則兩岸和平統一的道路，可能仍將路途艱險，永久分裂及武裝衝突的可能性則相對提高。因此，海峽兩岸的政府——尤其是中國大陸的政府，都必須首先力求改進本身的形象，才有吸引對方的力量，從而增加和平統一的機會。

但是，台灣和大陸最後在政治上不論是邁向完全統一或永久分裂，顯然皆必須首先以進一步改善雙邊關係為先決條件。質言之，除非外國勢力再度介入中國內政，台灣只有在大陸的默許之下，才有可能和平獨立，而大陸也只有在台灣百姓心甘情願的情況下，才有可能使台灣「投向祖國的懷抱」，達成和平統一全中國的目標。因此，台灣島內的統獨之爭，也最好是在不妨礙進一步緩和兩岸關係的大前提及大政策之下，讓時間去逐漸自然解決。北京政府任何急躁、冒進的統一主張或做法，都將刺激台灣島內台獨聲勢之壯大。而台灣政府任何公然主張台獨的言論或政策，也必將加速惡化島內的省籍衝突，並大幅增加海峽緊張氣氛及北京對台用兵的公算。總之，兩種極端的主

張或行動，對海峽兩岸的中國社會，都將構成一大危機，甚至可能導致中國歷史的新悲劇，為整個民族帶來不可預測的災難性後果。

四　小結

　　中國統一的恰當性、可行性及其可能方式與後果，本文似乎仍未提出一個完整或圓滿的答案。這也許便是中國統一問題的複雜性所在了。雖然從歷史及文化的角度看，中國確實有「天下合久必分、分久必合」的趨勢，但分裂的時期也不乏長達百餘年甚至數百年的例子。但從分裂到統一，則尚未有過今日兩岸形勢之特例。由此觀之，中國是否應該統一以及如何達成這一目標，實又端視海兩岸內部之演變及相互關係之發展而定，沒有固定的成規可尋，也仍舊充滿了不可預知的變數。但只要北京能夠公開聲明只有在外力干預台灣以及台灣宣佈獨立的兩種特殊情況之下對台用兵，而台灣又能堅持不走獨立或依賴外力的道路，則兩岸在和平共存、和平競爭的氣氛下，邁向經濟結合、文化認同、乃至最後政治統一的恰當性及機率，顯然還是大過中國長期繼續分裂、台灣逐漸走向獨立的好處及可能性。但不論是和平統一或和平分裂，都仍將是一個相當長期的目標，非任一方的單獨意願所可能主宰及決定，而是必須通過對等的談判、互讓互惠，才能達成的目標。海峽兩岸的政府，是否皆一致願意誠心竭力朝這一方向努力，則又看它們是否能以中華民族整體的長遠利益為優先考慮了！

註　釋

(1) 國民總生產值由四百三十七億美元，增為六千零九十八億美元。國民平均所得由四十五點四美元，增為四百八十三美元。（皆以人民幣八點二元兌換一美元計算。）數據取自《中國統計年鑑：1995》（北京：中國統計年鑑出版社，一九九五年），頁二十；《聯合報》一九九五年十一月三日頁十七。

(2) 有關中國大陸之社會問題，詳見張保民：《中國現代化的困境》（香港：明報出版

社，一九九二年）。

(3)《聯合報》一九九六年一月二十五日頁一。

(4)《中國時報》一九九五年十二月二十二日頁九。另參閱《港澳月報》第五十二期(一九九六年二月十五日)，頁二十三～三十三。

第三章

台灣獨立的意義及代價

　　台灣正式獨立建國，對台灣的許多居民而言，顯然是一有力的煽情口號。對於那些亟於謀求更高權位的野心政客，更是一十分誘人的目標。台灣社會要求獨立的呼聲，今日則更是塵囂日上。到底台灣是否已經到了應該宣佈獨立的成熟時機？台灣一旦宣佈獨立之後，又可能必須償付何種代價？有關台灣獨立的討論文字，已是汗牛充棟。本篇第一、二章對此問題也有詳細的探討。本章單從國家獨立之意義及在國際層面上台灣可能須付的代價，試作補充分析。

一　台灣獨立的意義

　　首先，我們不妨反思一下「國家獨立」這一口號的的淵源。在二十世紀以前，世界各國之出現，幾乎無一不是通過民族意識之培養，逐漸凝聚政治上的共識，或先藉強制之力量，塑造統一的民族意識，進而逐漸演進成現代民族國家之組織形態。換言之，國家之形成，往往是一長期的民族演化過程，原不存在爭取獨立的問題。（美國的獨立是唯一的例外。）十六至十九世紀期間，西方帝國主義雖然瓜分了亞非美三大洲，但因各殖民地種族分歧、科技落後、民智未開，皆無爭取政治獨立或建立國家之意願及要求。美國的獨立，雖然開創了殖民地向殖民國爭取獨立建國的歷史先例，但歐亞非各族直到二十世紀，在歷經異族的長期侵略或主宰以及兩次世界大戰的浩劫之後，才開始有民族解放運動或國家獨立鬥爭之出現。特別是在一次世界大戰期間經過美國總統威爾遜的大力鼓吹，以及一九一七年蘇聯革

命後共產政權長期對亞非洲人民反殖民主義、反帝國主義運動之積極鼓動與聲援，民族爭取解放、國家爭取獨立的鬥爭，才開始在全球各地如火如荼地開展出來。(註1)

由此觀之，爭取民族解放或國家獨立，在二十世紀必須具有一重要的客觀條件，即某一民族或國家正受到異族或外國的統治、侵略或壓迫，因而無法主宰自己的命運。爭取獨立或解放，因此必須首先有一爭取的對象。這個對象或是異族、或是外國，或是殖民者，或是侵略者。如果這種對象並不存在，便根本無所謂解放或獨立的問題了。根據這一標準檢驗台灣，獨立建國口號的意義，便大有可疑之處了。首先，台灣早在一九四五年脫離日本殖民統治，此後從來未再受到其他國家或異族之侵略、壓迫或主宰。其次，在台灣的中華民國，自一九一二年成立至今八十餘年之間，從未在中國政壇上消失過，更一直是有效地行使其主權，只不過它所控制及管轄的領土範圍及人口數目，在一九四九年以後大幅縮小罷了。再者，宣稱台灣是其「不可分割的一部分」的中華人民共和國，事實上是因台灣海峽而「分割」於台灣之外，在政治上更從未對中華民國控制地區行使過任何足以象徵主權之權力。四十餘年來，台灣雖然不斷面對中華人民共和國的武裝威脅及政治顛覆，但卻從未喪失主宰本身命運之能力。凡此種種都說明了在台灣的中華民國，從來便是一個主權完整及獨立的國家。由此觀之，台灣又何來爭取「獨立」之需要?! 爭取獨立的對象難到是從未管轄過台灣的北京政府?!

因此，台灣宣佈獨立，不僅在實質上毫無意義，不能增加台灣已有的獨立自主本質，反而在象徵意義上有自我矮化的嚴重後果，即默認中華民國過去八十餘年以來，並非一個真正合法、獨立、自主的國家，甚至暗示了台灣的命運，長期以來的確是操縱在北京政權的手中，所以才向北京政府爭取或宣示獨立之必要！

也有不少人認為，自一九四九年以來，台灣人民縱使不是受到「異族」或外國所統治，至少也是受到外來人（即中國大陸人）所主

宰。因此，台灣爭取獨立與解放的對象不是北京政府，而是台灣的外來或外省籍政權(註2)。本文姑且不論所有英語國家(包括英、美、加、紐、澳)皆屬「外來政權」之史實，更不論早期閩南移民對台灣原住民而言也是「外來人」(更正確地說應是「異族」)之事實(換言之，台灣的三十五萬非漢族的原住民，才是真正有資格爭取民族解放、獨立建國的族羣)，若非國民黨這一「外來政權」在八年浴血抗戰中的努力和犧牲，台灣至今恐仍在真正的「異族」──日本──統治之下。若非國民黨這一「外來政權」一九四九年為台灣帶來百萬大軍，並在金門古寧頭一戰遏阻了中共的渡海攻勢，台灣或許早已被中共所「解放」。

　　誠然，一九四七年的「二二八」事件，造成成千上萬的台籍精英人士不清不白地喪失性命，乃是國民政府接收台灣初期所犯的最大錯誤。對於主張台灣獨立的人而言，這也是「外來政權」壓迫台灣居民最為突出和殘酷的事例。但這一不幸之事件卻是因偶發的細故而引起，而非國民政府對台灣居民自始策劃的鎮壓政策所導致。因此，我們與其把它渲染成國民黨外來政權對台灣居民肆虐的典型事例，不如認清它反映出部分國民黨軍政領導人之軍閥積習，以及台灣和大陸隔絕五十年後兩地住民必然產生的溝通障礙和猜忌心理。到底在國民政府派軍大舉鎮壓之前，台灣確實已經發生大規模的排外暴動，不僅使無數外省籍住民受害，甚至國民黨在台灣之軍事基地亦受到衝擊和威脅。尤其是在大陸國共內戰方殷、台灣殖民色彩仍濃、紅色諜影彌漫、而主政當局內部又呈混亂不穩之客觀情勢交迫之下，國民政府對「二二八」事件之後的台灣亂局，採取強力的鎮暴措施，實亦有某一程度之必要性及其特殊的時代背景。

　　最重要的是，「二二八」事件係發生在中日兩國政權交接的過渡年代，不足以就此否定國民黨政府嗣後在台灣四十餘年統治之所有成績。何況「二二八」的傷痕，經過數十年的調治，在台籍居民的心目中，多少已經撫平或淡忘。果真這一「外來政權」的所做所為，皆

為台灣居民所不滿和不恥，則它又如何可能締造出舉世公認的經濟奇蹟?!這一經濟奇蹟的主要受惠者，又難道不是台灣籍的居民?!固然，國民黨政權在政治上長期係採威權主義式的一黨專政，但其負面之效應卻是由全體台灣住民所承受，並無本省和外省之區別。其實，在一九九四年之前，「外來政權」之說，從未成為台灣抗拒國民黨統治的鮮明口號。在一九九〇年代之前，絕大多數的台灣居民，更從未認同「中華民國」以外的任一政權或運動。由此足見「二二八」事件或國民黨的統治，皆不構成台灣走向獨立的主要動力或理論基礎。

事實上，國民黨政權在台灣四十餘年的統治，和日本在台五十年的殖民統治，在本質和目標上皆有極大的差異。即使是視國民黨政府為充滿壓迫性及剝削性外來政權的人，也不得不承認，國民政府大量選用退守台灣的大陸籍行政人才，組成一九四九年後在台灣的領導階層，乃是為了因應台灣當時中文及漢語水平低落之現實，以及日本殖民教育長期扼殺台灣籍法政人才之結果，從而填補日本殖民政府在上層行政體系所遺留下來的空缺，更為了確保台灣在內憂外患交逼下之生存。但即使如此，國民政府的教育政策和考試取才制度，數十年來仍然具有不容否認的公平性和普遍性，並為台灣籍居民自一九七〇年代起在工、商、學、政、軍等各界之逐漸嶄露頭角，奠定了堅實的基礎。(註3)而反對黨人士之本身幾乎清一色係受台灣所能提供最佳高等教育之事實，更是國民黨政權大量培養本土人才、不遺餘力之最佳證明。

不論如何，國民黨這一長期「主宰」及「壓迫」台籍居民及原住民的「外來政權」，經過四十餘年的演化後，其所仰賴的黨政軍三大支柱中的中下層成員，早已徹底的「台灣化」。其中中央民意代表機構──也即是長期為反對黨人士所詬病的「萬年國會」，也在一九九二年全面改選完成。中央行政領導班子在一九八八年之後，更幾乎是完全由台籍居民所組成及主導。而整個軍警系統之高階成員，實際上如今也已完成大規模之「本土化」換血工程。甚至中華民國的憲

法，也先後在一九九二年及一九九四年兩度進行大幅修改。凡此種種，皆足以證明，執政的國民黨，已完全脫離了「外來政權」的色彩。在此情勢之下，試問台灣人還有什麼爭取獨立的需要?!難道是向自己爭取獨立?!

　　由此觀之，台灣獨立的目標，對於絕大多數的台灣居民而言，最多只有象徵上、而非實質上的意義。其作法也僅止於更改國號、國旗及國歌而已，以突顯台灣人「當家作主」的既成事實而已。但問題是，台灣是否必須作出和「中華民國」政治傳統以及中共政權一刀兩斷的政治宣示，才能證明台灣是一獨立的主權國家？答案誠如前文所示顯然是否定的。更有進者，台灣是否因為改名換旗變歌之後，便可以真正完全地擺脫「中國」的傳統和影響，另創一個新的民族國家？更是令人懷疑。許多人指出美國、加拿大、澳大利亞、紐西蘭，都是脫離英國而獨立的同文同種新國家，因此台灣自也可起而效法之。但所有這些新興英語國家，皆是距離原殖民母國遙遠，而且地理面積和經濟潛力皆又遠遠超越英國的國家，因而完全具有另創獨立前途、自成一族的優越條件。反觀台灣，不僅和中國大陸僅有一水之隔，而且人口、面積、資源皆遠遜於大陸，政治上的安危原與大陸之對台政策有密切關連。如今經濟上台灣對中國大陸之依賴性又日益增加。因此，即使台灣宣告獨立，改名換旗，仍舊難以擺脫「中國」的政治壓力和文化影響。除非獨立後的台灣，考慮以羅馬拼音書寫台語，在政治上則倒向另一大國，在經濟上又捨近求遠，另謀發展和出路。但這些政策上的選擇有否可能實現？如果沒有可能，則以上所有象徵性符號的改變，又有多少實質的意義?!

　　又常見人提出新加坡獨立建國的例子。但任何對東南亞歷史稍有認識的人都知道，新加坡的獨立係被馬來西亞所迫，而非李光耀力爭的結果。事實上，正因為新加坡是彈丸之地，而且無任何天然資源可言，即使是飲水也需大半依賴馬來半島供應，全無成立獨立國家的客觀條件。因此早在一九五九年新加坡擺脫英國殖民統治成為自治邦

之時，李光耀所領導的政府便積極要求及策劃和馬來亞的合併，並終於獲得後者之同意，於一九六三年成立馬來西亞聯邦。但由於整個聯邦的華裔人口有超越馬來人之勢，而李光耀又有意角逐聯邦的總理，並鼓吹建立一「馬來西亞人（而非僅『馬來人』）的馬來西亞」，乃遭馬來人領袖之猜忌和疑慮，終於在一九六五年向李光耀提出最後通牒，要求新加坡自動宣佈脫離聯邦，雙方尚可維持友好關係，否則將被公開逐出馬來西亞，而陷新加坡於絕境。因此，新加坡乃是在走投無路的情勢下走向獨立，誠為近代史之特例。

　　更為根本的問題是，台灣在九〇年代所面臨的各種困境，諸如經濟發展瓶頸、金權腐蝕政治、交通秩序混亂、黃賭毒罪泛濫、貪贓枉法盛行、環境污染惡化等，是否在「台灣獨立建國」之後，便可迎刃而解？難道台灣宣佈獨立之後會突然湧現一批完全不同的「新新台灣人」領導台灣，或至少以一套全然不同的心態和效率治理台灣，而將台灣迅速帶向一個真正文明進步的開發國家？！果真如是，則力主台灣獨立的民進黨人，在他們已經主政多年的縣市，為何至今仍無法發展出一種嶄新的面貌？！有什麼樣的百姓，便有什麼樣的政府。到底台灣的住民，今天還是繼續受到中國文化的薰陶和污染，而且只要繼續使用漢族的語文（包括台語在內），便難以擺脫中國傳統的包袱，或從柏楊先生所謂的「醬缸文化」之中翻身出來。由此看來，鼓吹台灣獨立只不過是政客和野心家譁眾取寵的動人口號，用來爭奪國家政權、維護個人名位的手段罷了。的確，世界上再沒有比權力更為誘人的東西了。金錢只能腐化肉體，權力卻會腐化靈魂。從中國兩千多年的朝代興亡史來看，改朝換代，變名換旗，披袍登基，真是何等光彩威風之事！何況奪取最高政治權力或維護既有權力，乃是古今所有野心家和當權者不擇手段、全力以赴的終極目標。從「台灣獨立」的主張和激情之中，我們似乎又看到了想做皇帝、要建新朝代的古老封建思想和心態。只不過這種思想和心態，今天是通過鼓動民意的方式來付諸實現罷了。但台灣的一般百姓，從獨立中又可能得到什麼實際的利益

或好處?!

以上的分析尚未考慮到台灣一旦宣佈改名換旗之後，是否將在內部造成族羣分裂、社會不安的震撼性影響，也未考慮到這一做法是否將大幅提升中共對台進行干擾乃至用兵的可能性，從而陷台灣於內憂外患的新困境。但即使這些問題皆不出現，仍然可以肯定的是，「台灣共和國」的成立，並不如朝野獨派人士所希望或預期的一樣，可以立刻增加台灣拓展國際生存空間和重返聯合國及其他國際組織的機率。相反的，宣示獨立，不僅絲毫不能突破「中華民國」在國際上既有的困境，反而可能為台灣帶來外交上的新危機。因為國際社會有關國家之承認，原非事實或法律上之認定，而是基於各國現實政治利害之考量。而目前和中共建交的一百五十六國，幾乎全部在建交公報或聲明之中，承認了北京「台灣是中國一部分」的立場，自然不可能輕易改弦易轍，轉而承認「台灣共和國」。而已承認「中華民國」的三十一國則反將因為台灣之改名，而陷入取捨不易、進退兩難的新困境。到底「中華民國」是早已存在、連中共皆不可否認之事實，「台灣共和國」之出現，則是針對中共政策的攤牌性回應。已承認「中華民國」的國家，能不有所猶疑和顧忌?!在此情況之下，台灣又如何可能扭轉聯合國大會三十一票對一百五十六票的顯著劣勢？或阻止中共以安全理事會常任理事國的身分，否決台灣以任何名義申請入會的議案?!

從另一個角度看，今日的「中華民國」，不僅從來都是個主權國家，其政府更是個具備充分民意基礎的政府，而且已經是國際社會中積極的一分子。我們不僅是受到世界三十一個國家的正式承認，而且和一百三十餘國有實質的外交關係，也即是受到絕大多數國家的非正式承認。和台灣有正式外交關係的國家數目雖然少了一些，但並不等於這一情勢將來不會有所改變（正如中共在一九四九年到一九七一年之間只受到少數國家正式承認一樣）。退一步言，正因為台灣拓展國際空間乃至加入聯合國等國際組織的最大、也是唯一的壓力是來自

北京，因此，台灣即使是改名換姓換旗，仍舊絲毫不能增加台灣重返聯合國或參與其他官方國際組織的機率，反而可能一方面刺激北京作出強烈的反應，另一方面導致台灣社會內部族羣之對立及社會之不安，委實有百弊而無一利。反之，台灣若繼續以中華民國之名義，拓展國際空間或與北京討價還價，中共政權反而因為中華民國早已存在之事實，而無對台用兵或輕舉妄動之口實，也不致因而增加台灣在外交上已有的不便或不利之處。何況破壞容易建設難，到底中華民國的國號、國旗、國歌及其整個政治傳統，已經存在近一世紀，並受到至少三代台灣居民的認同。任何蓄意取代或破壞這些象徵性政治符號及實質政治傳統的行動，皆將難免陷台灣社會於政權不穩及認同混淆的新危機。

　　歸根究底，一國──尤其是一個小國──國際地位之提升，乃是取決於其本身行政效率、生活品質之不斷改進，而不在於其是否為聯合國之正式成員。例如瑞士便不是聯合國會員國，但其國際形象卻遠比聯合國四分之三的落後會員國為高。台灣在一九七一年退出聯合國之前，雖然為大多數會員國所承認，且是安全理事會的常任理事國，但實際上卻不為各國所重視。台灣非但從未如其他四個常任理事國取得一席聯合國副秘書長之職位，而且在經濟社會理事會中，也不能得到應有的「常任」禮遇（即一定連選連任）。而整個聯合國秘書處兩萬五千名以上的職員中，台灣所分配到的中華民國籍職員名額，更是少之又少。這還不算，即使是台灣在聯合國各機構之投票自由，也是長期受到美國的牽制（包括未敢否決外蒙古入會之申請案）。一九七一年，美國為了聯共制俄，更是公然要求台灣主動讓出安全理事會之席位，可見台灣因國小勢弱而不受尊重的程度。

　　再者，直至一九七○年代之初，台灣表面上雖然獲得多數國家之外交承認，但持有中華民國護照的人出國，不論是留學、公幹或探親，卻處處需要外國簽證，而且每遭邦交國之刁難。但台灣退出聯合國後二十年的今天，中華民國的護照反而大受各國歡迎，並有多達四

十餘國及地區給予免簽證或落地簽證之禮遇，可見台灣成為世界第十四大貿易國的經濟成就，已受到各國普遍的承認。(註4)今天反而是持中共護照的人，處處受到留難。因此，台灣未來努力的方向，實應以解決經濟富裕及政治民主所帶來的各種亂象及問題，作為優先施政的方針及目標，以求內部族羣之和諧及社會之長治久安。否則一切拓展國際空間的努力，勢必事倍而功半，甚至徒勞而無功。

二　台灣獨立的代價

即使以上的推論全部錯誤，即台灣宣佈獨立至少有與中國大陸及國共鬥爭史劃清界線、從而突顯台灣人當家作主、開創政治新紀元之重要象徵性意義，這一獨立之目標仍非單靠台灣本身的意願及力量，便可能順利和平實現。甚至此一目標之實現，本身又隱藏了可怕的陷阱，令人不得不有所戒懼。

根本的問題是：台灣與大陸只有數十浬之隔，但在土地面積及人口上，皆是大小懸殊(土地是二百六十五比一，人口是六十比一)，在戰略武器上更是彼有我無，不成比例。因此，台灣若要和平走向獨立，不論是通過國際社會之普遍承認，或國內公民投票之宣示，皆必須至少滿足以下兩個條件之一：(一)獲得北京政府之諒解或默認。(二)獲得另一大國政治及軍事之積極保護。以過去四十年來中共對台政策之一貫立場及不斷宣示而觀之，台灣滿足第一個條件的機會，在可以預見的將來，幾乎是零。(鄧小平之生死，對此「基本國策」，並無可能產生根本影響。)(註5)在此情況之下，台灣即使是通過全民公決的方式(其合法性或被中共承認之可能性仍屬高度爭議性之問題)，宣示獨立，仍必須取得另一大國的武裝保護，始可有效嚇阻中共對台用兵。而此一大國又必須在政治上具有與北京敵對的意願，在軍事上擁有與中共相抗衡的力量——也即是非超級大國所莫屬。

就此而言，美國是否願意再次扮演其一九五○年到一九七○年

代期間在台灣之軍事協防角色，委實令人質疑。固然，冷戰結束、蘇聯解體後的國際新局勢，已使得中共喪失其七〇年代以來作為美國對抗蘇聯重要籌碼的地位，反而變成美國在東亞戰略中的首號潛在敵人，從而多少恢復了台灣在一九五〇年到一九七九年期間對美國的利用價值。其實，這也是美國自一九九一年以來，開始大規模軍售台灣、暗中鼓勵及公開聲援台灣重返國際社會（包括加入聯合國之運動）、並處處對中共擺出強硬姿態之主要原因。但從另一角度觀察，冷戰時代之結束，也帶來美國人民全面反對戰爭、尤其是反對美國介入他國內戰或內政之效應，令美國政府在外交上不敢輕舉妄動。何況美國歷經韓戰及越戰之教訓及創傷之後，已深知介入亞洲戰爭之不智，朝野上下實皆不願重蹈覆轍，以免惹禍上身。再者，美國到底已經承認中共為中國之唯一合法政府，且台灣為中國之一部分，中共二十年來也已在國際舞台之上，佔有一席重要的地位。因此，即使是在一承平時代，白宮也要權衡海峽兩岸之相對重要性，以及再度軍事協防台灣之政治代價，不可能一夕之間，公然撕毀對中共既有的各種承諾。

何況中共的國力和軍事科技已今非昔比。七〇年代以前，美國第七艦隊在台灣海峽可以上下橫行無阻，如入無人之地，美國的高空偵察機，更是肆無忌憚地深入中國大陸，從事各種諜報活動。但七〇年代以來，中共不只有效掌握了大陸本土及沿海的控制權，而且發展出一支可觀的海空軍，並逐漸壯大其核武和飛彈部隊，形成與美、俄鼎足而三之勢。美國縱然仍有圍堵中國大陸的意願和能力，也未必肯付出這一政策所要求的新代價。到底相對之下，台灣和台海的戰略地位，直接威脅到中共的海上生命線，但卻與美國的存亡興衰無關。這也是北京對台政策四十餘年來從未鬆口的根本原因。因此，台灣一旦宣佈獨立，或再度甘為西方列強反華制華的前哨基地，勢將引發中共之激烈反應，從而在台海地區重啟戰端。北京若是志在必得，不惜犧牲，美國今日是否仍願奉陪到底，誠屬可疑。果真台海爆發戰爭，台

灣恐難再如以往拒敵於彼岸或海中，直接的受害者將是後退無路、投靠無門的普通台灣百姓。這一可怕的代價及其不可逆料的後果，又是該由誰來承擔?!

　　更有甚者，蘇聯解體之後，俄羅斯聯邦不僅內部動盪不安，政局變幻莫測，令美國無以適從，而且其人口較原蘇聯減少達一億之多，只剩一億五千萬人，遠遠少過美國的二億五千萬人。領土方面亦損失百分之三十，戰略資源及核子武力更是四分五裂，以致國力大為削弱。在此超級大國地位面臨崩潰之際，俄羅斯即使不再由保守派取得政權，單是基於國際勢力均衡之原則、以及大國原有之政治尊嚴和獨立之外交傳統三種考慮，莫斯科恐亦不致在外交及軍事上一面倒向西方，甚至反而可能與中共保持一定程度之友好及合作關係，以維護國家之安全。近年俄國與中共不斷簽訂各種軍事合作協定，並且出售先進的蘇凱二十七型戰機予中共，顯然便上是基於上述戰略性之考量。由此觀之，美國爭取中共或至少維持與中共友好關係之策略，在可以預見的最近未來，只恐仍是優先於聯台制華、甚至援台抗華之政治考量。

　　即使上述分析仍然完全錯誤，即俄羅斯從此走上資本主義之道路，並成為西方民主陣營忠誠之一員，且在外交、軍事上完全配合美國之政策（包括打擊中共、聲援台灣之政策），而美國也願意一反二十年來聯華制俄的戰略，改為聯台制華、甚至援台抗華之政策，以確保台灣正式宣佈獨立後之安全，則台灣仍須考慮到依賴美國之代價，不僅將是海峽兩岸之間恢復緊張對峙的局面，以及與中國大陸一切經濟關係之中斷，而且尚有一個更重要的後果，即獨立後的台灣，是否可能確保本身主權完整的根本問題。換言之，國際政治上的權力遊戲，原來便是基於各國利益之考慮，本無任何道義可言。尤其是當一大國片面全力支援某一小國、抗拒另一大國勢力之時，此一大國必然會對其所援助的小國，提出種種有損主權完整之主張，甚至達到予取予求之地步。（例如單是駐軍及佈防兩事，便必然直接影響駐在國之獨立

地位。）

就此而言，不容諱言的是，在一九五〇年至一九七九年近三十年期間，美國不僅在台灣享有可觀之特權，而且對台灣的政治、軍事及外貿活動，皆具支配性的影響力。而且此一影響力之蹤跡，至今仍然處處可見。質言之，國防與外交原是一國主權是否完整之兩大衡量標準，任何國家若需依賴外國之軍事力量，始可保障其國防安全之時，該國勢必在國防及外交上作出相當可觀之讓步及犧牲，也因此不可能再擁有真正完全的獨立國家地位。因此，即使美國在台灣宣示獨立之後，有武力保護台灣之意願及行動，台灣仍需付出作為被保護國的龐大代價，而這一代價又正好把台灣獨立的目的——主權完整及國家獨立，予以一筆勾銷，或至少大幅削弱。難道這便是爭取台灣獨立的真正目標?!或兩千一百萬台灣居民所願見到的「獨立」結果?!如此前門爭獨立、後門送主權的「獨立」行動，對台灣又有什麼真正的意義和價值?!

事實上，在一九五〇年代到一九七〇年代台灣內外局勢皆最危急的時代，美國曾經對蔣介石先生提出二大建議(實際上是要求)：一是國軍官兵一律發美國軍餉，藉以提高士氣及鬥志。二是由美國派遣顧問進駐國軍部隊的各級單位，擔任副指揮官，藉以確保戰力及安全。此二建議等於將全部國軍置於美國支配之下。結果幸虧老蔣總統深明民族大義，不願賣國求全，堅決抗拒美國之要求，始得保住大部分的國防自主權，維護了國家起碼的尊嚴。但在國防外交之政策層面，包括對大陸之攻守問題、美軍在台之地位、國軍武器之配備及採購、經援之使用、外貿之方向、乃至於琉球羣島及釣魚台列島之歸屬等等，台灣仍舊不敵美國之龐大壓力，作出了許多重大、甚至不可挽回的犧牲及讓步。(註6)若說台灣有整整三十年的時間，對美國幾乎是百般依順、忍辱求全，並不為過。

即使是在中美斷交、廢約、解除軍事協防關係之後，美國仍舊在銷售武器、貿易糾紛、甚至台灣的內政方面，繼續扮演支配性之角

色。尤其是軍售上美國幾乎是完全片面地決定台灣應得的武器種類、性能和數量，在價格上則更是予取予求，全無討價還價的空間，而且長期以來禁止台灣向其他國家採購武器，藉收壟斷及控制之效果。有關貿易糾紛，美國則一向對台採取強硬的高姿態，而且動輒施加外交壓力或祭出所謂「三○一」條款，隨時作「制裁」及「報復」狀。結果每次談判皆是一面倒地向美國屈服，甚至在談判開始之時，美方便已探得台灣的談判底線，從而得以長驅直入，迫我稱臣。他如美國對台獨人士之長期庇護和支持、以國內法（「台灣關係法」及參議院決議案）而非國際法（如條約或協定）規範台美關係、容許擁有美籍的台灣公民參與台灣各級選舉甚至擔任高層公職、鼓勵台灣實施美式總統制並舉行公民投票等等作法，無不處處顯示美國已習慣視台灣為其西太平洋地區之「禁臠」，而且是招之則來，揮之則去，到了收放自如的地步。根據香港《南華早報》之披露，美國中央情報局在台灣「臥底」的人員，在一九九○年代初期便至少在六千人以上，可謂早已滲透黨政軍各領域。而台灣留美學生數量之龐大以及決策層留美人士比例之高，又進一步確保台灣朝野親美勢力之長盛不衰。因此，若說一九八○年代以來，台灣內政外交之一舉一動，仍舊多少掌控於華府手中，或至少為美國所洞悉，絕不為過。由此觀之，台灣是否還可稱為真正獨立自主的國家，委實已令人可疑。

　　再以南韓政府為例，當年韓戰之後便是因為國力羸弱而接受了被蔣介石拒絕的美國的同樣要求，將全國武裝部隊納入駐韓美軍的指揮系統之下，因而喪失了獨立主權國家在國防上應有的基本自主權利。根據美國與南韓之間的協定，韓國政府甚至在調動任何部隊之前，皆需事先通知聯軍（也即是美軍）駐韓最高統帥部。而所有這些安排，只在一九八○年代末期南北韓關係大幅緩和之後，才逐漸稍作修改。因此，自一九四八年美國扶持親美政客李承晚出任南韓總統起，到一九九二年軍人出身的盧泰愚總統被全民普選的文人金泳三所取代為止，整整有四十四年之久，美國幾乎完全掌控了南韓的軍事及政治

局勢。正因為美國對南韓政局的支配性地位,加上美國在韓的龐大駐軍(目前已減至四萬餘人)及污染性極高的核武裝置(包括核子地雷),美國政府在南韓知識界的心目中,迅速取代了殖民時代的日本,成了新殖民主義的太上皇,從而導致南韓學術界──尤其是大學生──長期反美傾向濃烈、反美及反政府示威行動不斷的後果。(註7)因為從知識界的角度來看,南韓政府從未擺脫殖民時代的傀儡形象。而南韓自一九六一年起不斷發生的軍事政變,更和美國的公然干預或暗中支持,有難以推卸的因果關係,從而進一步加深南韓文化界、知識界反美、反軍人政府的意識。若說南韓近四十年來不斷的示威及暴動事件,主要便是由於國家主權喪失殆半、獨立尊嚴嚴重受損所致,也不為過。

然而,與北韓相比,南韓雖不必居於絕對優勢,卻至少仍可與之抗衡,因為雙方不論就面積、人口及軍力方面皆是旗鼓相當。但即使如此,南韓為了確保本身之安全,有效嚇阻北韓不再南侵,還是在主權上作出了重大的犧牲,而且在數十年之後的今天仍難以恢復,並因此造成國內政局長期動盪、社會持續不安的不幸後果。事實上,南韓學運之不斷及其暴烈性質,又和政壇上軍人政變之頻繁,互為因果。因為政局不安、社會不穩,必然引起美國之擔憂,從而傾向支持政治強人──也即是軍人──干政,以求安內而攘外。但軍人干政現象之不斷重演,卻又回頭進一步證實了南韓政權係由美國所操縱之真相或假設,從而加深南韓朝野之間之猜疑及對立,以及整個社會內部之不安。總之,南韓要求美國保護其國家獨立之結果,反而是對外喪失可觀的國家主權及獨立尊嚴,對內引發長達數十年的暴亂與不安,委實得不償失。更有甚者,美國既在南韓駐有大軍及核武,並取得左右南韓內政之有利地位,自不願輕言撤退。這也是何以南韓雖然早在七〇年代便已工業起飛、軍備亦足自保,但美國至今卻仍遲遲不願交出兵權、更不願自南韓大幅撤軍及裁武的根本原因。而任一南韓政權為求自保,皆又不得不提防美國在韓國的龐大政軍影響力,不敢輕易

提出美國撤軍的要求。就此而言，南韓雖然度過軍人干政的漫長歲月，和北韓的關係也日益改進，但在爭取或恢復國防完全自主──也即是主權完整獨立──的目標方面，仍有一段艱辛的道路要走。

　　南韓的經驗已經如是，遠比中國大陸面積為小、人口為少、軍力為弱的台灣，一旦有朝一日要步南韓的後塵，再次邀請美國的武裝介入，自然勢無可能擁有較南韓為佳的討價還價地位或本錢。尤其「台灣獨立」的思想及行動，本是象徵和民族主義劃清界線的立場及心態。在此情況下，美國或任何其他一個大國，對台灣皆可輕易取得有求必應的主宰地位，甚至進而直接及長期控制台灣的外交及內政。以美國過去介入台灣的經驗以及台灣至今仍然多少依賴美國的事實來看，只要台灣提出要求、而美國又有意願，則白宮再度左右台灣政策、進而取得類似美國在南韓之長期主宰地位，委實是輕而易舉之事。台灣若是如此「獨立」，其後果豈非不堪設想？！這種「獨立」的代價，台灣的兩千萬一百萬居民，又豈可不三思而後行乎？！

　　總而言之，小國在國際政治舞台上，時常扮演大國籌碼或馬前卒的悲哀角色，而且自古已然。這也是國際權力遊戲之本質。台灣由於面積太小，在長期與大陸對峙的局面之下，其外交及內政之走向，更必然有一極為重要之國際層面，不可輕易忽視。而且這一層面至今仍舊繼續影響台灣政局之演變。台獨運動原來便是由美、日等國在一九六〇年代為其本身之利益所策動，在近二十年中由於國際局勢之逆轉而一度沉寂下來。一九九〇年蘇聯集團開始分崩離析之後，台獨運動又死灰復燃，而且其國際色彩更是空前未有的鮮明及濃烈。台灣在二十年前被美國一手「揮出」聯合國，如今又基於其本身戰略上的考慮，有意將台灣「召回」國際舞台，真是揮之則去、召之則來，始終視台灣為其獨霸全球之馬前卒。因此，台灣今後是否可能擺脫國際強權政治的籌碼地位或角色，最後還是要看台灣人民有無真正悍衛國家獨立、主權完整的共識及決心了。

三 小結

但以上對台灣獨立的批判，並不等於主張海峽兩岸應該或可能在可以預見的將來走向統一。它只說明了兩點：一是台灣的中華民國，完全無需宣示獨立，便早已是一主權獨立的國家。何況這一國家的國號、國旗、國歌完全可以和中華人民共和國之國名、國旗、國歌並存。二是台灣果真要以另一名稱宣示獨立，並且改旗換歌，則難免將自陷於內憂外患的新困境，甚至可能淪為西方強權的保護國，反而有損於主權之獨立及完整，委實得不償失。台灣作為主權國家之地位，既然面臨中共的挑戰，因而不能獲得國際社會之充分承認，則台灣宣示獨立或改名換姓，事實上也仍然不能解決現存之問題。反之，統一的目標顯然也非台灣百姓目前之期望，不可冒然促其實現。因此，與其在台灣獨立或兩岸統一之問題上繼續爭議不休，不如仍然以中華民國的名義，爭取台灣自由生存及發展的最大空間，反而是最切實際並符合台灣人民真正利益的上上策。

就此而言，不可否認的是，北京政權對台灣固然有統一的壓力，美日等國也確有分裂中國、鼓勵台灣走向獨立之戰略構想和非公開政策。因此，不論台灣之未來如何，台灣皆應善於運用中共與美日等國之間的矛盾，以確保外交上的主動及國防上的自主。換言之，台灣若是以台灣獨立為唯一的迫切目標，並一昧追求美日等國的庇護，恐將難免喪盡與這些國家進行政經談判的籌碼，處處受制於西方大國，甚至重新淪為彼等全球戰略的卒子。反之，台灣若急於和中國大陸統一，並以此為唯一不變的終極目標，則雖可緩和中共對台之政經壓力，卻又難免大幅削弱台灣與北京政權討價還價的本錢及地位，甚至有終將被大陸所吞併的危險。

正因為北京謀台之心堅定未變，而台灣在地緣上又居掌控中國大陸南北海運通道及東出太平洋之咽喉地位，因此，在外交策略的運

用上，台灣仍有相當可觀的籌碼，不應妄自菲薄。尤其是應認清國際政治的現實主義本質，在對付西方各國時採取與中國大陸不斷改善關係、贊成最後統一的姿態，在與中共談判時，則採取不排除最後走向完全分裂的立場，以確保台灣在國際強權政治下的生存、發展及尊嚴。至於如何交替及靈活運用此二策略，則應視國際局勢及兩岸關係之變化而定，並以保障台灣主權行使之獨立為最高指導原則。到底小國原來便是在強權政治的夾縫中，爭取生存、自主及發展。台灣若能善用與中國大陸及西方各國同時保持友好關係的現勢，並使得美日各國與中國大陸皆難以預測台灣外交政策之動向，則可大幅增加台灣的生存及發展空間，並同時提升國防及外交的自主權，可謂有百利而無一弊。至於台灣將來最後何去何從，則大可留待時間來解決，無需急作選擇了。

註　釋

(1) 有關「民族國家」的一些爭議性論題之分析，詳見本書第一篇第一章。

(2) 將國民黨政權視為「外來政權」，不僅是主張台灣獨立的黨派及人士的一致看法，而且也出現於李總統登輝先生對日本作家司馬遼太郎的談話中。全文轉載於《自立晚報》一九九四年四月三十日及三十一日。

(3) 參見彭懷恩：《台灣發展的政治經濟分析》（台北：風雲論壇出版社，一九九〇年），及《九十年代中華民國政府與政治》（台北：風雲論壇出版社，一九九三年）。

(4) 見外交部：《外交報告書──對外關係與外交行政》（台北：外交部，民國八十一年十二月），節錄一。

(5) 中共對台政策近年來最完整之宣示，是一九九三年八月三十一日北京以七種文字所發表的對台政策白皮書：《台灣問題與中國的統一》。全文轉載於《聯合報》一九九三年九月一日，頁九。

(6) 例見丘宏達：《關於中國領土的國際法問題論集》（台北：臺灣商務印書館，一九七五年），頁一～一二四。

(7) 關於美國長期控制南韓政軍局勢最赤裸的一篇新聞報導，載於 *Far Eastern Economic Review*, September 24, 1987, pp.36－38。

第四章

中國統一的障礙和前景

前文對「台灣獨立」主張之剖析和批判，並不意味了「中國統一」便是台灣唯一的出路，而且是充滿了希望。其實，不論是「獨」派或「統」派，都帶有相當濃烈的理想主義色彩。主張獨立的人嚮往民權主義之徹底落實，而達到建立新國家的引人目標。主張統一的人，則期盼民族主義的充分體現，而圓中國和平富強之世紀美夢。不幸的是，如果台灣獨立建國是一陷阱重重、充滿危機的道路，則中國和平統一也是一荊棘密佈、難以實現的理想。本篇他章對中國統一的應當性和可行性，已略加分析。本文再試針對海峽兩岸和平統一的障礙、分裂國家追求統一的經驗、以及中國統一的前景，作進一步之探討。

一　和平統一的根本障礙

「和平統一」是指海峽兩岸通過談判、妥協、互諒、互信的漸進方式，達成政權合併的終極目標。就此而言，兩岸和平統一的第一大障礙，顯然是大陸在經濟發展、社會進步和政治民主三方面，皆和台灣仍有相當的差距。假設大陸和台灣是好像以前的西德和東德一樣，則台灣對「祖國」大陸的向心力，不需北京宣傳與鼓吹，便有如鐵釘向磁鐵一般被吸引過去。但不幸的是，中共對台灣不只幾乎完全沒有吸力，反而有極大的斥力。雖然中國大陸在高科技和國防工業的成就，絕非台灣所能望其項背，在國際社會中的地位也非台灣所能比擬，但是單憑民族主義的號召，還是不足以說服一般百姓心甘情願投

入「祖國」的懷抱。到底民生工業之發達和經濟水平的提昇，乃是廣大群眾最為關切和重視的問題。

其次，中國大陸四十餘年來縱然在掃除階級對立、平均社會財富方面有相當顯著的成效，中共長期以來的濃烈農民色彩和反智政策，卻造成知識持續貶值、知識分子地位始終低落、專家不能治國、文盲和智障人口龐大、「均平」等於「均貧」的社會落後現象，使得服膺「崇智」傳統的台灣社會和已經普遍富裕的台灣百姓難以認同。一九七九年以後推行的改革開放政策，雖然開始改變大陸局部和沿海地區的貧窮面貌，但由於缺乏法治基礎和法紀觀念，也同時帶來了個各種歪風邪氣和嚴重的社會問題，其中尤其以貧富懸殊、「盲流」成軍、盜賊滿山、乞丐遍地、貪官盈城、奸商當道、黃毒猖獗最為突出，而且蔚成一幅無法無天的可怕圖象(註1)。再者，中國大陸至今仍是一黨專政、高度中央集權的國家，更是世界上僅存的四個共黨國家之一。雖然這一共黨政體之本質，在最近十餘年中已經開始轉變，但若和已經跨入全民參政的民主時代的台灣相比，仍有一大差距，且非短時期中可能縮小。這又進一步強化了台灣百姓對大陸的離心力。總之，不論是從客觀的標準或台灣百姓的角度來看，中國大陸根本尚未具備和台灣統一的基本條件。

但除了上述的客觀對比形勢顯然不利於大陸之外，海峽兩岸長期對峙和相互仇視的局面及政策，又加深了台灣百姓對大陸的冷漠乃至反感心態。對台灣百姓而言，大陸始終是一迫切和可怕的威脅。事實上，北京自五○年代以來的對台政策，也證實了這一威脅的存在和可怕。從一九五○年代的「血洗台灣」到一九六○年代的「解放」台灣，到一九七○年代的「和平統一」但又不放棄武力手段的聲明，北京的政策無不顯示出其以大吃小、「吞併」台灣之意圖，或至少予人此一印象，因而使得台灣人民長期心懷恐懼。而這些口號係由一共產政權所喊出的事實，更增加了它的威脅色彩。從一九五○到一九五三年的韓戰、一九五五年的大陳島之戰、一九五八年的金門砲戰，乃至

於一九六二年的中印邊界戰爭、一九七四年和一九七九年的中越領土戰爭，又多少驗證了上述各種口號及政策的真實性。對於這樣一個長久具有威脅性並且隨時可能「處罰」台灣的「祖國」，試問台灣百姓如何又可能不敬鬼神而遠之或拒之而唯恐不及?!

誠然，這一心理上的障礙，多少也應歸咎於台灣政府長期的反共宣傳和反華政策。基於國家安全和政治穩定的考慮，並配合美國的冷戰攻勢，四十年來，台灣和大陸一樣，彼此皆竭盡貶損、醜化對方形象之功夫。但由於台灣政治和社會之長期穩定，以及對各級教育之重視，反共反華的宣傳和政策，又遠較大陸反台反美之宣傳，在百姓之間更易收到實效。其實，台灣不只是長期刻意忽視、貶抑、否定中國大陸在科技、文化、體育、藝術等各領域的一切成就，而且也故意輕視大陸所提倡屬於中國傳統民俗和技藝的各種活動，包括中醫、中藥、民間戲曲、各族舞蹈、功夫雜技等等，結果造成台灣百姓不僅在心態上養成仇共反華的習性，而且在文化上也和大陸的傳統呈現嚴重脫節和分離的現象。這一反共仇華的教育效果，又因台灣長期仿美、全面崇美的政策而強化。這也是狹隘的台灣地方意識逐漸抬頭、終至台獨思想日益蔓延的政治背景和心理基礎。換言之，從台灣百姓的角度看，至少在某一程度上，大陸根本是個醜惡又陌生的「外國」，何來「統一」問題之有？

但統一又不只是社會發展歧異、百姓缺乏認同的問題，更是政權合併的問題。其實，兩岸海峽的發展差距，在近年來已大幅縮小，文化上的同質性更日益突顯。兩岸之間各種交流的密度，也有逐漸減低彼此相互敵視及排斥的作用。到底客觀差距和百姓認同之異，皆可隨時間而減小。但政權之合併則恐難以和平方式解決之。因此，即使上述因政治和歷史而產生之心理障礙皆不存在，和平統一仍有另一大心理障礙，即由於兩岸人口、面積和國力之懸殊所造成台灣對大陸的疑懼心理和抗拒本能。從大陸的角度看，台灣「回歸祖國懷抱」，不僅是天經地義、理所當然的事，而且對北京政權只有百利而無一害。

但從台灣的角度看，中國之統一，簡直就是大陸吞併台灣。而統一實現之日，便是台灣地位貶降、自主性消失之時(或「 之始 」)，對台灣實有百弊而無一利。如果兩岸大小相當、實力伯仲，則雙方至少還可以平起平坐，並在談判中以實力為後盾，進退自如。但以台灣和大陸的相對形勢言，大陸大可以以逸待勞，攻守隨心，幾乎毫無後顧之憂。但台灣則須戰戰兢兢、步步為營，不僅短缺討價還價的籌碼，而且唯恐一步棋錯，全盤皆輸。

事實上，正因為兩岸實力懸殊，北京方面難免會有以大壓小、我強你弱的心態，無法接受台灣為一完全對等之政治實體，並據此作出巨大的讓步。而台灣方面則永遠無法擺脫大陸以大吃小、蠶食吞併之疑慮，也因此不願接受任何不平等之待遇與安排。因此，即使雙方開始正式談判統一的問題，仍將立刻出現爭名奪位、互不相讓的僵持局面。所有法律文書協議之簽訂，不論就內容或形式而言，也皆有妥協雙方不同立場及心態之必要。從台灣之觀點看，爭取完全平等之地位乃是任何協議之先決條件，也是保障台灣整體利益之必要措施。但從大陸的角度看，台灣不論根據任何標準，皆不能和大陸相提並論。而承認台灣為一完全對等的政治實體，更不啻是為台灣獨立之主張，奠定了實質的基礎。因此，單是談判之形式，便已涉及雙方之政治定位問題，談判的過程自必更是荊棘遍地、道路艱巨了。

但更重要的是，政權合併有否可能通過談判而順利解決的問題。古今中外的權力之爭，一直都是充滿了陰謀、血腥和暴力，而且權力的擁有者，更往往只有擴大既有權力之自然傾向和慾求，絕無主動縮小已有權力或與他人分享權力之度量。這也是權力和人性之本質使然。單以南北韓談判之經驗看來，早在一九七二年，雙方便達成有關統一談判之初步原則性協議，並發表了歷史性的共同宣言。但迄今已有二十四年之久，雙方之無數次談判仍然未在政權合併這一實質問題上，有所突破，甚至連統一的形式及國名皆無法取得任何共識，其根本原因便是南北兩韓皆不願意作出任何讓步，以免失去雙方原已享

有的權力或自主性(註2)。由此可見解決共享權力問題之高難度。以南北兩韓在面積、人口、和軍經實力方面已屬實力相當、誰也不怕被對方吃掉的情況，尚且無法就權力分配之關鍵性問題，達成任何足以令雙方多少滿意之共識，則台灣和大陸之間有關政治統一之談判，便更難有所進展了。

　　換言之，即使客觀的條件已經成熟，百姓要求統一的主觀意識也甚強烈，從統治階層的角度看，「寧為雞口，無為牛後」還是最為理想的準則和選擇。這也是所有權力擁有者乃至所有人類之通性。如果統一最多只能使台灣變成中國的一省(事實上也是如此)，則台灣的政治領袖們，自然寧可維持目前台灣至少仍是一主權國家之崇高地位。到底在台灣的總統和中國一省的省長兩種職位之間，任何當權者都會毫不猶豫地選擇前者，排斥後者。當然，如果能做一國的「國父」，則又勝過只當一國的總統了！即使是台灣的縣市長和各級民意代表，他們邁向最高權位及職位的路程，也遠比做為中國一省中的縣市長和地方民意代表短捷得多。難怪在台灣政界中，「台獨」的暗流如此洶湧澎湃了。但即使是從台灣百姓的角度來看，台灣若是獨立於大陸之外，他們至少尚可確保自己是只受到台灣人的統治，從而相信掌握了本身的命運。反之，台灣若是併入大陸，便無可避免地要多少受到外省人的支配，甚至終將淪為任「外人」宰割的命運。兩種選擇之利弊，不言可喻。難怪「台獨」的口號，在台灣民間又是如此具有吸引力了。

　　和平統一的最後一大障礙是國際勢力的干預和阻撓。而這一國際勢力又和台灣政權乃至百姓的心態有密切關連。基於歷史的原因，台灣自中國分裂出來的局面，原是美國介入中國內戰之結果。不僅如此，美國四十餘年來始終是台灣在政治、外交和軍事上的最大支持者。無疑的是，基於戰略上牽制中國大陸的考量，美國也希望台灣繼續維持四十年來實質的獨立地位。從歷史和文化的角度看，台灣更是西太平洋中最為崇美、親美，也最「美化」的國家。不只台灣留美學

生之數量，長期以來是名列世界各國前茅，而且留美的人才更已佔據了所有黨政高層的領導地位。因此，不論是從何種標準衡量，台灣都是美國最為忠實可靠的盟邦，而且在未來的年代仍然可以隨時再度成為美國鉗制中國大陸乃至日俄等國的前哨基地。由此觀之，美國儘管早已和北京建交，但骨子裏卻是絕不願看到台灣重新併入大陸的版圖之中。（日本亦有同樣看法）

　　事實上，美國自一九五○年代所提出的「台灣地位未定論」，到一九六○年代積極鼓吹和支持台灣獨立運動，早已清楚證明美國之基本立場。一九七二年上海公報之後，美國雖然不再公開支持台灣之獨立，但仍不斷秘密對台獨組織及人士提供庇護和援助。一九七八年底和中共建交的公報中，美國雖然正式承認「中華人民共和國」為中國唯一的合法政府，但卻只是「認知」（acknowledge）北京「台灣是中國一部分」的立場，而未加以承認（recognize）(註3)。這便為美國日後支持一中一台的政策，預留了迴旋的空間。而且美國在和中共建交後立刻通過「台灣關係法」，在實質上否定了建交公報之內容，並保留軍售台灣之權利。一九九二年，美國更打破一九八二年和中共所簽「八一七」公報之限制，開始出售大量先進武器給台灣。此後連續數年台灣重返聯合國之運動，顯然也是在美英等國之暗中鼓勵和公開聲援之下而發動。凡此種種皆明白顯示美國的台灣政策，本質上是希望促成台灣之獨立。台獨呼聲之所以在近年來日益高漲，更和美國之積極支持，有著不可分割之因果關係。但美國的影響力又不只限於外交層面，也包括對台灣決策階層之滲透和掌控。從美國中央情報局觸角之長犀和勢力之龐大，以及美國長期以來在世界各國（包括南韓、南越）策動反美或親共政權瓦解之可觀紀錄來看，任何一個依賴美國的弱小盟邦，恐皆不易擺脫美國之間接控制。由此觀之，中國統一的最大障礙和變數，恐怕終將還是美國的阻力和干預。過去四十餘年來如是，在可以預見的未來亦將如是。

二　分裂國家的統一經驗

中國和平統一的前景是否便因此黯然無光？我們不妨再檢驗一下歷史的教訓，或可得到一些啟示。首先，中國本身兩千多年的歷史，確如《三國演義》的作者羅貫中所說，是「天下合久必分，分久必合」。但從秦始皇兼併六國統一天下開始，到蜀魏吳三國為魏所併，到南北朝為隋所統一，到五代十國為宋所統一，到鄭成功為清軍所敗、明裔不保，到國民政府掃蕩軍閥、完成北伐，每一次由分到合的過程，皆必須通過武力之使用方才成功。即使是在國共內戰時期，國民政府雖曾希望藉和談之方式，與中共劃地為界，瓜分天下，但終究仍舊被迫在戰場上決高低，無法苟且自保。若非美國之最後軍事干預，兩岸分裂之局面亦無可能形成，並維持達四十餘年之久。由此可見，統一雖然就長遠而言必有可能實現，但恐仍不易避免武力之使用。事實上，中國的政治傳統也一向不能容忍國家之長期分裂。所謂「普天之下，莫非王土，率土之濱，莫非王臣」。又所謂「天無二日，民無二王」等大一統思想，便是這一傳統之生動寫照。

在其他國家的歷史中，二次大戰以前則幾乎不存在所謂分裂國家追求統一的問題。相反的，一國之某一部分企圖分裂而導致流血戰爭的例子，便屢見不鮮了。在此情況下，分裂運動之是否成功，幾乎全看武力之強弱，否則便須視有否外力或強權之干預。就此而言，美國的獨立戰爭該是最早的成功例子。十九世紀拉丁美洲的獨立運動，以及二十世紀亞非新興國家之誕生，皆可為鑑。但更多的史實也顯示，分裂運動往往遭受中央政府無情的武裝鎮壓而失敗，只是這種情況多半不被世人所重視罷了。美國一八八一年到一八八五年的南北戰爭，也是最著名的例子。他如中東的巴勒斯坦解放組織、菲律賓南部的回教分離運動、印尼的東帝汶、北愛爾蘭的共和軍、土耳其和伊拉克邊境地區的庫德族(Kurds)，以及法國和西班牙接壤地區的巴斯克族(Basques)，皆是爭取獨立建國已達半世紀之久的地區或族羣。但

不論他們的手段是否和平，其分裂的願望皆長期受到強力的鎮壓和封殺。柬埔寨、南斯拉夫、索馬利亞、以及許多非洲國家中仍在進行的內戰，也說明了分裂運動的悲慘後果。

　　共產帝國在一九八〇年代末期之前，更有血腥鎮壓西藏暴動(一九五〇及一九五九)、匈牙利革命(一九五六)、捷克革命(一九六八)、波蘭民主運動(一九八一)之紀錄。一九八九年至一九九一年蘇聯共產集團之潰散所導致東歐各國之獨立及蘇聯本身之解體，更是百年罕見之和平演變。但其關鍵因素乃在於莫斯科共黨政權本身之瓦解和變色，正如英、法、荷、葡等國戰後無力重整帝國聲威，從而導致殖民地之紛紛獨立一樣，因此仍舊是一實力對比的問題。(註4)但即使如此，分裂成十五個共和國的前蘇聯，卻是個個不惜以武力維護本身領土主權之完整，不再容許轄內地區或族羣走上分裂或獨立之道路。因此有一九九〇年克魯齊亞之內戰，一九九二年中亞諸國之內憂外患，一九九二年烏克蘭鎮壓克里米亞獨立之行動。一九九四年，俄羅斯在經濟條件極度困難之情況下，仍決定揮軍攻打宣告獨立已三年的車臣共和國，以確保國家之統一，更是最新例證。所有這些史實，都說明了武力在統一或分裂問題中的關鍵作用。

　　國家分裂之後不以分裂之現狀為滿足，反而積極追求統一之實現，乃是二次世界大戰後的特例。這種分裂國家總共只出現過四個，即韓國、越南、德國和中國。四國的共同點是國家原本統一，但卻因東西冷戰的局面——也即是列強干預的結果——而長久分裂。因此統一反而變成分裂雙方夢寐以求的目標。但實現統一的過程卻也是荊棘滿途、戰雲密佈。其中北韓一度使用武力企圖完成統一大業，但受到聯合國的武裝干預而告失敗。美國並自一九五三年起在南韓駐紮大軍及核子武器，用以嚇阻北韓再次的南侵行動。南北韓之交界地帶，迄今仍舊佈署了世界上最龐大的武裝部隊(逾一百萬人)，而且是劍拔弩張，針鋒相對。顯然的是，只要美軍留駐南韓一日，朝鮮人民已達百年追求獨立和統一的願望，恐將繼續無法實現。再看越南，則更是歷

經反法、抗美兩次長達三十年的浴血戰鬥，最後才以武力方式完成南
北的統一。北越共黨政權也是唯一成功以武力抗拒列強──尤其是美
國──而最後取得勝利的例子。但這一反美戰爭卻是獲得中共和另一
超級大國──蘇聯──之直接間接援助，加上美國最後因國內的反戰
情緒日益高漲而撤軍，始有可能取勝。

　　台灣海峽和東西德之間，雖未爆發大戰，但在一九四〇年代到
一九六〇年代，仍舊不斷出現大戰危機。德國方面包括一九四八年的
柏林危機、一九六二年的古巴危機。台海則有一九五〇年中共渡海攻
台之險、一九五五年大陳列島之戰、一九五八年金門砲戰、一九六二
年台灣反攻之計劃。兩國分裂局面之持續及穩定，全靠美國之軍事介
入及核武優勢始得保持，由此又可見國家和平統一之艱難。一九六〇
年代起的三十年間，戰爭之陰影雖然逐漸淡化，但分裂的雙方卻仍舊
大軍相對，嚴鎮以待。尤其美蘇兩國在兩德長期駐紮重兵，尖銳對
峙，更使得德國成為冷戰時期中最具爆炸性的衝突地區。一九九一年
若非拜蘇聯瓦解之賜，根本沒有實現統一的可能，因此也是一個令世
人瞠目結舌的劇變及特例。事實上，在美蘇兩國的妥協下，兩德早在
一九七〇年簽定邊界條約，確認彼此主權範圍，一九七二年又簽定關
係正常化條約，並於一九七三年雙雙進入聯合國，準備接受永久分裂
之現狀。德國得以和平統一的關鍵因素，乃是蘇聯主動放棄對東德之
長期控制。由於美蘇兩國之密切合作，加上西德之充分配合，才使得
德國統一的夢想變為真實。

　　韓、越、德三國的經驗，明顯證明了分裂國家和平統一的困
難，以及超級大國政策對中小分裂國家之關鍵性影響。但值得注意的
是，一九五〇年韓戰和一九五八年起第一次越戰之爆發，其根本原因
乃是南北分裂雙方無法在政權之合併問題上達成共識。北韓係因為人
口數量較南韓為少，而拒絕履行聯合國所計劃的一九四七年全韓大
選。南越也基於同樣考量，而不願參與一九五四年日內瓦協定所規定
的全越大選。其實，當年韓、越兩國之分裂雙方，實力差距已微不足

道，大選結果更未必對某一方不利，但卻已足以令其中略呈劣勢的一方拒絕冒險，以免分享甚至喪失既有的自主性和權力。由此又可見分享政權、和平統一之困難。結果兩國終須訴諸武力解決一途。這也是南北兩韓迄今仍未就統一問題達成任何實質協議之根本原因。相反的，在冷戰終結之後，兩韓為求穩定關係並維持分裂現狀，反而決定在一九九二年同時申請進入聯合國。朝鮮半島的統一大業，因此仍是一遙遠的夢想。但德國的情況又是獨一無二的特例。因為東德政權自始至終都是蘇聯的傀儡，原來便是外國統治的象徵，從來不得百姓的擁護。更重要的是，蘇聯瓦解之後，東德傀儡政權也隨即垮台，因此並未出現與西德分庭抗禮、分享政權之問題。在東德百姓一面倒地贊成併入西德之情勢下，西德政府等於是以戰勝者的威望，將主權輕易地伸入東德之全部版圖。

　　德、韓兩國近三十年之歷史經驗，也證明了物質生活水平及社會進步程度之差距，在實力伯仲的分裂國家（如南北韓），往往造成和平統一的極大障礙，只有在實力懸殊而且弱小一方又代表落後一方的情勢之下（如東西德），才有助於和平的統一。就此而言，南北韓的主要爭議，長期以來便和雙方的發展差異有關。北韓由於經濟的現代化程度落於南韓之後，因此堅持先謀求政治上及形式上的統一，以突顯其較為強大的軍事資源，並首先將美國勢力趕出朝鮮半島。南韓則因社會和經濟之進步，堅持兩韓應先謀求人員、物質和訊息之交流與溝通，藉以達到「和平轉變」幾近完全封閉的北韓之目的。雙方既皆圖謀以本身之優勢打擊對方之劣勢，則自然不可能達成共識了。德國的情況則有不同。除了上述外在的決定性因素之外，東德在人口、面積方面皆僅有西德的三分之一左右，經濟力量及社會發展更遠遜於西德。因此東德百姓是毫無保留地嚮往西德式生活，也有完全併入西德之共識。在沒有政權之爭的難得情況下，和平統一於是便有如順水推舟之易了。

　　若以韓、越、德三國追求統一的經驗再回頭分析台海局勢，則

顯然可見台灣與大陸之分裂，和三國相似之處少，不同之點多。相似之處在於美軍長期協防台灣，從而有效遏阻了中共的侵台行動。不同之處是，台灣是四個分裂國家中最小也最弱的一邊，因此最不容易取得和對方平等的地位，也最有吸引對方使用武力的可能(同樣地，這也是台灣在五〇年代不願偏安一隅，力圖武力反攻的原因。)所幸台灣得海峽天險之助，可以和大陸明確分割開來。因此韓戰式的大規模武裝攻擊，或越戰式消耗性的游擊戰術，皆不可能在台灣海峽出現。中共必須依靠它尚未擁有的強大海空軍優勢，或台灣內部之動亂，始可完成武力統一台灣之目標。(反之，台灣的反攻行動亦然。)這又相對地增加了台海局勢之穩定性，也使得台灣在仰賴外國政軍援助之同時，仍有可能確保本身之獨立自主性，不致遭遇東德式的命運。事實上，自一九七九年美軍完全撤離台灣，一九八〇年中美協防條約也告廢止後，台灣已成唯一不再公開受到美軍庇護的分裂國家。

再看政權合併的問題。正因為台灣和大陸大小懸殊，台灣既不可能考慮簽定當年韓、越兩國通過大選邁向統一的那種協議，也無獨力與大陸相抗衡的本錢。再者，台灣雖仍依賴美國的政、軍支援，但到底不是美國或任何其它外國的附庸，不可能如蘇聯拱手讓出東德一樣，任由美國交給中共。因此，在冷戰結束之後，台灣必須一方面竭力和大陸保持穩定、友好的關係，另一方面又須加強戰備、爭取外援，以確保本身的安全。於是在談判中不忘競爭、在競爭中又須談判，便成了台灣回應大陸統一要求的唯一策略了。而且在大陸堅持統一的政策之下，台灣也只好談統一，虛與委蛇。因為台灣若不談統一，大攬獨立，只有不必要地增加台海的緊張局勢，對本身毫無利益可言。反之，台灣在贊成統一之聲中追求實質的獨立，則可收以時間換取空間之效果。難怪台海兩岸關係自一九八七年解凍之後發展迅速，各種交流關係之密切，不僅非兩德當年所可相比，而且早已超越兩韓之情況。但是在政權合併的問題上，台灣卻仍未作出任何的讓步，即始終堅持大陸必須首先承認兩岸為對等之政治實體，始可進行

官方的統一談判,因而和中共迄未放棄以「中央對地方」之立場看待台灣,大相逕庭。單就此一雙方定位的先決問題,兩岸已經難以取得共識,自然不可能進一步從事有關統一的任何實質性談判了。這也是何以台灣雖然早在一九九○年便設立「國家統一委員會」,一九九一年頒佈「國家統一綱領」,但迄今兩岸關係仍舊停留在力求「化解敵意」、「摒除敵對狀態」的第一階段、台灣依然拒絕直接「三通」的根本原因(註5)。但即使大陸願意委曲求全,承認台灣為一完全對等之政治實體,甚至如兩韓一樣,願意在外交上接受交叉承認,並在國際組織中相互包容,政權合併的問題仍不因此就有絲毫之突破。就此而言,台海兩岸邁向和平統一的道路,其實又尚未抵達兩韓之階段,因此也較後者更為遙遠。

再看兩岸和平競爭的形勢。台灣的物質生活水平,顯然仍舊高出大陸許多,因此對大陸不易產生向心力。但由於兩岸人口及面積的龐大差距,不論台灣如何進步,皆又沒有可能吸引大陸三十省市和自治區、十二億百姓心向台灣,進而決定併入台灣,或由台灣統治大陸。反之,基於同樣原因,大陸對台灣的吸力,至少在理論上則有可能遠遠超過西德對東德之影響。難怪台灣對兩岸的交流活動始終是戒心重重、單向多於雙向了。但在正常的情況下,大陸對台灣的吸引力,並不易達到足以說服台灣百姓大批「投奔」大陸、乃至一面倒向大陸的地步。到底台灣並非由「外來政權」所統治,人民沒有輕易唾棄現有政權之必要或理由。因此,在目前缺乏外在誘因或內在壓力的情況下,台灣和大陸和平統一的機率,便委實小之又小了。唯一可能促成台灣百姓求助於大陸的非常情況有二:一是台灣內部出現嚴重動亂,政權搖搖欲墜之時。二是台灣受到他國之武裝侵略,本身無力抵禦外侮之際。但在兩種情況之下,大陸皆勢必動用武力,才能解決問題。果真如此,則和平統一的理想也將終成泡影矣!

三　中國統一的前景

根據以上分析，中國和平統一的希望似乎十分渺茫，武力統一的可能則永遠不可加以排除。

如果不論和戰，在可以預見的將來，中國重歸統一的前景，大體而言將取決於四大變數：(一)台灣和大陸對「統一」或「分治」目標及過程之共識，(二)海峽兩岸和平競爭之對比形勢，(三)海峽兩岸武裝力量之對比形勢，(四)國際局勢之演變方向，尤其是美國對中共和台灣兩地區之政策。

最具關鍵性的是第一個變數。如果海峽雙方就統一或分裂達成共識，則其它變數的份量，皆將大為減小。如果台灣的領導人及百姓皆主張走向分裂及獨立，而中共新一代之領袖也默許這一願望，則自然將不再有統一的問題──至少在可以預見的將來是如此。兩岸關係也將迅速「正常化」，變成「國際」關係。相反的，兩岸若對統一的遠景、目標及過程擁有共識，則雙方的關係，也將安定下來並穩定前進。問題是目前兩岸對「台灣獨立」的目標並無共識。不僅中共的對台政策未有絲毫改變，而且根據台灣的民意調查顯示，迄今贊成台灣獨立的比例，也從未跨越百分之三十的門檻(註6)。反之，兩岸對「中國統一」也同樣缺乏實質的共識，否則兩岸關係今天亦不致呈現「不進不退」的僵持局面。但顯然的是，不論是從戰略、歷史或文化之角度看，北京政府皆不易放棄統一中國的目標。即使這一目標已近半世紀尚未實現，而且再拖半世紀亦未可知，但北京似乎對統一的前景仍具相當的信心。這也是其對台立場半世紀來從未改變之心理基礎。台灣方面長久以來雖也贊同統一的長遠目標，但卻是以「三民主義」為建國理想，由台灣主導政權的統一中國，自然與大陸的統一構想，有極大認知上之差距。近年來之種種跡象則明確顯示，台灣雖然仍舊呼應大陸的統一理想，但實際上卻有意維持長久分裂、分治之現狀，並

逐步走向「獨台」之目標(不論名稱為何)。因此,海峽兩岸對中國統一的理想,其實存在著根本的歧異,而且這一歧異很可能在今後數年中進一步加深,而非減小。

自然,有關「統一」的共識,也並非完全不可能達成。但這種共識不僅涉及原則和目標,也包括形式、階段、方法、和進度,而且兩者相互影響及牽制。即使我們假定台灣和大陸對統一的原則或目標皆無異議,兩岸對此目標達成之方式和進度,則顯然全無共識,而這一現象又回頭沖淡了台灣對統一目標的認同。就此而言,大陸對台灣所提出在港澳兩地已推行的「一國兩制」政策,對台灣可謂簡直毫無吸力可言。因為這一政策所能提供的一切,原是台灣早已享有的權利,完全不需求之大陸或由北京政權予以保障。由兩岸現有的實力對比和心理障礙觀之,大陸必須提出遠較港澳政策更為優渥的條件,才有可能首先減小台灣對大陸的戒懼之心,進而吸引台灣參與有關統一的正式談判,從而推動中國的和平統一。而這些條件除了完全尊重台灣之現狀以外,至少尚應包括以下各要素或原則:(一)承認台灣為一完全對等之政治實體,並將國家的體制由單一制改為聯邦制甚至邦聯制,以落實兩岸之對等地位。(二)邀請台灣政治領袖人物出任(或兼任)大陸政權機構之領導職位,包括國家副主席、國務院副總理、軍委副主席、人大副委員長等,甚至規定國家主席或總理兩職位之一由台灣的總統或行政院長兼任之,以突顯北京政府對台北之尊重和禮遇。(三)改革政黨及發展民主,包括容許多黨競爭和參政,和推動至少省市級以上領導人之民主選舉,以提升兩岸政治體制之同質性。(四)將政權之合併視為長遠和終極的目標,而非必須儘早實現的政策。只有在以上這些先決條件開出或實現之後,兩岸才有取得真正共識之可能。

在雙方缺乏主觀共識的情況之下,探討中國統一或台灣獨立(兩者其實是一體之二面)的前景,便須重視其他客觀的變數了。首先,海峽兩岸和平競爭形勢之所以重要,乃是因為它直接影響到台灣對大

陸的向心力（或離心力）之增減，也影響到兩岸領導階層對統獨問題之態度或掌控能力。但此一競爭形勢多少是種相對或對比關係，非任一方所可單獨控制。如果中國大陸之經濟持續過去十六年的高速成長，社會也日益進步，國力則更逐漸強盛，則其在五至十年內局部趕上台灣物質水平或至少超越台灣生活品質的可能性，便不能加以忽視。但台灣若在同一時期之中也能突破經濟發展之瓶頸，並維持社會之良好秩序，則雙方仍有分庭抗禮之可能。否則大陸對台灣的吸引力勢必大幅提升，從而增加台灣百姓傾向統一的比例。果真如此，則類似德國式的統一模式，便有可能在台灣海峽重演。在此情況下，台灣領導人縱有「寧為雞口、無為牛後」、獨立建國、抗拒統一的心態及政策，也恐難以拂逆多數百姓之意願，並因民主之程序而被迫採取與大陸進一步合作之措施，從而推動兩岸功能上的整合乃至政治上之統一。這也仍舊是一和平漸進的統一方式。

　　反之，如果中國大陸今後十年之內不能儘速解決其所面臨的人口激增、貧富不均、貪污腐化、治安敗壞等嚴峻的社會問題，經濟發展同時出現反覆甚至退化之現象，而台灣反而能夠保持經濟、社會之持續繁榮及穩定，並在追求民主與法治兩方面更上一層樓，則海峽兩岸縱然交流日密、依賴日深，百姓之間也難達到水乳交融、相互認同之程度。這種兩岸發展的差距反而增加台灣對大陸的排斥力，從而助長「台獨」之呼聲和訴求。倘若大陸再因經濟或社會問題而出現政治動盪甚至大亂局面，則北京更有自顧不暇、難應台灣之變的可能。果真如是，則是中國統一之機消逝、台灣獨立時辰到來之時了。

　　另外一種可能是：海峽兩岸的和平競爭，不過是種「腐敗競賽」罷了。即大陸和台灣由於相同的文化傳統，以及經濟發展政策之類似，加上法治或民主之不足，而雙雙出現貪贓枉法盛行、官商勾結嚴重、賭黃毒罪泛濫、生活品質低落、社會治安惡化等共同之現象時，則海峽兩岸之差距也將減至最小。屆時台灣百姓很可將對統獨之爭失去興趣，許多人勢必選擇出走他鄉、移民異國之道路。留在島內

的人在求變心理的驅策之下，則很可能釀成政治危機或社會動亂，從而授予大陸武力犯台可趁之機。大陸方面雖然也將問題重重，但到底在一高度中央集權體制之下，百姓之自由及期望、資源之集中與調動，皆較完全自由開放的台灣容易掌控。只要不發生政變之危機，北京仍有可能一冒渡海攻台之險，並藉此轉移大陸百姓之視線，宣洩不安社會之怨憤。何況島國之民心渙散易，大陸之國本動搖難。在台灣內部不穩之時武力攻台，顯然可收先聲奪人、事半功倍之效。

即使是在其他正常情況之下，海峽兩岸武裝力量之對比形勢，也是一大變數。雖然在地緣及整體國力的角度衡量，台灣是顯居劣勢，在戰略武器方面更是彼有我無，但是在傳統兵力和自我防衛方面，台灣長期以來皆能保持足以和大陸相抗衡的海空軍備。今後台灣是否仍然可能維持這一多少均衡之形勢，更是直接關係未來台海局勢之穩定。許多戰略專家皆承認，大陸目前絕對有武力犯台之能力，問題是代價有高低之分，時機更有好壞之別。北京沒有必要選擇最不利己的時機採取行動，非不得已也不願付出龐大的軍事或政治代價。何況「善戰者不戰而屈人之兵」又是中國兵家古訓。台灣嚇阻中共武力犯台的主要目標，因此在於儘可能提高大陸武裝攻擊行動之政治和軍事代價，並長期維持對本身有利的時機，同時儘量製造對大陸不利之情勢。

就此而言，我們若暫不考慮天時、人和及外援等因素，單就「地利」而論，台灣顯然必須依賴海峽天險，力求拒敵於彼岸、或潰敵於海中，不能容許大陸部隊登上台灣。從北京的角度看，在未來五年至十年內，也無運送大批陸戰部隊到台的能力或需要，若能在海空戰中(尤其是空中)取得優勢，便已穩操勝券。因此，台海一旦發生戰爭，勢將在海上及空中決勝負，而無須經過大型之陸戰，而且很可能僅需數週之間便可定高下。這也是台海戰爭最可能出現的形式。由此視之，台灣能否在海空兩軍方面，繼續保持先進及強大的戰鬥力，便成可否保障台海安全的關鍵因素了。在這方面，大陸的國防工業早已

自力更生，但台灣則完全依賴美法等西方列強，因此是台灣之一大隱憂。如果台灣可能繼續自西方盟邦購得先進海空武器，不斷翻新戰力，自然問題不大。但若西方列強欲售猶止，政策變幻不定，則台灣的海空防力，便難與大陸長期對抗矣。這又涉及兩岸統一的第四大變數了。(註7)

無可否認的是，國際局勢自一九七一年起有二十年之久皆顯然不利於台灣。所幸大陸因十年文革動亂，元氣大傷，加上長期落後，國力殘破，無法也無暇實現武力攻台之目標。美國則又始終保持軍售台灣之政策，使得台灣擁有足以自衛的力量。一九九一年蘇聯集團瓦解之後，西方列強開始以經濟發展迅速之中共為假想之新敵人，並進而調整對中共及台灣之政策。這也是何以美法等國開始大量軍售台灣並鼓勵台灣發起加入聯合國運動之背景。但從另一角度看，蘇聯雖已解體，但繼承蘇聯的俄羅斯仍然是一軍事超級強國，而且近年來在國際政治舞台上又開始奉行一獨立自主的外交政策，非但並未倒向西方，反而和中共建立相當密切的軍政關係。由此觀之，美國「聯華制俄」的戰略考量，似乎仍舊優先於「援台抗華」之區域性效用。這也是何以美國又不願公然干預「中國內政」、明確支持台灣走向獨立之原因。如果這一情勢持續下去，甚至美俄之間再度出現冷戰或衝突之局面，則美國出兵干預中共武力犯台行動之公算，便更不可高估了。到底進兵伊拉克或海地等小國，不能和參與台海戰爭相提並論。何況美國民意之走向，近年已明顯排斥美國對外用兵之政策。(註8)反之，如果俄國在未來五至十年之內逐漸成為西方盟友，或在經濟上積弱不振，而中共國力又不斷上升，並對整個東亞地區構成相當威脅，則美國便有可能較積極及公開地聲援台灣，甚至重新作出協防台灣之承諾，藉以鉗制中共之勢力擴張。

不論如何，從中共的角度看，美國始終都是影響中國統一大業的最大阻力和變數。韓戰及越戰的經驗更證明了美國對華和對台的現行政策，完全不能保證美國不致插手一旦爆發之台海戰爭。美國因此

也是大陸決定武力犯台的根本顧慮。而美國仍有多達十萬名海空軍部隊駐紮日韓兩國(尤其是琉球羣島)之事實,更構成大陸渡海攻台之最大嚇阻力量。這支部隊又是美國總統可以隨時調動使用、不致立即招致國內批評或民怨的武力。因此,且不論美國、中共、台灣的三角關係如何演變,只要美軍一日留駐東北亞,大陸對台使用武力的可能性又將大幅減小。反之,如果美軍撤離日韓,則可掃除大陸攻台的一大隱憂。(註9)美軍再次調回台海參戰,終究是種非常措施,將引發國會及百姓之激烈反彈。因此台海局勢之穩定,又不僅取決於美國對華及對台之明示政策,也多少取決於美國在日韓兩國駐軍之去留。

四 小結

以上有關中國統一前景的四大變數,其相對分量並無定規可尋,彼此顯然又是交互影響。但歸根究底,兩岸不論是走向統一或分裂,皆不外乎通過和平漸進和武力決勝兩條道路。而到底是和是戰,基本上又取決於兩岸政權對統一或獨立之立場。如果台灣志在獨立,而大陸又堅持現行的統一政策,則台海必將重現緊張局面和戰爭危機。果真如此,則兩岸的武裝競賽形勢,以及台灣能否再次獲得美國的全力軍事庇護,便將成為雙方一決勝負之關鍵因素。反之,如果台灣與大陸皆繼續服膺中國統一的原則和目標,尤其是如果大陸的對台政策能夠寬容到吸引台灣朝野不得不誠心贊成統一的地步,則不僅台海局勢將長期穩定下來,而且兩岸對達成統一目標的過程及方式,亦不難取得共識。在此情況下,中國和平統一的遠景仍然十分樂觀。而兩岸之和平競爭形勢,也將成為影響兩岸關係未來發展之關鍵因素。

值得強調的是,即使兩岸軍事上再度尖銳對立,甚至台灣在美國庇佑之下正式宣佈獨立,未必便能保障一獨立台灣之長久生存和穩定。因為只要大陸一日不接受這一必須假外力干預始可實現的目標,台海仍將籠罩在戰爭的陰影下,而且誰也不敢斷言,大陸永無以武力

攻佔台灣的機會、決心或能力。到底中共過去歷次對外用兵之時機及對象，均非任何國家所逆料。而且中共一旦動用武力，往往不惜代價，非達目的不願罷休。但相反的，兩岸對統一的基本共識和一切努力，也未必可以保證中國的統一必將實現。因為只要台灣一日較大陸安定、進步和繁榮，則兩岸政權之合併仍將困難重重，談判的過程亦將崎嶇反覆，和平統一之實現也必將是一長遠的理想。這是政治──也是權力──之本質使然。此外，統一的談判，也不無可能導致大陸對台灣走向獨立的默許，或對台灣已經獨立事實之承認，因為雙方在沒有外力干預「中國內政」的情勢和氣氛下進行談判及妥協，很有可能反而導致大陸對台灣問題之諒解及讓步，從而解除中共內政外交上之一大包袱，並且同時保持海峽兩岸之友好關係。證諸於中共和周邊弱小國家的談判經驗及協議結果，這一推論絕非天方夜譚。（註10）因此，中國統一的前景是好是壞，統一的方式是和是戰，又取決於台灣領導階層的智慧和努力了。

註　釋

(1) 詳見張保民：《中國現代化的困境》（香港：明報出版社，一九九二年），頁一一三～一四六；三一一～三二○；三九八～四二四。

(2) 有關南北韓政經發展及相互關係之全盤性分析，可見 Donald S. Macdonald, *The Koreans: Contemporary Politics and Society* (Boulder: Westview Press, Inc, 1988).

(3) 建交公報中文本用「承認」兩字，英文本則用「認知」一詞。法律上兩種文字雖具同等效力，卻容許雙方各執一詞，因而埋下日後爭議的種子。原文分別可見張保民編：《中國大陸研究基本文件》（台北：人間出版社，一九九四年），頁二八六，及James C. F. Wang, *Contemporary Chinese Politics,* (Englewood Cliffs: Prentice Hall, 3rd. edition, 1989), p.413.

(4) 參閱 Zbigniew Brzezinski. *The Grand Failure* (New York: MacMillan, 1990)，以及 Loslie Holmes, *The End of Communist Power* (London: Polity Press, 1992).

(5) 中共總書記江澤民於一九九五年一月三十日對台發表的八點政策聲明，並未完全跳出舊有的框架和心態。全文見《聯合報》，一九九五年二月五日頁三。李登輝總統於同年四月八日所發表的六點宣言，則再次重申了台灣的一貫立場。見《聯合報》一九九五年四月九日頁二。

(6) 迄至一九九六年三月止，各種民意調查結果，台灣百姓贊同「台獨」的百分比，只有一次超過三成。例見《聯合報》，一九九四年四月十八日頁一，六月三日頁六，十一月四日頁二；一九九五年六月二十五日頁四；一九九六年三月九日頁二。

(7) 法國政府於一九九六年一月二十日宣佈無限期凍結對台之軍售政策，便是近例。見《聯合報》一九九六年一月二十一日頁一。

(8) 根據美國一九九五年八月所作的一項民意調查，只有百分之二十二的美國人贊成美國在中共武力攻台時應出兵協防台灣，百分之七十一反對。《聯合報》一九九五年八月九日頁四。

(9) 根據美國國防部於一九九五年二月二十七日公佈的「五角大廈東亞策略報告」，美國已取消一九九○年和一九九二年所宣佈自東亞逐漸撤軍之計劃，不僅將在東亞留駐十萬大軍，更將部署「戰域飛彈防衛網」，以確保亞太地區之安全，是一值得重視的轉變。見《中國時報》，一九九五年三月二日頁三。

(10) 最明顯的例子是中共和周邊弱小國家所簽定的邊界協議，皆是自己吃虧，他國獲利。詳見 Byron T. N. Zhou, *China and International Law* (New York：Praeger，1990).

台灣的迷惘：理想與現實／張保民著. -- 初版
. --臺北市：臺灣商務, 1996[民85]
面 ； 公分
ISBN 957-05-1312-8 (平裝)

1. 政治 - 臺灣 - 論文，講詞等

573.07   85006241

台灣的迷惘——理想與現實
Whither Taiwan?— Ideal and Reality

定價新臺幣 280 元

著 作 者	張 保 民 （Chang Pao-min）
責 任 編 輯	陳 淑 芬
封 面 設 計	吳 郁 婷
發 行 人	張 連 生
出 版 者 印 刷 所	臺灣商務印書館股份有限公司

臺北市重慶南路 1 段 37 號
電話：(02)3116118・3115538
傳真：(02)3710274
郵政劃撥：0000165－1 號
出版事業
登 記 證：局版臺業字第 0836 號

• 1996 年 8 月初版第一次印刷
• 1996 年 10 月初版第二次印刷

版權所有・翻印必究

ISBN 957-05-1312-8（平裝）   43239000